필립얀시의 스토리 성경

요단

필립얀시의 스토리 성경

2011년 10월 30일 · 제1판 1쇄 발행
2019년 3월 15일 · 제1판 6쇄 발행

지은이 필립 얀시·팀 스태퍼드
옮긴이 김광석
펴낸이 이요섭
펴낸데 요단출판사
07238 서울특별시 영등포구 국회대로 76길 10
기 획 (02)2643-9155
영 업 (02)2643-7290~1 FAX (02)2643-1877
등 록 1973. 8. 23. 제13-10호

기획편집 김성집
제작 박태훈
영업문의 김승훈 김창윤 이대성 정준용
이영은 김경혜 최우창 백지숙

값 15,000원
ISBN 978-89-350-1384-5 03230

이 책의 성경 구절은 개역개정을 인용하였습니다.

요단인터넷서점 www.jordanbook.com

StudentBible

Philip Yancy and Tim Stafford

차 례

Story 6

하나님 나라의 이야기

Story 7

From 바울

Story 8

이상한 책

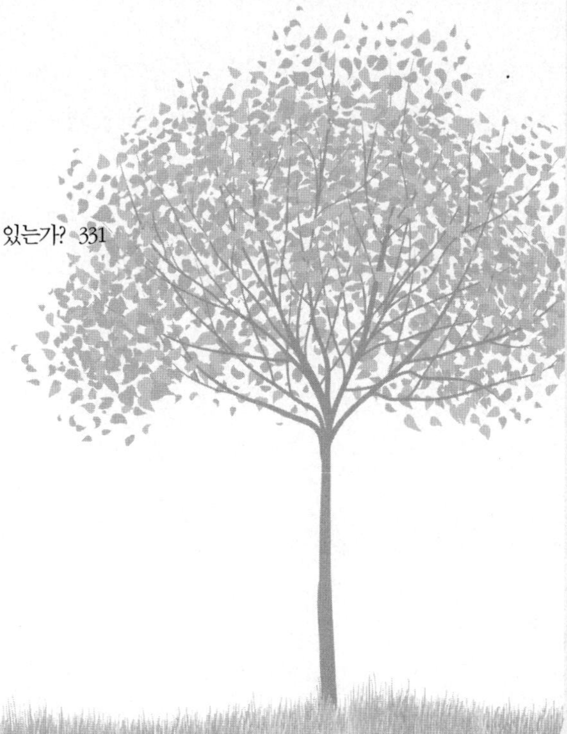

Story 1

시작되다

역사의 시작

창세기는 어떻게the how가 아니라 그분the who을 말한다

태초에 하나님이 천지를 창조하시니라 … 하나님이 지으신 그 모든 것을 보시니 보시기에 심히 좋았더라 창 1:1, 31

성경의 이야기—아니 더 나아가 우주의 역사—는 "하나님이 … 창조하시니라"는 단순한 선포로 시작된다. 그리고 창세기 1장의 나머지는 하나님께서 창조하신 별, 바다, 식물, 새, 물고기, 동물 그리고 마지막으로 남자와 여자로 채워진다.

그러나 하나님께서 만물을 창조하시는 과정에 대해서는 말하지 않는다. 당신은 DNA에 대한 설명이나 창조 배후에 존재하는 과학적 원리들을 찾지 못할 것이다. 이로 인해 피조세계에서 하나님의 손길을 보는 사람들과 인간이 할 수 없는 진화의 힘만이 역사한다고 보는 자들 사이의 갈등이 학교 교실과 법정에서 일어나고 있다. 그러나 성경의 시작은 다음의 두 가지 사실을 주장한다.

1. 창조는 하나님의 작품이다. "하나님이 이르시되 … 하나님이 이르시되 … 하나님이 이르시되 …"란 말씀이 첫 장 내내 울려 퍼진다. 나비, 폭포, 청백돌고래, 버마재비, 캥거루 등 이 모든 것들은 다 하나님의 아이디어다. 이 장엄한 세계는 마치 하나님의 천재성을 드러내는 박물관과도 같다. 이후에 나오는 모든

성경말씀은 창세기 1장의 분명한 메시지를 더 선명하게 드러낸다. 그것은 모든 역사의 배후에는 하나님이 계시다는 메시지다. 모든 헬륨 원자나 생물, 나선형 은하계는 하나님이 그런 모습으로 원하시기 때문에 그렇게 존재하는 것이다. 창세기 1~3장을 화폭에 찍힌 예술가의 인장이라고 생각해 보라. 하나님은 "이 우주는 내 것이니라"고 말씀하신다.

2. 창조는 선하다. 마치 종소리처럼 또 다른 문장이 창세기 1장 전체에 조용히 울린다. 그것은 "하나님이 … 보시기에 심히 좋았더라"는 말씀이다. 이 시대에 우리는 지구 온난화, 바다 오염, 멸종되는 생물들, 원시림의 파괴 등과 같은 자연에 대한 경고를 듣는다. 창조 이래로 많은 것이 변했고 또 많은 것이 망가졌다. 그러나 여기서는 하나님이 디자인하신 망가지지 않은 세상의 모습을 보여준다. 오늘날 자연에서 우리가 느끼는 모든 아름다움은 그것이 아무리 희미하더라도 그 원시 상태의 메아리다.

실제로 성경의 시작과 끝은 매우 흡사하다. 동산, 물이 흐르는 강, 실제로 하나님 앞에서 사는 인간 등이 그렇다. 이 두 장면은 마치 심하게 손상된 인간의 역사의 양끝에 그려진 완전이라는 괄호와 같다.

미국 아폴로 우주 비행사 중 하나였던 프랑크 볼만Frank Bolman 선장은 크리스마스 시즌의 우주 비행 방송 중에 바로 이 장을 읽었다. 그가 창문 밖을 내다보았을 때에 어두운 우주 공간에 덩그러니 걸려있는 오색찬란한 공, 지구가 보였다. 이전에 그것은 너무 아름다웠지만 지금은 깨어지기 쉬운 것처럼 보인다.

⁑ 자연의 아름다움을 느꼈던 때를 생각해 보라.

빛났던 한 순간: 하나님이 의도하신 대로 지어졌던 세상

여호와 하나님이 땅의 흙으로 사람을 지으시고 생기를 그 코에 불어넣으시니 사람이 생령이 되니라 창 2:7

창세기 1장에서 우주의 모습을 제시한 후에 창세기는 창조의 이야기를 계속한다. 그러나 이번에는 그 초점이 사람에게 맞춰져 있다. 하나님이 만드신 모든 피조물 가운데 오직 우리만이 하나님의 형상대로 지음을 받았다(창 1:26). '하나님의 형상'이란 말의 의미가 정확히 무엇인지에 대해서는 사람마다 의견이 다르다. 그것은 불멸을 가리키는가? 지성을 가리키는가? 창조성을 가리키는가? 아니면 관계를 가리키는가? 아마도 '하나님의 형상'이란 말을 거울과 같은 것으로 생각한다면 그 의미를 가장 잘 이해할 것 같다. 하나님이 인간을 만드신 것은 그들을 보실 때에 그분의 모습 중 어떤 것이 그들에게서 반사되는 것을 보시기 위함이었다.

창세기는 인간이 다른 피조물과 확연히 다르다는 것을 분명히 말한다. 그리고 우리도 이런 차이를 본능적으로 인지한다. 그래서 인간의 법은 살인과 동물 살해에 대해 다른 형벌을 가한다. 인간의 생명은 '숭고하다' sacred. 모든 피조물 중에 유일하게 인간만이 하나님 자신으로부터 생기the breath of life를 받는다.

역사의 시작

창세기 2장은 인간 역사의 시작을 보여준다. 이곳에서 결혼이 시작된다. 완벽한 상태에서도 아담이 고독과 열망을 느끼기에 하나님은 그에게 여자를 주신다. 이때부터 결혼은 다른 모든 관계들보다 더 높은 최우선을 차지한다. 그리고 여기서 노동도 시작된다. 아담은 동물과 식물을 다스리는 권세자의 역할을 맡는다. 인간은 나머지 피조물에 대해 일종의 지배권을 행사하기 시작한다.

그러나 이 축복된 낙원에 먹구름의 그림자가 아주 조금 비친다. 그 그림자는 17절에 하나의 부정적인 명령의 형태로 나타난다. 아담과 하와는 그들의 순종을 테스트하는 이 작은 예외 조항만 빼놓고는 완전한 자유를 누린다.

역사를 통해 예술가들은 완벽한 세상이 어떤 모습일지 언어와 그림으로 재창조하려고 했다. 그것은 사랑과 아름다움의 세계이고, 죄의식이나 고통 혹은 부끄러움이 없는 세계이다. 수 천 년의 역사의 세월 중에 처음이자 마지막으로 "그들은 부끄러워하지 않았다"고 말할 수 있었다.

⁝ 친한 친구나 가족을 생각해 보라. 그들은 하나님의 모습을 드러내는 성품이나 특성을 가지고 있는가?

성경인물

아담과 하와: 모든 것의 시조

두 사람은 지구상에 존재한 최초의 인간이었으며, 하나님의 첫 창조의 일부였다. 이처럼 아담과 하와는 이후에 등장하는 모든 것의 표준이 되었다. 그들의 삶은 하나님이 인간에게서 무엇을 사랑하시는지 그리고 무엇을 싫어하시는지를 보여준다.

최초의 생태학자. 이들은 동물에게 이름을 지어주고, 동산을 가꾸며, 모든 피조물을 책임진 최초의 사람들이었다. 그들은 지구를 돌보고 이를 잘 안내하라는 엄청난 과업을 받았다.

하나님과 관계를 형성한 최초의 사람. 아담과 하와는 하나님의 형상대로 지음을 받았다. 그리고 하나님은 그들과 대화하셨고 그들에게 책임을 맡기셨다. 그러나 그들이 하나님의 말씀 순종에 실패했을 때에 그들은 수치심을 느끼고 그분을 만나길 두려워했다.

최초의 부부. 하나님께서는 친히 아담을 하와에게 소개해 주셨고 이 첫 번째 부부에게 서로를 알고, 몸과 마음을 나누는 기쁨을 허락하셨다. 2장 24절이 암시하듯이 이들의 상호 조화는 모든 결혼의 기초가 된다. 성과 결혼에 대해 이야기할 때에 예수님과 바울 모두 이 말씀을 인용했다(마 19:5; 막 10:7-8; 고전 6:16; 엡 5:31). 비록 첫 번째 아이(가인)가 기쁨뿐만 아니라 고통을 가져다주었지만 그도 결혼을 해서 부모가 되었다.

하나님께 죄를 범한 최초의 사람. 그들은 단지 하나님의 명령을 따르기만 하면 되었지만 그들은 그렇게 하지 못했다. 그들은 죄의 반응으로 하나님께로부터 숨었고 서로에게 책임을 전가했다. 마틴 루터는 다음과 같이 썼다. "900년 동안 아담과 하와가 살면서 했을 부부싸움을 생각해 보십시오. 하와는 '당신이 선악과를 먹었잖아요' 라고 말하면 아담은 '당신이 내게 줬으니까 그랬지' 라고 말했을 겁니다."

결국 최초의 이 두 사람은 낙원에서 추방되어 하나님이 전혀 의도하지 않으신 문제들로 가득한 세상으로 쫓겨났다. 이들은 모든 면에서 우리 모두가 가야 할 길을 먼저 걸어갔다.

⁑ 당신은 다른 사람들에게 모범을 보여야 할 위치에 있는가? 아담과 하와의 경험에서 당신은 무엇을 배울 수 있는가?

추락: 반역, 벗음, 부끄러워함

> 동산 중앙에 있는 나무의 열매는 하나님의 말씀에 너희는 먹지도 말고 만지지도 말라 너희가 죽을까 하노라 하셨느니라 창 3:3

'타락' The Fall, 신학자들은 이를 이렇게 부르지만 이 3장이 그리고 있는 사건은 실제로는 추락crash과 더 비슷하다. 아담과 하와는 인간이 낙원에서 원할 수 있는 모든 것을 가졌지만 여전히 한 가지 생각이 그들을 괴롭힌다. 우리에게 뭔가 빠진 것이 있지 않은가? 하나님께서 우리에게 숨기시는 뭔가가 있지 않은가? 우리 모두처럼 그들도 그들 너머에 있는 뭔가를 잡고자 하는 유혹을 물리치지 못한다.

저널리스트이자 작가인 채스터톤G. K. Chesterton은 "임상적으로 입증할 수 있는 교리가 하나 있는데 그것은 원죄의 교리이다"라고 말했다. 창세기는 최초의 죄에 대해 자세한 설명을 하지 않는다. 많은 사람들이 성sex이 관련되어 있다고 잘못 생각하지만 이보다 더 근본적인 무언가 위태로운것이 있었다. 하나님은 한 나무, 단지 한 나무에만 '금지' 푯말을 세우셨다. 진짜 문제는 인간 혹은 하나님 중에 누가 통치하는가 하는 것이었다. 그러나 아담과 하와는 자기들이 통치하기로 결정했다. 이제 세상은 이전과 결코 같지 않다.

창세기의 중요한 메시지는 인간 역사에 대한 일반적인 가정들과 부딪힌다. 창세기의 말씀에 따르면 세상과 인간은 더 나은 상태로 진화하지 않는다. 반대로 오래 전에 이미 세상은 우리의 자만과 고집의 바위에 부딪혀 난파당했다.

그때 이래로 하나님을 포함해서 누구도 인간에 대해 만족하지 못했다. 인간은 선하게 창조되었지만 처음부터 하나님께 불순종했으며, 우리는 그 이후로 그 결과들을 고통 가운데 경험하고 있다. 창세기는 우주가 왜 그렇게 놀랍도록 사랑스러우면서도 왜 또 그렇게 지독하게 비극적인지를 이해하는 데 도움을 준다. 우주가 그렇게 사랑스러운 것은 하나님이 지으셨기 때문이다. 그런데 또 우주가 비극적인 것은 하나님이 우리에게 맡기신 이 우주를 우리가 엉망으로 만들었기 때문이다.

하나님이 정말 말씀하셨는가?

아담과 하와는 모든 사람이 죄에 대해 반응하는 것처럼 그들의 죄에 대해 반응했다. 그들은 자신들을 합리화하고 자신들의 입장을 설명하려 했으며, 다른 사람에게 책임을 전가하려고 했다. 창세기 저자는 그들도 숨어야 할 필요성을 느꼈음을 날카롭게 지적한다. 그들은 자신들을 위해 가리개를 만듦으로써 서로를 숨겼다. 왜냐하면 그들은 처음으로 벗은 것에 대해 부끄러움을 느꼈기 때문이었다. 아마도 가장 큰 변화는 그들과 하나님과의 관계에서 일어났던 것 같다. 이전에 그들은 하나님과 함께 동산을 거닐었으며, 친구처럼 지냈다. 그러나 이제 그들은 하나님의 음성을 들었을 때에 숨었다.

하나님이 아담과 하와에게 물으시는 세 가지 질문은 숨으려는 모든 사람에게 적용된다. (1) 네가 어디 있느냐? (왜 너는 내게서 숨느냐?) (2) 누가 너의 벗었음을 네게 알렸느냐? (왜 너는 내 말이 아닌 다른 이의 말을 믿었느냐?) (3) 네가 어찌하여 이렇게 하였느냐? (너는 이 일에 대해 책임을 지려느냐?)

창세기 3장은 세상에 미치게 된 심오한 변화들을 말해준다. 왜냐하면 피조물들이 하나님의 길을 택하기 보다는 자기 자신의 길을 택했기 때문이다. 그 결과 고통이 증가되고, 노동은 더 힘들어졌으며, 죽음이라는 새로운 단어가 인간의 어휘 속에 들어왔다. 완전한 세상은 영원히 망가졌다. 모든 전쟁, 모든 폭력, 모든 깨어진 관계, 모든 슬픔의 근원을 찾아 올라가면 에덴동산의 이 한 날에 이르게 된다.

⁂ 하나님의 계명 중 당신을 숨 막히게 한 계명이 있었는가? 당신은 이런 감정에 어떻게 반응했는가?

성경인물

가인과 아벨: 피의 형제들

가인과 아벨은 서로 다툰 최초의 형제들이었다. 이들 후에 이삭과 이스마엘, 야곱과 에서, 라헬과 레아, 요셉과 그의 형제들이 등장한다. 피를 나눈 형제도 서로 잘 지내지 못할 때가 있고 서로 심각한 경쟁자가 될 수 있다는 것은 창세기와 인생의 주제가이다.

가인은 하나님께 제사를 드린 후에 하나님이 아벨의 제사를 더 존중하신다는 사실을 알고서 그의 동생을 죽인다. 창세기는 왜 하나님께서 가인의 제사보다 아벨의 제사를 더 좋아하셨는지 구체적으로 설명하지 않는다. (구약성경을 보면 나중에 하나님은 동물과 곡식으로 드리는 제사 모두를 받으셨다.) 가인의 문제는 그의 태도에 있었을 가능성이 상당히 높다(히 11:4). 가인은 일이 자기가 원하는 대로 되지 않자 분노했다.

성경은 아벨에 대해 거의 말하지 않지만 가인에 대해서는 자세히 말한다. 슬픈 일이지만 이해가 된다. 왜냐하면 죄 많은 인간인 우리는 아벨보다는 가인에게서 우리 자신의 모습을 더 많이 발견하기 때문이다. 가인은 자신의 감정을 숨겼다. 그러다가 질투의 분노를 보였고, 나중에는 방어적인 태도를 보였다. 그리고 마침내 수치심과 두려움을 드러냈다. 그의 엄청난 범죄에 대해 하나님은 가인을 징벌하시면서도 또한 그를 보호하셨다. 고향에서 추방되어 어쩔 수 없이 평생 방랑해야 했던 그에게 하나님은 '가인의 표'를 주어 보호하셨다(창 4:15).

가인의 자손들은 그 이후에 살았던 사람들이 입증했듯이 인간의 패턴을 정했다. 그것은 선과 악의 혼합이었다. 그리고 음악가, 금속 기술자, 농부였던 그들은 지구의 문명화에 일조하면서 가인의 문제들을 미래의 세대에 대물림하였다. 가인이 자신의 범죄와 형벌에 대해 수치심을 느꼈던 것에 비해 그의 자손인 라멕은 자신의 살인 행위를 자랑하기도 했다(창 4:23-24).

⁑ 가인이 하나님께 보였던 반응, 즉 분노, 방어적 태도, 두려움, 수치심 가운데 당신은 어느 것을 가장 쉽게 드러내는가?

죄가 문에 엎드려 있느니라: 하나님이 의도하지 않으신 세계

네가 선을 행하면 어찌 낯을 들지 못하겠느냐 선을 행하지 아니하면 죄가 문에 엎드려 있느니라 죄가 너를 원하나 너는 죄를 다스릴지니라. 창 4:7

창세기의 처음 세 장은 인간 역사의 무대를 보여주었다. 이제 그 역사는 드라마를 보여주기 시작한다. 최초의 아이가 탄생한다(그 충격을 상상해 보라!). 최초의 공식적인 예배, 최초의 노동 분담, 최초의 대가족, 최초의 도시들, 최초의 문화의 표적들이 4장에 나타난다. 그러나 한 가지 '최초'가 다른 모든 최초들을 덮어버린다. 그것은 최초의 인간의 죽음이며, 한 형제가 다른 형제를 죽이는 살인으로 말미암은 죽음이었다.

죄가 한 가족을 통해 세상에 들어오고, 두 번째 세대부터 사람들은 서로를 죽인다. 창세기는 초반부터 그분의 새로운 창조세계 가운데 벌어지는 문제들에 대해 자주 개입하시는 하나님을 보여준다. 인간의 무시무시한 퇴보를 무시할 수 없으셨던 하나님은 가인에 대해 미리 예비하신 형벌을 가지고 개입하신다. 그러나 이 드라마는 특히 라멕이라 불리는 한 사람에게서 계속된다.

⁂ 만일 하나님께서 당신이 지은 죄를 직면하시기 위해 당신 앞에 친히 나타나신다면 뭐라 말씀드리겠는가?

물 아래에 잠긴 세상: 마지막 심판과 두 번째 기회

지금부터 칠 일이면 내가 사십 주야를 땅에 비를 내려 내가 지은 모든 생물을 지면에서 쓸어버리리라 창 7:4

폭력과 반역이 계속되며 점점 나락으로 떨어지자 마침내 하나님은 결정을 내리신다. 창세기 6장 6절은 지금까지 기록된 것들 중에 가장 가슴 아픈 내용을 담고 있다. "여호와께서 … 땅 위에 사람 지으셨음을 한탄하사 마음에 근심하시고." 인간의 위대한 실험은 이제 완전히 실패한 것처럼 보인다. 자신의 창조에 대해 그렇게 자긍심을 가지셨던 하나님이 이를 파괴하려 하신다. 하나님은 세계 도처에 퍼진 폭력을 더이상 참으실 수가 없으셨다.

대홍수에 관한 전설은 중동, 아시아, 남아메리카 등 여러 문화의 기록 가운데 남아 있다. 특히 '길가메시 서사시'라 불리는 바벨론의 문서에는 창세기 7장에 기록된 내용과 매우 유사한 부분이 많다. 그러나 창세기는 홍수를 지리나 기후의 우연한 사건이 아닌 반역하는 사람들에 대한 하나님의 행위로 제시한다. 이곳에서 묘사된 휘몰아치는 물은 인간이 얼마나 많이 타락했는지를 상징적으로 보여준다. 폭우가 마을, 도시, 숲, 사막을 휩쓸자 모든 생명체와 인간이 만든 모든 것이 파괴된다.

소수의 생존자

폭풍을 뚫고 떠있는 볼품없는 거함, 노아의 방주는 또 다른 것의 상징이다. 그것은 하나님의 자비의 상징이다. 하나님은 지구에 두 번째 기회를 주기로 작정하신다. 이는 왜 그분이 노아에게 모든 종의 대표들을 보존하라고 명령하셨는지를 설명해 준다.

지구 최초의 인간은 모든 것을 엉망으로 만들었다. 그래서 그들의 반역으로 모든 피조물이 무너졌다. 그러나 하나님은 노아와 그의 가족을 살려두시기로 작정하심으로써 소망의 메시지를 주신다. 이 8명의 사람을 통해 미래 세대가 태어나고 자신의 백성을 끝없이 사랑하시는 하나님의 사랑 이야기는 계속된다.

⁂ 선과 악, 옳음과 그름은 각 개인이 정해야만 한다고 생각하는 사람들이 많다. 당신도 이에 동의하는가?

무지개: 하나님께서 하신 엄숙한 약속

내가 다시는 사람으로 인하여 땅을 저주하지 아니하리니 이는 사람의 마음의 계획하는 바가 어려서부터 악함이라. 창 8:21

8장에서 노아와 소수의 생존자들이 땅에 내려 새로운 삶을 시작할 때에 창세기의 암울한 읊조림은 거의 즉시 밝아진다. 땅이 회복되고 있다는 첫 번째 표적인 감람나무 가지를 비둘기가 방주로 물고 돌아왔다.

땅에 내리자마자 사람들은 하나님을 기쁘시게 할 방도를 찾았다. 그것은 제일 먼저 감사제를 드리는 것이었다. 이에 하나님은 노아에게 엄숙한 약속을 하신다. 이는 성경에서 하나님과 그분의 사랑하는 백성들 간에 맺은 몇 가지 언약 중에서 첫 번째 언약이다. 후에 언약은 특별히 이스라엘 백성들에 적용되는데 이 언약은 모든 피조물에게까지 확대 적용된다.

슬픈 현실에 가해진 조정

언약의 조항들을 보면 아담의 타락이 피조세계에 얼마나 깊은 영향을 미쳤는지 알 수 있다. 인간은 모든 자연에 그림자를 던졌다. 그 그림자는 두려움과 공포의 그림자이며 계속해서 동물의 세계 전체까지 퍼졌다. 하나님의 언약은 본래 이 세상을 지을 때 계획했던 것에 슬픈 조정을 해야만 했다. 즉 인간이 계속해서 동물을 죽일 뿐만 아니라 서로 죽일 것을 당연한 전제로 삼았다.

그럼에도 불구하고 하나님은 이러한 일이 일어날 것과 상관없이 다시는 대량으로 생명을 멸하지 않겠다고 약속하신다. 실제로 "사람의 마음의 계획하는 바가 어려서부터 악할지라도"(창 8:21) 하나님은 인간의 반역과 폭력을 처리할 다른 방법을 찾으시겠다고 맹세하신다.

적절한 상징인 무지개는 하나님이 하신 첫 언약이 된다. 노아보다 앞선 시대를 살았던 아담처럼 노아도 새로운 시작의 기회를 가진다. 노아는 문명을 완전히 새로롭게 시작할 수 있었다. 하지만 얼마 안 되어 노아도 그의 조상들이 갔던 길을 간다. 성경은 그에 마지막에 대해 이렇게 묘사한다. '그는 자기 장막에서 술에 취해 벗은 몸으로 나자빠져 있었다(창 9:20-27).

완전히 새로운 이야기처럼 보이던 것이 인간 실패라는 옛이야기가 똑같이 피곤하게 반복되는 것으로 끝나고 만다.

⁑ 당신은 당신 자신의 실수와 당신을 부당하게 대우하는 자들에 대해 어떻게 반응하는가?

성경인물

노아: 새로운 시작

하나님이 지으신 지구의 문제는 지질학, 생물학 혹은 기상학의 문제가 아니었다. 오히려 문제는 한 종에게 집중되었다. 그것은 호모 사피엔스였다. 질병처럼 퍼진 죄는 인간의 생각과 행동을 사로잡았다. 그 결과 하나님은 자신이 지으신 창조세계의 많은 부분을 없애고, 새롭게 시작하기로 작정하셨으며, 이 새로운 시작을 위해 노아를 사용하셨다.

특이하게도 하나님께서 자신의 계획을 발표하시자 노아는 즉시 순종했다. 노아는 "하나님과 동행했다"(창 6:9)고 성경은 말한다. 그는 열심히 일해서 항해에 적합한 거함을 건조했으며, 수많은 동물들을 위해 음식을 저장했다. 반복해서 성경은 노아가 '하나님이 자기에게 명하신 대로' 다 준행했다고 말한다.

노아와 그의 가족은 1년 이상을 방주에 갇혀 지냈다. 마침내 그들이 배에서 나와 진흙땅을 밟았을 때에 그들이 행한 첫 번째 일은 하나님을 예배한 것이었다. 감동을 받으신 하나님은 노아와 새 언약을 세우시고 다시는 땅을 멸하지 않겠다고 약속하셨다. 하나님은 태초에 아담과 하와에게 그러셨던 것처럼 노아와 그의 가족들에게 생육하고 번성하라고 말씀하셨다.

이 새로운 시작이 성공했는가? 노아에 대해 듣는 마지막 기록에서 우리는 죄가 치료되지 않았음을 알게 된다. 노아는 술에 취해 자기 아들들 앞에서 수치를 보였으며 자기 자손들을 저주했다(창 9:20-25). 홍수조차도 죄의 문제를 해결할 수 없었다. 왜냐하면 죄는 심지어 노아와 같은 최고의 사람들 안에도 여전히 살아 있기 때문이다.

⁑ 당신이 노아와 같은 임무를 맡았다면 어떻게 반응했겠는가?

성경인물

아브라함: 하나님의 재건

아브람을 부르심

창세기 12장은 세계 역사의 큰그림이 아닌 어느 한 외로운 개인에게 초점을 맞춘다. 그는 위대한 왕도 대부호도 아닌, 자식도 없이 떠돌아 다니는 유목민인 아브라함이다.

하나님은 아브람에게 "너는 너의 고향과 친척과 아버지의 집을 떠나 내가 네게 보여줄 땅으로 가라"(창 12:1)고 말씀하셨다.

"내가 너로 큰 민족을 이루고 네게 복을 주어 네 이름을 창대하게 하리니 너는 복이 될지라 너를 축복하는 자에게는 내가 복을 내리고 너를 저주하는 자에게는 내가 저주하리니 땅의 모든 족속이 너로 말미암아 복을 얻을 것이라"(창 12:2-3).

아브람은 하란을 떠났다. 그때 그의 나이 75세였다. 그리고 마침내 그의 아내 사래와 조카 롯과 하란에서 모은 모든 소유와 얻은 사람들을 데리고 가나안 땅에 들어갔다.

아브람은 세겜땅의 커다란 모레 상수리나무가 있는 곳까지 왔다. 그곳에는 가나안 사람들이 살고 있었다. 그때 하나님께서 아브람에게 나타나 말씀하신다. "내가 이땅을 네 자손에게 주리라"(창 12:16).

아브람은 그곳에서 그에게 나타난 여호와께 제단을 쌓았다.

⁂ 하나님이 당신에게 어떤 어려운 일이나 위험이 따르는 일을 요구하신 적은 없는가?

새로운 사역: 하나님은 재건하기 시작하신다

내가 너로 큰 민족을 이루고 네게 복을 주어 … 땅의 모든 족속이 너로 말미암아 복을 얻을 것이라 하신지라 창 12:2-3

몇 세기를 개관한 후에 창세기는 12장에서 극적으로 변한다. 웅장한 세계사를 묘사하는 대신, 위대한 왕이나 부유한 지주도 아닌, 자식도 없는 유목민인 아브라함이라는 한 명의 외로운 개인에게 초점이 맞춰진다. 하나님의 부르심에 응답해 아브라함은 스스로를 문명생활로부터 절연한 채 광야에서 떠돌아다니며 자신의 생애를 보냈다. 우리는 그의 생애에서 양 대신에 소 떼, 텐트 대신에 포장마차 등 몇 가지 소도구만 바꾸어 카우보이 영화를 만들 수도 있을 것이다. 그는 양 떼를 이리저리 이동시키면서 적대적인 지역민들과 옥신각신 싸우고 대결을 벌이며 강인해졌다. 그러나 이런 강인함 때문에 하나님이 그를 선택하신 것은 아니었다. 그 시절 중동 지역에는 그와 같은 강인한 유목민들이 많이 떠돌아다니고 있었다. 그렇다면 무엇이 아브라함을 그렇게 특별하고 중요한 사람으로 만들었을까?

하나님의 새로운 사역 방법

아브라함은 하나님이 단순히 그를 선택하셨다는 사실 하나만으로 성경에서 아주 중요한 인물이 되었다. 대홍수로 인한 심판 후에 하나님은 아브라함을 인류 회복 사역의 시작을 위한 인물로 선택하셨다. 그리고 특별한 경우에 직접 아브라함에게 말씀하셨는데, 그 말씀은 그가 떠돌아다니는 땅에서 그의 민족을 번성하게 하시겠다는 약속이었다. 그러나 그 약속은 믿기 어려운 것이었다. 왜냐하면 아브라함의 아내는 이미 아이를 낳을 수 없었으며, 아브라함도 마찬가지로 아이를 낳기에는 너무 나이가 많았다. 그리고 무엇보다도 그에게는 한 뼘의 땅도 없었고, 앞으로 땅을 갖게 될 어떠한 가능성도 가지고 있지 않았기 때문이다. 그럼에도 하나님은 아브라함에게 자신을 믿을 것을 요구하셨다.

아브라함이 중요시되는 두 번째 이유는 첫 번째 이유로부터 나왔다. 하나님이 그에게 말씀하셨을 때 그는 그것을 받아들였다. 그는 완벽한 사람은 아니었다. 때로 그는 하나님이 그를 이끌어주시는 길에서 벗어나 거짓말을 하거나 자기 방식대로 하나님의 약속을 이루려고 했다. 그러나 그는 삶의 결정적인 순간에는 늘 하나님의 말씀을 듣고 순종했다. 그는 하나님을 위해서라면 자신의 외아들까지라도 희생할 각오가 되어 있었다. 하나님은 그런 아브라함에게 할례라는 표시를 하게 하셨다. 이로써 그의 후손은 영원히 '하나님의 백성'으로 알려지게 되었다.

소박한 진리

아브라함의 생애는 사실적이며, 순탄한 시절과 어려운 시절이 교차하는 매력적인 이야기다. 그는 신학자가 아니었다. 하나님에 대한 포괄적인 이해는 모세에 가서야 가능했다. 그러나 아브라함의 신앙은 유대교와 그리스도교의 뿌리가 되었다. 그가 하나님과 만난 이야기에서 우리는, 철학자에 의해 만들어진 종교가 아니라 인간이 하나님을 만났을 때 실제로 일어날 수 있는 소박하고 다듬어지지 않은 진리를 발견할 수 있다. 신약에서 아브라함을 80번 이상 인용하고 있는 것이나, 바울이 그리스도인이야말로 아브라함의 진정한 후손이라고 말하고 있는 것(갈 3:6-9)은 전혀 놀라운 일이 아니다. 하나님은 아브라함의 생애를 통해 장기적인 계획을 펼쳐가기 시작하셨다. 그리고 2,000년이 지난 후에, 아브라함의 후손인 예수님이 아브라함과 그의 후손에게 하신 하나님의 약속을 성취하기 위해 이 땅에 오셨다.

⁂ 하나님은 아브라함에게 그의 집과 가족을 떠나 멀리 떨어진 외국으로 가라고 하셨다. 만약 당신이 그와 같은 입장이라면 당신은 어떻게 반응하겠는가? 하나님이 당신에게 어떤 어려운 일이나 위험이 따르는 일을 요구하신 적은 없는가?

성경인물

롯: 다른 길

함께 살아온 사람들—이웃, 친구, 사촌, 심지어 형제—이라도 인생에 있어서 매우 다른 곳에서 인생을 마칠 때가 가끔 있다. 뒤를 돌아보았을 때에 우리는 무엇이 그런 차이를 만들어 냈는지 의아하게 생각한다.

롯의 예를 들어보자. 아브라함의 조카인 그는 분명 자기 아버지를 잃은 후에 자기 삼촌에게 붙어살았다. 하나님께서 아브라함에게 고향을 떠나 알지도 못하는 땅으로 가라고 부르셨을 때에 롯도 짐을 싸서 아브라함의 긴 여정에 합류했다.

아브라함은 그를 사랑의 마음으로 늘 품고 살았다. 롯이 초원을 좀더 효과적으로 사용하기 위해 아브라함을 떠난 후에도 아브라함은 그를 너무 염려해서 롯을 납치해간 자들에게서 그를 구하기 위해 무모한 싸움을 하기도 했다. 그리고 나중에 하나님께서 롯이 택한 도시인 소돔을 멸망하시겠다고 선언하셨을 때에도 아브라함은 그 도시를 구해달라고 하나님께 간청했다.

롯은 처음에 아브라함과 친밀하게 살았지만 결국 그는 매우 다른 길을 택했다. 아브라함은 평생 하나님을 따르며 유목민으로 남았지만, 롯은 부도덕한 소돔 도시의 안락한 환경을 더 좋아했다. 그리고 롯은 이 도시를 사랑하게 되었다.

하나님께서 천사들을 보내어 롯에게 다가오는 심판을 피하라고 경고하셨을 때에도 그는 도시와 결별하는 데 어려움을 겪었다(창 14장). 그는 모든 것을 잃고 결국 동굴에서 살았으며 술이 취한 상태에서 자기 딸들과 근친상간을 저지른다. 이와 대조적으로 신실한 아브라함은 하나님의 택하신 백성의 조상이 되고 구약성경에 나오는 위대한 족장 중 한 사람이 된다.

⁑ 만일 누군가가 도덕적으로 의심이 가는 상황에서 편안하고 성공적인 직위를 주겠다고 제안한다면 당신은 이를 수락하겠는가? 수락한다면 그 이유는 무엇인가? 그리고 수락하지 않는다면 왜 그런가?

그 계획: 인류를 회복시킬 새로운 접근

> 이 후에 여호와의 말씀이 환상 중에 아브람에게 임하여 이르시되 창 15:1

음울한 인간의 실패에 대해 언급한 후에 창세기는 갑자기 초점을 바꿔 아브람(나중에 그의 이름은 아브라함으로 바뀐다)이라 하는 한 사람을 클로즈업한다. 성경에서 아브라함의 중요성은 아무리 강조해도 지나치지 않다. 유대인에게 그는 한 나라의 국부이지만 우리 모두에게는 더 큰 의미를 지닌다. 처음에는 굴곡이 심했지만 그는 믿음에 있어서 최고봉의 모범으로 성장해 간다. 하나님에 대한 그의 관계는 너무 친밀해서 수 세기 동안 하나님은 '아브라함의 하나님'으로 알려졌다.

실제로 하나님은 자신과 독특한 관계를 맺을 한 백성을 선택하심으로써 이 땅에서의 초점을 좁혀가셨다. 다른 사람들과 구별된 이들은 하나님의 특별한 보물이 되었다. 한꺼번에 땅 전체를 회복하시는 대신에 하나님은 한 종족을 선택하셨다. 이 새로운 종족은 실제 사례를 통해 나머지 세상 사람들에게 하나님을 사랑하고 섬기는 것의 유익이 무엇인지를 가르쳐 주었다. 아브라함은 이 새로운 종족의 조상이다.

아브라함의 비밀

창세기 15장 6절은 아브라함의 비밀을 말한다. "아브람이 여호와를 믿으니 여호와께서 이를 그의 의로 여기셨다." 아브라함의 신뢰는 그의 후손들과 살아계신 하나님과의 언약을 세우는 기초가 되었다.

구약의 다른 말씀들은 그분의 택하신 백성과 맺은 하나님의 언약, 즉 계약의 상세 내용을 진술한다. (증거,testament란 단어는 '언약' 이란 의미이다.) 15장에서 하나님은 환상 가운데 불꽃으로 나타나 아브라함에게 하신 자신의 약속을 인치신다. 이제 아브라함은 다음의 것들을 기대할 수 있게 되었다.

- **거주할 새로운 땅.** 하나님을 신뢰한 아브라함은 자기 고향을 떠나 수백 마일 떨어진 가나안 땅으로 간다.
- **가족의 번성과 형통.** 아브라함은 가족에 대해 이러한 꿈에 사로잡히지만 그 성취가 매우 더딘 것처럼 보이자 그의 믿음은 심각한 시련을 겪게 된다.
- **그에게 나올 큰 나라.** 이 약속은 아브라함이 죽고서 여러 세기가 지나도 성취되지 않았다. 다윗과 솔로몬 시대에 이르러서야 비로소 히브리인들은 한 국가를 이루었다.
- **온 세상을 향한 축복.** 처음부터 하나님은 친히 목적이 아니라, 열방에 다가가기 위한 궁극적 수단으로써 히브리인을 택하신 것을 분명히 하셨다.

⁑ 오늘날에도 사람들은 여전히 언약, 즉 계약에 의존하는가? 언약은 어떤 목적을 성취하는가?

성경인물

이스마엘: 차선책

당신은 이스마엘을 '실수' mistake라고 불러도 좋다. 사라와 아브라함이 그들의 노년에 아이를 주시겠다고 한 하나님의 약속을 의심했을 때에 이스마엘이 태어났다. 두 사람은 애굽 출신의 하녀인 하갈을 아브라함의 첩으로 삼아 '하나님을 돕기로' 공모했다. 그런 뒤에 하나님께서 그들에게 하신 약속을 지키셔서 사라가 아들을 낳았을 때에 그녀는 매몰차게 하녀와 그의 아들을 사막으로 내쫓았다. 이런 계략의 무고한 희생자가 된 이스마엘은 그 결과를 고통 가운데 감당해야만 했다.

그러나 하나님은 이스마엘을 축복하셨다. 이스마엘이 사막에서 기갈로 거의 죽게 되었을 때에 하나님은 "그 어린 아이의 소리를 들으셨다"(창 21:17). 하나님은 이스마엘의 후손이 큰 나라를 이룰 것을 약속하셨다. 성경은 이스마엘에게 12명의 아들이 있었고 '이스마엘 족속'은 수 세기 동안 이스라엘의 이웃이었다고 기록한다. 실제로 전통적으로 오늘날의 아랍인들의 조상을 찾아 거슬러 올라가면 이스마엘에 이른다.

분명히 이스마엘은 그가 태어난 가족들과 접촉을 계속 유지했다. 그는 아브라함의 장례식에 참석했으며, 그의 딸은 아브라함의 손자인 에서와 결혼했다. 그러나 아브라함이 하나님과 맺은 '언약'에서 그의 자리는 없었다. 마찬가지로 하나님의 가장 위대한 축복은 그의 형제 야곱에게 예약되었지만 이스마엘의 사위였던 에서는 이 땅에서 성공의 축복을 누렸다. 성경말씀에 따르면 하나님의 '언약의 축복'은 이 땅에서의 성공보다 언제나 더 중요하다.

⁝ 당신이 원하는 방식대로 하나님께서 당신을 돕지 않거나 도울 수 없다고 생각해서 '하나님을 도우려' 했던 적이 있는가? 그 결과는 어떠했는가?

성경인물

사라: 누가 웃었느냐?

그녀는 아름다웠다. 그리고 너무나 멋진 부자 남편을 가졌다. 사라는 당연히 만족스러운 삶을 살았어야만 했다. 그러나 그녀의 삶은 그녀에게 없는 것 한 가지를 중심으로 돌아갔다. 그것은 자녀였다. 비록 하나님께서 그녀의 남편인 아브라함이 위대한 나라의 조상이 될 것이라고 약속하셨지만 수십 년이 지난 지금도 사라에게는 여전히 자녀가 없었다. 아이를 출산할 확률은 점점 줄어들었다. 하늘의 뭇별보다 더 많은 자손을 주신다고? 사라가 90회 생일을 맞았을 때에 하나님의 약속은 웃음밖에 나올 것이 없는 것 같았다.

지략이 많은 여인인 사라는 대안을 생각해 냈다. 그녀는 자기 시종인 하갈을 대리모로 사용하고자 했다. 분명히 사라는 이 결정에 대해 내적으로 깊은 갈등을 느꼈을 것이다. 왜냐하면 아브라함이 하갈을 임신시켰을 때에 그녀는 하갈을 학대하고 내쫓았기 때문이다. 그러나 하갈은 다시 돌아왔고, 사라의 내적 갈등은 계속 되었다. 그녀는 결국 모자母子를 사막으로 내쫓았다.

그 사이에 하나님은 사라가 한 나라의 국모가 될 것이라는 놀라운 약속을 다시 말씀하신다. 한 번은 아브라함이 얼굴을 땅에 대고 이 계획에 대해 믿을 수 없다는 생각에 웃었다. 사라도 웃었다. 그러나 하나님은 약속하신대로 사라에게 은혜를 주셨다. 하나님께서 아들을 주시겠다고 약속하신 바로 그때에 드디어 사라는 임신을 했다. 두 사람에게는 말도 안 되는 일이 일어난 것이다. 결국 그녀는 그렇게 오랜 기다림 후에 소원을 이룬다.

사라가 아들을 낳았을 때에 그녀는 "하나님이 나를 웃게 하시도다"(창 21:6)라고 말했다. 그것은 참으로 놀라운 말재간이었다. 하나님의 말씀에 순종하여(창 17:19) 아브라함은 자기 아들의 이름을 이삭이라 하였다. 그것은 히브리어로 '그가 웃다' 라는 뜻이었다.

⁝ 어떤 사람이 성취 불가능해 보이는 간절한 소원을 가지고 있을 때에 그는 어떤 일을 해야만 하는가?

하나님이 보내신 재앙: 하나님의 인내심이 다하다

> 이 외에 네게 속한 자가 또 있느냐 네 사위나 자녀나 성중에 네게 속한 자들을 다 성 밖으로 이끌어내라 … 여호와께서 우리로 이 곳을 멸하러 보내셨나니 우리가 멸하리라
>
> 창 19:12-13

본장은 아브라함이 새로운 거룩한 나라를 세우려는 중에 무엇에 직면했는지를 보여준다. 그의 조카는 지저분한 도시였던 소돔에 살았으며, 소돔 사람들은 낯선 방문객들—후에 그들은 천사들로 밝혀진다—을 집단 강간의 대상으로 여겼다. 성 폭력은 소돔이 지닌 문제들 중의 하나에 지나지 않았다. 에스겔 16장 49절은 소돔 사람들을 '교만하고 지나치게 음식을 탐하고 가난하고 궁핍한 자를 도와주지 아니하는' 자로 묘사한다.

이와 같이 소돔이 통탄할 상태였음에도 불구하고 하나님은 만일 그곳에서 의인 10명을 찾을 수 있다면 그 도시를 벌하지 않겠다는 데 동의하신다. 그러나 10명을 찾지 못하자 하나님의 인내심은 마침내 바닥을 보이신다. 이제 하나님은 한 번 더 직접 심판하시기 위해 나서신다. 그러나 그것은 온 세상을 멸하시는 것이 아니라 악한 도시 두 곳만을 쓸어내시는 것이었다.

하나님이 행하셨는가?

재앙을 하나님이 보내신 심판으로 봐야만 하는가? 홍수, 기근, 지진 등은 하나님이 진노하신 결과로 오는 것인가? 성경은 어떤 때는 그렇게 하시고 또 어떤 때는 그렇게 하지 않으신다고 말한다. 창세기에서 어떤 재앙들은 '단순한 자연

발생 사건' 인 것처럼 보인다. 비록 하나님께서 이것들을 자신의 섭리를 이루기 위해 사용하긴 하시지만 그것은 심판도 경고도 아니다. 이런 예로는 요셉을 총리로 만들어준 41장 흉년과 14장의 전쟁, 34장의 강간 사건 등을 들 수 있다.

그러나 소돔과 고모라에서 행해진 재앙은 완전히 하나님이 행하신 것이다. 언제나 그렇듯이 성경은 소돔과 고모라의 멸망에 대해 과학적인 사실들을 말해주는 데 관심이 없다. 그것은 화산 폭발이었을까? 성경은 침묵하고 있으며 그 땅은 사해 바다 밑으로 가라앉아서 조사할 수도 없다. 창세기는 사건이 어떻게 일어났는지 보다는 왜 일어났는지를 강조한다.

⁝ 우리 사회에 만연한 풍습 중에서 하나님이 참을 수 없는 것으로 여기신다고 생각하는 것은 무엇인가?

성경인물

이삭: 평범한 사람들

이삭은 평생 강한 사람들 틈바구니에서 살았다. 그의 아버지 아브라함은 믿음의 거인으로서 하나님이 부르셨을 때에 가족을 다 데리고 미지의 땅으로 이주했던 사람이었다. 이삭은 의지가 강한 여인 리브가와 결혼했다. 그녀는 이삭을 압도했고 때로는 자신의 목적을 이루기 위해 이삭을 이용했다. 그리고 아들인 야곱은 성장하여 이스라엘 12지파의 조상이 되는 구약성경의 중요한 인물이 된다.

이처럼 주변 인물들이 다 강한 자인데 반해 이삭은 평범하고, 어떻게 보면 거의 수동적인 사람이었다. 아마도 그의 부모가 너무나 오랫동안 그의 탄생을 꿈꾸고 소원했기에 외아들을 보호하며 온실속의 화초처럼 키웠을지 모르겠다. 아니면 다른 모든 강한 인물들에 대한 반응으로 그의 성품이 그렇게 형성되었을 수도 있다. 또 이와 상관없이 성경은 이삭을 다른 사람들의 계획에 순응한 사람으로 묘사한다. 그의 아버지가 그를 하나님께 제물로 드리려고 산에 올랐을 때에도 이삭은 항의하거나 반항하지 않았다(창 22장).

기근으로 인해 이삭이 외국으로 떠나야 했을 때에 그는 그 지역의 왕과 갈등을 일으키기보다는 리브가와 자신의 관계에 대해 거짓말을 했다. 그의 목동들이 다른 목동들과 우물의 권리를 놓고 싸울 때에도 그는 싸움을 피해 계속 이동했다. 이삭이 늙어 그의 장성한 아들 야곱과 에서가 다툴 때에도 이삭은 무능하여 그들을 말리지 못했던 것 같다. 아버지가 문제를 분석하고 싸움을 해결하지 않고 아무런 반응이 없었기 때문에 야곱은 형 에서를 피해 멀리 떠나야만 했다.

그의 약함에도 불구하고 이삭은 구약에서 유명한 세 명의 믿음의 족장인 아브라함, 이삭, 야곱 가운데 하나에 들어간다. 온 세상에 축복을 가져다주는 데 있어서 하나님은 모든 종류의 사람들을 사용하시며, 심지어 조용하고 평범한 사람들도 사용하신다.

⁑ 당신 생각에 중요하게 여기는 단체나 명분을 생각해 보라. 이런 단체나 명분에 관련된 사람들 중에 '평범한 사람들' 은 얼마나 많은가?

마지막 시험: 믿음에 대한 아브라함의 최후의 시험

> 여호와께서 이르시되 네 아들 네 사랑하는 독자 이삭을 데리고 모리아 땅으로 가서
>
> 창 22:2

믿음으로 유명한 아브라함도 믿음을 쉽게 얻지는 못했다. 하나님께서 아브라함에게 미래에 관한 대략적인 계획을 계시하시긴 했지만 그 계획이 성취되는 과정에서 많은 고난과 난관을 겪어야 했다.

처음에 하나님께서는 아브라함에게 가나안 땅을 그의 것으로 주장하라고 말씀하셨다. 그러나 그가 그곳에 도착했을 때에 그 땅은 가뭄이 심해 그는 가족과 함께 애굽으로 도망해야 했다. 그곳에서 그는 자기 목숨을 구하기 위해 아내에 관해 거짓말을 함으로써 믿음의 테스트에 실패한다(창 12장).

하나님은 아브라함에게 많은 후손을 주시겠다고 약속하셨지만 이것 역시 믿음의 위기로 이어진다. 아브라함은 자기의 장막이 어린 아이들의 노는 소리로 가득하길 꿈꿨다. 하지만 그 약속은 단지 잔인한 농담이란 말인가? 85세가 되었을 때에 그는 그 약속이 자기 부인을 통해 이뤄질 것을 단념하고 여종과 동침한다. 마침내 그는 자기 자녀라 부를 수 있는 아이를 얻는다. 그리고 99세가 되었을 때에 하나님께서 본래 약속하신 내용을 다시 확인하시자 하나님의 면전에서 웃는다. '90살인 사라가 임신을 한다고요?'

하나님이 원하시는 것

하나님은 어떤 게임을 하고 계시는 것일까? 하나님이 원하시는 것은 무엇인가? 하나님은 믿음을 원하신다고 성경은 말한다. 이는 상황과 상관없이 완전히 그분을 신뢰하는 것을 의미한다. 그래서 아브라함은 마침내 믿는다는 것이 무슨 뜻인지를 배운다. 가능성이 전혀 없는 상황에서 아브라함과 사라에게 아들이 태어났고, 하나님의 약속은 성취되었다. 그들은 행복한 아이들이 그들의 장막에 가득한 것을 보거나 그들의 자손들이 하늘의 뭇별처럼 많아지는 것을 볼 정도로 오래 살지 못했다. 그러나 그들은 사랑스런 한 아들을 얻었으며, 그의 이름을 이삭, 즉 '웃음'이라 했다. 그 이름은 마치 그들이 노년에 부모가 되는 말도 안 되는 기적을 그들에게 상기시켜주는 듯했다.

이제 하나님은 믿음의 마지막 시험을 하시려 한다. 그 시험은 너무나 어려워서 다른 시험들은 마치 유치원 아이들 게임처럼 보인다. 성경은 하나님께서 어린 아이를 제물로 바치라는 그분의 계획을 아브라함이 경험하길 원치 않으심을 분명히 말한다. 사실 오랜 세월이 지난 후에 이스라엘이 실제로 어린 아이를 제물로 바치는 행동을 했을 때에 하나님은 이를 보고 "내가 명령하거나 말하거나 뜻한 바가 아니라고"(렘 19:5) 말씀하신다. 하나님은 또 다른 제물을 제공해 주셨다. 그것은 뿔이 수풀에 걸려 있는 숫양이었다.

그러나 아브라함은 자기의 외아들과 함께 험한 산을 오를 때에 이 사실을 알지 못했다. (이 산이 바로 나중에 예루살렘이 되고, 이곳에서 하나님은 자기의 독생자를 모든 사람을 위한 최후의 제물로 주신다.) 아브라함은 어둠 속에서 하나님의 명령을 따라야만 했다. 그동안 많은 경우에 그는 하나님을 의심했었다. 그러나 이번에 그는 어떤 명령이든간에 순종하기로 결심한다. 백년 이상의 시간이 지난후에야 마침내 아브라함은 하나님을 신뢰하는 법을 배웠다. 다른 어떤 장면보다 이 장면은 그가 믿음의 사람으로서의 명성을 어떻게 얻게 되었는지를 보여준다.

⁑ 지금까지 경험한 것 중에 가장 어려운 믿음의 시험은 무엇이었나? 하나님은 당신에게 자신을 어떻게 신뢰할 수 있도록 가르치고 계신가?

성경인물

리브가: 단호한 여인

"나는 못이 되기보다는 차라리 망치가 되겠다"고 폴 사이먼은 노래했다. 이는 다른 사람에 휘둘리기 보다는 차라리 적극적인 세력이 되는 것이 낫다는 뜻이다. 리브가는 이런 철학을 따랐다. 아브라함의 종이 마실 물을 청했을 때에 그녀는 먼저 다음과 같은 제안을 했다. "당신의 낙타를 위하여서도 물을 길어 그것들도 배불리 마시게 하리이다"(창 24:19). 낙타들이 물을 마시려면 많은 물이 필요했지만 리브가는 물을 기르러 우물가로 걸어가지 않고 달려갔다(창 24:20).

위험한 광야를 가로질러 수백 킬로미터 떨어진 곳에 사는 미지의 친척과 결혼하자는 제의를 받았을 때에 리브가는 그 기회를 잡았다. 그녀의 가족들은 이

제안에 적응할 시간을 원했지만 그녀는 다음날 떠날 채비를 했으며 결코 다시 집으로 돌아오지 않았다.

주도권을 잡는 것은 존경스럽지만 너무 과하면 문제가 될 수 있다. 리브가는 아이를 낳기 위해 20년을 기다렸고, 결국 쌍둥이를 낳았다. 하나님은 어린 자인 야곱이 하나님의 택하신 자라는 말씀을 그녀에게 하셨다. 리브가는 야곱을 시켜 아버지를 속이고 자기 형의 축복을 훔치도록 강요했다. 그녀는 야곱에게 "내 말만 따르라"(창 27:13)고 말했다. 리브가는 자신의 행동이 하나님을 기쁘시게 하는지 아닌지 상관없이 자신이 모든 것을 조정할 수 있다고 생각했다.

계책은 그녀가 예상한 대로 이뤄졌지만 리브가는 야곱에게 속임을 당한 에서가 분노할 것을 예견하지 못했다. 야곱의 생명이 걱정이 된 리브가는 야곱을 자신의 고향으로 보낼 준비를 한다. "네 형의 분노가 풀려 … 내가 곧 사람을 보내어 너를 거기서 불러오리라"(창 27:45)고 그녀는 야곱에게 말했다. 그러나 리브가에게 그런 시간은 결코 오지 않았다. 그녀는 자기의 사랑하는 아들을 다시 보지 못한 채 죽었다.

⁂ 리브가처럼 주도적이 되는 것이 언제 도움이 되는가? 어떤 조건에서 주도적이 되는 것이 문제를 일으킬 수 있는가?

야곱이 축복을 받다: 사기꾼도 하나님의 가족이 될 수 있는가?

> 그가 나를 속임이 이것이 두 번째니이다 전에는 나의 장자의 명분을 빼앗고 이제는 내 복을 빼앗았나이다 창 27:36

사람들에게 왜 교회에 가지 않느냐고 물어보라. 그러면 다음과 같은 대답을 듣는 경우가 많을 것이다. "교회에는 위선자가 너무 많습니다." 괴롭겠지만 이 말 안에는 사실이 담겨 있다. 그렇게 높은 수준을 말하는 종교 가운데 이런 표준에 미치지 못하는 삶을 사는 사람들이 어떻게 그렇게 많을 수 있단 말인가?

야곱의 삶도 동일한 질문을 던지게 만든다. 아브라함이 믿음으로 유명하다면 그의 손자인 야곱은 배신으로 유명하다. 쌍둥이인 야곱은 자기보다 먼저 태에서 나가는 형의 발꿈치를 잡고 세상에 나왔다. 그의 부모는 그에게 '발꿈치를 잡은 자' 즉 '속이는 자'란 이름을 지어주었다.

성경은 야곱이 갖고 있는 욕심 많은 사기꾼 기질을 희석하지 않는다. 그는 자기 형의 약점을 이용해 가족 유언과 같은, 유산상속서류라 할 수 있는, 장자권을 얻는다(창 25:29-34). 후에 자기 아버지가 여전히 에서를 더 사랑하는 것을 알고서 야곱과 그의 어머니는 또 다른 속임수를 꾀한다. 창세기 27장은 눈이 잘 보이지 않는 자기 아버지에게서 장남인 에서에게 합법적으로 속한 축복을 얻어내는 계략을 보여준다. 이 과정에서 야곱은 딱 잘라 자기 아버지에게 거짓말을 하고 주의 이름을 망령되이 사용한다.

이삭 시대에 대다수의 사람들은 축복기도를 한 세대에서 다음 세대로 형통함을 전달해 주는 일종의 마력으로 여겼다. 그러나 이삭에게 그것은 더 큰 의미가 있었다. 그것은 자기 아들에게 자기 아버지인 아브라함에게 받은 언약의 축복을 전달해 주는 것이었다. 그 축복은 언젠가 하나님의 은총을 받은 백성으로만 구성된 온전한 나라가 탄생하는 것이었다.

성경인물

야곱: 부메랑이 되어 돌아온 속임수

사기꾼 야곱은 보응을 받는다. 계획대로 아버지 이삭에게 축복기도를 받은 그는 목숨을 보전하기 위해 도망해야 했으며 삼촌의 집에서 20년 동안 도망자 생활을 한다. 그곳에서 삼촌 라반은 야곱에게 속임수를 쓴다.

이 이야기를 읽으면 아마도 당신은 동생에게 속아서 축복권을 빼앗기고 따뜻한 음식 한 그릇에 자신의 장자권을 팔아버린 가여운 에서에 대해 동정심을 느낄지 모르겠다. 분명히 야곱은 종교 지도자로서 훌륭한 재목은 아닌 것처럼 보인다. 그러나 성경은 명백하게 야곱의 편을 들면서 자신의 장자권을 경히 여긴 에서를 책망하며(창 25:34) 에서를 '망령된 자'(히 12:16)라고 부른다.

하나님의 축복을 얻기 위해 거짓말을 하고 도적질을 한 야곱은 누군가 낸 도덕 시험에도 낙방할 것이다. (실제로 창세기에서도 그의 속임수를 분명 칭찬하지는 않는다. 야곱은 이에 대해 상당한 대가를 치러야만 했다.) 그러나 그의 인생은 중요한 교훈을 남긴다. 즉 하나님은 아무리 결점투성이어도 그분을 열정적으로 추구하는 자를 능히 다루실 수 있다. 야곱의 이야기는 도처에 널린 불완전한 사람들에게 소망을 준다.

이것이 공정한가?

분명히 하나님의 택하심은 그 사람이 어떻게 행동하는지에 달려있지 않다. 하나님은 단지 하나님이 원하는 사람들을 택하신다. 이 경우에 하나님은 속임수를 쓰는 동생 야곱을 택하셨다. 이것이 공정한가? 사도 바울은 바로 이 질문을 로마서 9장에서 하고 있다. 그는 우리에게는 하나님의 택하심을 비난할 권리가 없다는 결론을 내린다. 왜냐하면 우리는 아는 것이 너무 적기 때문이다. 특히 하나님의 무한하신 명철에 비하면 더욱 그렇다. 우리가 결코 하나님의 택하심을 이해할 수 없을지 모르지만 창세기에 나오는 '버림받은' 모든 형제들—가인, 가나안, 이스마엘, 에서, 므낫세—은 공정한 대우 이상의 대우를 받았다. 그들의 자손은 번성하여 하나님의 보호하심아래 열국을 이뤘다.

그분의 택하신 백성들에게 하나님은 이보다 더 큰 영광을 예비하시고 계신다. 싫든 좋든 간에 그들은 온 세계를 위한 축복의 통로가 될 것이다. 하나님은 처음부터 아브라함에게 말씀하셨다. "땅의 모든 족속이 너로 말미암아 복을 얻을 것이라"(창 12:3). 소수를 택하심으로 하나님은 자신의 축복을 모든 이에게 확대하기로 계획하셨다. 그리고 정확히 그렇게 되었다. 결점투성이인 소수의 아브라함 가족은 흠투성이지만 꽤 큰 나라로 커갔고, 때가 이르자 흠이 없으신 예수님을 낳았다.

바울은 하나님의 지혜를 의심하는 일은 우리가 해서는 안 된다고 썼다. 우리는 왜 하나님께서 야곱과 같은 사람들을 선택하시는지 알 수 없지만 그런 자들을 택한 것이 선을 이룬다는 사실에는 의심의 여지가 없다. 그리고 전 세계 사람들은 '택함을 입은 백성'에 합류할 자격을 얻게 되었다. 바울이 쓴 대로 "너희가 다 믿음으로 말미암아 그리스도 예수 안에서 하나님의 아들이 되었으니 … 너희는 유대인이나 헬라인이나 종이나 자유인이나 남자나 여자나 다 그리스도 예수 안에서 하나이니라. 너희가 그리스도의 것이면 곧 아브라함의 자손이요"(갈 3:26, 28-29). 하나님은 위대한 선을 이루시기 위해 흠 있는 사람들을 택하시는 습관이 있으시다. 오늘날 교회 안의 위선자들에게 그분께서 무슨 일을 하고 계신지 누가 말할 수 있는가?

⁂ 구약 시대에 이삭(웃음)이나 야곱(잡는 자)과 같은 이름들은 깊은 의미를 지녔다. 당신은 자신의 이름의 의미가 무엇인지 아는가? 그 뜻이 당신과 잘 맞는가? 만일 그렇지 않다면 어떤 종류의 이름이 당신에게 더 잘 맞겠는가?

받기에 과분한 것: 야곱이 새로운 정체성을 얻다

> 내가 너와 함께 있어 네가 어디로 가든지 너를 지키며 너를 이끌어 이 땅으로 돌아오게 할지라
>
> 창 28:15

사도 바울은 하나님의 은혜를 예로 들 때에 야곱을 사용한다. 왜 하나님은 거룩한 나라를 세우시는 그분의 계획을 실행하시기 위해 야곱과 같은 사기꾼을

택하셨는가? 하나님의 대답은 이렇다. "내가 긍휼히 여길 자를 긍휼히 여기고 불쌍히 여길 자를 불쌍히 여기리라"(롬 9:15). 바울은 은혜란 단어를 사랑한다. 이 단어는 '받을 자격이 없지만 주시는 선물'을 의미한다. 왜냐하면 야곱은 그의 인생의 전반부에 하나님의 뜻에 반하여 싸웠지만 하나님은 어쨌든 그를 사랑하셨기 때문이다.

야곱의 인생에서 은혜가 역사하는 장면이 두 번 나온다. 그가 낙담하려는 중요한 순간에 하나님은 아주 극적으로 그리고 개인적으로 그를 만나주신다.

첫 번째 장면은 창세기 28장에서 나온다. 야곱은 도망자로서 사막을 혼자 지나고 있다. 자기 형을 속여 장자권을 빼앗았지만 그는 지금 자신을 죽이겠다는 형의 위협으로부터 도망치고 있는 것이다. 그러나 하나님께서는 그에게 오셔서 그를 책망하는 대신에 그에게 밝은 약속을 하신다. 이 다정한 순간에 하나님은 자신이 아브라함에게 약속하신 모든 축복을 부끄러운 도망자인 야곱에게 주실 것을 확증하신다. 처음으로 야곱은 "여호와께서 그의 하나님이 되실 것"(창 28:21)이라는 사실을 깨닫는다. 그는 그곳에 자신이 하나님을 만난 기념비로써 돌을 세운다.

한 밤의 씨름

두 번째 장면은 몇 십 년이 지난 어느 날 밤에 일어난다. 그 전날에 야곱은 에서와 화해할 전략을 세운다. 그 사이의 세월 동안에 야곱은 번성했으며, 고생하면서 많은 교훈을 배웠지만 형과의 만남에 대한 걱정 때문에 공포에 떨고 있었다. 그는 하나님께 하나님이 하신 약속을 지켜달라고 간청했다. 그리고 이에 대한 응답으로 그는 아주 이상한 초자연적인 만남을 경험한다.

기회 포착자인 야곱은 강력한 적을 만난다. 그는 자신이 하나님과 씨름하고 있다는 것을 발견한다. 그 이상한 밤이 지난 후에 야곱은 절뚝발이가 됐다. 이는 언제나 그 싸움을 생각나게 해주었다.

그 와중에 야곱은 이스라엘—'싸우는 자'란 뜻이다—이라는 새로운 이름을 얻었으며, 그것은 하나님이 그에게 주신 은혜의 최종 이름이었다. '속이는 자' 야곱은 하나님의 택하신 백성인 '이스라엘 백성' 의 이름을 갖게 되었다.

⁑ 하나님과 이처럼 극적인 만남을 가진 자는 많지 않다. 하나님께서 위기의 때에 당신을 만나 주셨는가?

성경인물 라반: 속이는 자

자기 형을 최소한 두 번이나 속인 야곱이 악명 높은 배신자 삼촌 라반의 손에 빠진 것은 얼마나 적절한가! 이 가문에는 '속임' 이 흐름에 틀림없었다. 라반은 야곱이 아버지를 속이도록 도운 그의 어머니인 리브가의 오빠이다. 이제 야곱은 자기가 사기를 당하자 그 느낌이 어떠한지 알았다.

라반은 장녀인 레아를 야곱에게 떠넘김으로써 첫 번째 대결에서 승리한다. 야곱은 아름다운 라헬을 얻기 위해 7년을 더 일했다(창 29:14-20). 이 두 사람은 일의 관계에 있어서 서로를 속이고 속였다. 야곱은 라반이 그의 급료를 계속해서 변개한다고 불평했다. 그러나 그러는 동안 야곱은 라반의 짐승을 돌보면서 가장 크고 좋은 가축 떼를 얻을 계략을 짰다.

속임수에 사로잡힌 두 사람은 한 가지 분명한 사실을 깨닫지 못하는 것 같았다. 즉 두 사람의 계략으로 인해 관계들이 망가졌다는 것이다. 예를 들어 속임수를 통해 레아는 라헬의 남편을 공유할 수 있었다. 하지만 그녀가 정말로 얻은 것은 무엇이었는가? 여생동안 두 사람은 야곱의 사랑을 얻기 위해 비참하게 다투었다.

야곱의 가축 떼는 그의 계략으로 인해 늘어갔지만 그 과정 중에 라반의 아들들은 점점 더 적대적이 되었다. 라반은 야곱에게서 값싼 노동력을 얻었지만 야곱은 이에 대해 너무 분개한 나머지 어느 날 경고도 없이 라반의 딸들을 데리고 떠났다. 라반은 남을 속이면 원하는 것은 얻을 수 있을지 몰라도 커다란 대가를 치러야 한다는 사실을 결코 배우지 못했다.

⁂ 누군가가 당신을 속이려 할 때에 이에 대한 최선의 반응은 무엇인가?

성경인물

라헬: 사랑과 슬픔

집을 떠나 수백 킬로미터를 걸어서 여행한 야곱이 외사촌인 라헬의 집에 도착했을 때에 그는 무일푼이었다. 어떤 이의 눈에 그는 가련한 인생으로 비쳤을지 모른다. 그는 자기 집을 떠나 도망친 도망자였으며, 무엇이든지 장악하려는 성품의 소유자였고, 문제를 야기할 계략을 꾸며내는 자였다. 그러나 라헬도 장악력과 계략에 매우 능했다. 힘과 간교함에 있어서 야곱은 자기와 잘 어울리는 여인을 만났다.

당시 젊은이들은 부모가 정해준 짝과 결혼을 해야 했던 시절, 로맨스를 몰랐던 시대에 야곱은 라헬과 깊은 사랑에 빠졌다. 그는 라헬을 얻기 위해 14년을 일했다. 분명히 야곱에게 아름다운 라헬은 그만한 노동의 가치가 있었다. 그는 처음 본 순간부터 숨지는 순간까지 그녀를 사랑했다.

라헬은 깊이 사랑받는다는 것이 무엇인지 알았지만 그녀는 또한 심장을 꿰뚫는 슬픔을 알았다. 자기 언니가 야곱에게 6명의 아들을 낳아 주고 두 여종 또한 그에게 자녀를 낳아주는 동안에 라헬은 자녀가 없었다. 창세기 29장과 30장에 나오는 자기 언니 레아와의 경쟁은 깊고도 격렬했다. 마침내 라헬은 그녀의 첫째 아들인 요셉을 낳았다. 몇 년 후에 그녀는 둘째 아들인 베냐민을 낳다가 죽었다. (그녀가 죽은 후에도 그녀에 대한 사랑을 나타내기 위해 야곱은 이 두 아들을 가장 사랑했다.)

라헬의 자녀들을 향한 격렬한 사랑은 이스라엘의 상징이 되었다. 그녀가 죽은 지 천 년이 지난 후에도 선지자 예레미야는 이스라엘 멸망에 대해 숙고하면서 "슬퍼하며 통곡하는 소리가 들리니 라헬이 그 자식 때문에 애곡하는 것이라 그가 자식이 없어져서 위로 받기를 거절하는도다"(렘 31:15)라고 말했다. 이 잊을 수 없는 시구는 헤롯 대왕이 아이들을 학살했을 때에 마태복음 2장 18절에서 인용되었다. 오늘날에도 '라헬의 애곡' 이라는 구절은 유대인들의 고난의 약칭으로 쓰인다.

라헬은 강한 여인이었다. 그녀의 남편에 대한 충성과 자녀들을 향한 열정은 다른 그 어떤 것을 능가했다. 그녀와 그녀의 언니는 유대인의 결혼식에서 축복의 전통이 되었다. "여호와께서 네 집에 들어가는 여인으로 이스라엘의 집을 세운 라헬과 레아 두 사람과 같게 하시길 원하노라"(룻 4:11).

⁑ 야곱은 아내를 사모했고, 라헬은 자녀를 사모했다. 당신은 무엇을 사모하는가?

성경인물

에서: 놀라운 선택

많은 사람들은 동생 야곱보다는 형 에서에게 더 매력을 느낀다. 에서는 밖에서 활동하길 좋아하는 사람이다. 그리고 강인하게 생겼고, 충동적이며, 단순하고, 꾸밈이 없다. 그러나 야곱은 집에만 있는 마마보이였으며, 개인의 유익을 위해서라면 언제든지 간교하게 행동하는 자였다.

에서가 야곱에 대해 살기를 가졌던 것은 누구든지 이해할 수 있다. 장남인 에서는 가정에서 2인자의 위치에 있었다. 그러나 그는 하나님의 섭리 가운데 중요한 자리를 찾지 못한 잃어버린 자가 되고 말았다.

왜 하나님은 동생을 택하셨을까? 사도 바울은 로마서 9장 10~18절에서 이 질문을 생각하면서 하나님이 야곱을 더 선호하신 것은 그가 태어나기 전부터 시작되었다는 점을 지적한다. 역사 속에서 반복해서 하나님은 이 세상을 구원하시려는 자신의 계획을 수행하기 위해 자신의 초점을 한 사람에게 좁히신다. 게다가 하나님이 택하시는 사람들은 언제나 우리가 존경하는 그런 부류의 사람들이 아니다. 하나님은 스스로 판단하신다고 바울은 말한다. 그러기에 하나님의 사람들은 이해가 가지 않을 때에도 그분 앞에 엎드려야만 한다.

그러나 이곳에 기록된 이야기를 보면 하나님이 사람들이 예기치 못한 선택을 하시는 숨은 이유가 더 분명해진다. 에서는 인격적으로 큰 결함이 있었다. 인생의 중요한 전환점에서 그는 계속해서 자기 자신의 욕망을 좇았으며, 영적인 예민함과 장기적인 비전을 보이지 않았다. 기회 포착자인 야곱은 최소한 가족의 장자권을 귀한 것으로 인식했다. 에서에게는 순간적인 허기가 더 중요했다(창 27장). 결혼 문제에 있어서도 에서는 그들의 유업이 다르고 부모님이 싫어했지만 그 지역에 사는 여인들을 택했다.

에서의 생각에는 하나님이 들어가실 자리가 없어 보인다. 그러나 야곱은 매력적으로 보이진 않지만 그는 더 높은 곳을 바라보았다. 하나님은 야곱의 열정과 강한 야망의 수로를 거룩한 목적을 이루시는 쪽으로 돌리셨다.

⁑ 당신의 삶에서 음식, 로맨스, 인정, 성공에 대한 욕망이 영적 야망들과 충돌하는가?

가족 간의 싸움: 요셉과 그의 형제들

꿈꾸는 자가 오는 도다 자, 그를 죽여 한 구덩이에 던지고 우리가 말하기를 악한 짐승이 그를 잡아먹었다 하자 그의 꿈이 어떻게 되는지를 우리가 볼 것이니라 하는지라 창 37:19–20

대다수의 사람들은 어느 누구와도 형제자매만큼 많이 싸우지 않는다. 현대의 예를 들어보자. 에스더 폴린 프리드먼은 자기 여동생인 폴린 에스더 프리드먼보다 17분 먼저 이 세상에 도착했다. 일란성 쌍둥이인 이 두 사람은 같은 옷을 입고, 같은 학교에 다녔으며 심지어 가방도 같이 썼다. 그 가방 안에는 열쇠도 하나 밖에 없었으며, 머리빗, 립스틱도 하나 밖에 들어 있지 않았다. 그들은 잠도 같은 침대에서 잤다. 실제로 그들이 처음으로 떨어져 있게 된 것은 합동결혼식을 한 후였다.

중년이 된 에스더 폴린은 〈시카고 선 타임스〉*Chicago Sun Times*에서 본래 앤 랜더즈Ann Landers란 필명으로 냈던 칼럼을 대신 쓰는 일을 얻게 되었다. 두 달 후에 폴린 에스더도 〈샌프란시스코 크로니클〉*San Francisco Chronicle* 신문사에서 아비가일 반 뷰렌이란 필명으로 칼럼을 쓰기 시작했다. 앤은 자기 여동생의 칼럼인 〈디어 애비〉Dear Abby가 "너무 자기 것을 흉내낸다"고 콧방귀를 뀌며 말했다. 두 사람의 불화는 계속되었다. 수많은 사람들에게 조언을 주던 두 여자는 8년 동안 사소한 문제를 해결하지 못해 서로 옥신각신했다.

그러다 두 사람은 부분적으로 화해를 했다. 그들은 기자들에게 자신들이 '매우 친밀한 사이'라고 말했다. 그러나 쓰라린 감정은 계속되었다. 화해한 지 17년이 지난 후에도 애비는 앤에 대해 다음과 같이 말했다. "그녀가 늙어 보여서 얼굴 주름 제거 수술이 필요했다면 제 말을 믿으십시오. 그건 그녀에게 그런 수술이 정말로 필요했기 때문이었을 거예요. 그러나 저는 제 얼굴에 칼을 절대로 대지 않습니다. 하지만 그녀에게는 그렇게 할 권리가 있죠. 많이 울고 나서는 울었다는 것을 보여줘야 하니까요."

형제간의 전쟁

창세기는 형제간에 심하게 다툰 경우를 몇 가지 소개한다. 가인과 아벨, 이삭과 그의 이복형 이스마엘, 야곱과 에서가 그렇다. 본 장에 나오는 요셉의 이야기에서 11명의 형제들은 한 사람을 대적해 음모를 꾸민다.

창세기의 속도는 요셉의 이야기에서 느려진다. 창세기는 다른 그 어떤 사람보다 이 사람의 인생사에 훨씬 더 많은 지면을 할애한다. 모든 시대 중에 매우 위대하고 모험적인 생을 살았던 요셉을 생각할 때에 이는 어찌 보면 당연하다. 밀입국자이며, 노예이고 유죄 판결을 받은 죄수인 그는 천한 자리에서 일어나 지구상에서 가장 위대한 제국의 2인자가 된다. 그 위대한 서사시가 창세기 37장에 기록된 비극적인 사건에서 시작된다.

아버지의 가장 사랑하는 아들로 인정받은 요셉은 신기하게도 자기 형들의 질투심에 대해 무감각해 보인다. 처음에 요셉은 형들이 자기에게 절을 하는 꿈 이야기를 해서 그들의 분노를 산다. 이는 분명 그가 특별한 직위를 가지게 될 것을 과시하는 것이었다. 그는 그 일로 형제들과 소원한 관계가 되었고 결국에는 형들에게 복수를 당하게 된다.

애굽에서의 우회

먼저 형들이 요셉을 죽이기로 계획한다. 그러나 마지막 순간에 그들은 죽이는 대신에 애굽으로 가는 상인들에게 그를 판다. 형들은 요셉이 짐승의 공격을 받았다고 아버지에게 말했다. 그들의 말을 듣고 슬퍼하는 아버지 야곱이나 형들 모두 요셉을 다시 보게 될 것을 예상하지 못했다.

그러나 하나님은 다른 계획을 가지고 계셨다. 가정에서 그렇게 많은 문제를 일으켰던 요셉의 그 이상한 꿈은 먼 나라 애굽에서 하나님의 구원이 되었음이 판명된다. 하나님이 주신 꿈 해석의 능력으로 그는 애굽에서 바로Pharaoh 정부의 수뇌부가 된다.

성경의 이야기는 여기서 끝나지 않는다. 왜냐하면 하나님은 또한 가족 간에 용서하길 원하시기 때문이다. 기근으로 인해 결국 요셉의 형들은 식량을 구하기 위해 애굽으로 온다. 너무나 애굽 사람처럼 보여서 요셉을 알아보지 못하고 그 앞에 무릎을 꿇은 형들은 식량을 살 수 있게 해달라고 간청한다. 이제 상황이 역전되었다. 요셉은 그들에게 복수 할 수 있는 위치에 서 있었다.

⁝ 당신의 가족은 갈등을 어떻게 다루는가? 당신은 당신과 가까운 사람과 다툰 후에 화해한 적이 있는가? 있다면 어떤 과정을 거쳐 화해하였는가?

성경인물

요셉: 고난의 학교

요셉은 10명의 형을 누르고 아버지의 사랑을 독차지한 응석받이였다. 그는 채색옷을 입고 특별대우를 받았으며 분명히 자신이 이런 대접을 받는 것이 마땅하다고 생각했을 것이다. 그가 형제들이 자기에게 절하는 꿈을 꾸었을 때에 그는 뻔뻔하게도 이 꿈을 모든 형들에게 말했다.

그렇다면 무엇이 이런 소년을 성장하게 만들었을까? 요셉의 경우에 성숙은 오직 재앙을 통해 이뤄졌다. 억울해하는 형들은 그를 죽이겠다고 위협한 후에 그를 노예상들에게 팔아넘겼다(창 37:12-36). 노예인 그는 성적 유혹을 거부했지만 강간죄로 고소를 당해 감옥에 들어갔다. 참으로 그것은 요셉의 인생에서 바닥이었다.

그러나 그는 이런 과정에서 완전히 다른 성품의 소유자가 된다. 바로 앞에 불려갔을 때에 죄수인 요셉은 자신감과 전략을 가지고 행동했다. 바로는 그에게 거대한 정부 프로젝트를 맡겼고 그는 놀라운 능력으로 그의 임무를 수행했다.

가장 놀라운 사실은 요셉이 복수할 기회를 거절했다는 것이다. 그의 형제들이 자기 손아귀에 들어왔을 때에 그는 그들의 행동에 대해 복수하는 대신에 그들을 용서하려고 애썼다. 기근이 있을 때에 그는 자기 형제들과 가족 전체를 애굽으로 데려와 그와 함께 살게 함으로써 그들 모두를 구했다.

요셉의 이야기는 힘든 일들과 실망이 어떻게 선한 것으로 바뀔 수 있는지를 보여준다. 이 모든 것은 요셉의 가족에게 선한 결과를 낳았으며, 그들은 무서운 기근에서 탈출할 수 있었다. 그리고 이 모든 고통이 요셉에게도 결과적으로 선을 가져다주었다. 그는 인생에 대해 완전히 새로운 관점을 얻었다. 과거를 회상하면서 그는 그가 경험한 모든 시련 속에서 하나님이 역사하고 계셨음을 볼 수 있었다.

⁑ 당신은 어떤 힘든 일들을 겪었는가? 이런 힘든 일들이 당신의 성품에 어떤 긍정적인 영향을 미치는 것을 볼 수 있었는가?

무대 뒤에서: 하나님은 악에서 선을 이루신다

> 내가 한 꿈을 꾸었으나 그것을 해석하는 자가 없더니 들은즉 너는 꿈을 들으면 능히 푼다 하더라
> 창 41:15

창세기는 하나님께서 자기 백성을 이끌어 가시는 여러 방법들을 매혹적으로 보여준다. 아브라함의 경우처럼 그분은 때로는 장엄하게 개인적으로 친히 나타나시거나 아니면 천사들을 보내기도 하신다. 야곱의 경우처럼 하나님은 어떤 사람들을 인도하실 때에는 다른 때보다 더 신비로운 형태를 띠신다. 그분은 깊은 밤에 씨름을 하시거나, 하늘에 걸린 사다리 꿈을 꾸게 하신다. 요셉의 경우에 하나님의 인도하심은 매우 간접적이고 심지어 혼란스러워 보이기까지 한다.

하나님은 천사가 아니라 꿈을 통해서 요셉에게 말씀하신다. 그는 동료 죄수들의 의심쩍은 꿈과 바로의 꿈과 같은 기괴한 꿈 이야기를 듣는다. 그러나 하나님께서는 이런 꿈들의 의미를 정확하게 그에게 계시하셨기 때문에 요셉은 결국 높은 자리에 오른다. 당시 애굽 사람들은 꿈에 매료되어 있었기 때문에(고고학자들은 꿈 해석에 대한 방대한 저서들을 애굽에서 발굴해 냈다) 해몽가인 요셉은 곧 중요하고 명망 있는 자리에 오른다.

비극 가운데 역사하시는 하나님의 손길

요셉의 인생에서 하나님은 대부분 무대 뒤에서 역사하신다. 실제로 겉으로 볼 때에 요셉은 그가 마땅히 받아야 할 대우와 완전히 상반되는 대우를 받는 것처럼 보인다. 그가 자기 형제들에게 꿈을 설명해주자 그들은 그를 구덩이에 던진다. 그가 성적 유혹을 거부하자 애굽의 감옥에 갇힌다. 그가 동료 죄수의 목숨에 대한 꿈을 해석해 주자 그 동료는 곧 그를 잊는다.

그러나 요셉은 한 번도 하나님을 신뢰하길 멈추지 않았다. 아마 그래서 창세기는 그에게 그렇게 많은 지면을 할애하는지 모른다. 고난 중에서도 그는 한 가지 사실을 배운다. 즉 하나님께서는 모든 고난을 미연에 방지하지 않으실지 모르지만 하나님은 그 어떤 것도, 심지어 최악의 고난도 구속하실 수 있다는 사실을 배운다. 예를 들어 노예로 팔려가는 외상trauma은 결국 선으로 바뀐다. 왜냐하면 이 사건을 통해 그는 정치권력을 갖게 되는 정치가의 삶을 살게 되고, 이를 통해 그는 자기 가족을 기아에서 구원해 낸다.

요셉은 자기 형들에게 "나를 이리로 보낸 이는 당신들이 아니요 하나님이시라"는 사실을 인정한다(창 45:8). 눈물을 삼키면서 그는 자기를 죽이려 했던 형들에게 자기의 믿음을 설명한다. "당신들은 나를 해하려 하였으나 하나님은 그것을 선으로 바꾸셨습니다"(창 50:20).

⁝ 하나님께서 당신에게 중요한 메시지를 가지고 계실 때에 그분은 이를 당신에게 어떻게 전달하시는가?

오래 걸린 용서: 겁에 질린 형들과 직면한 요셉

나는 당신들의 아우 요셉이니 당신들이 애굽에 판 자라 　　　　창 45:4

요셉과 그의 형들과의 해묵은 경쟁은 창세기 45장에서 그 드라마의 절정에 이른다. 먼저 기근으로 인해 요셉의 형들은 어쩔 수 없이 자기 고향에서 요셉 덕분에 비상사태를 대비한 애굽으로 왔다. 이곳에서 형들은 애굽의 강력한 관료였던 요셉을 상대해야만 했지만 그들은 더이상 그를 알아보지 못한다. 오랫동안 고뇌에 찼던 마음이 뒤따른다.

요셉은 선택을 해야 했다. 그는 현장에서 형들과 화해하고 그들을 팔을 벌려 환영할 수 있다. 아니면 그들의 처형을 명하여 복수할 수도 있다. 그러나 그는 그 어느 것도 행하지 않는다. 대신에 그는 일련의 정교한 테스트를 하기 시작한다. 그는 형들에게 뭔가를 요구하고 그들에게 속임수를 쓰고 그들을 고소한다. 거의 2년 동안 그는 이런 게임을 한다. 이러한 시련으로 인해 형들은 약해졌고, 혼돈과 두려움을 느꼈으며, 오래 전에 그들의 어린 동생을 학대한 죄책감이 떠올랐다. "그들이 서로 말하되 우리가 아우의 일로 말미암아 범죄하였도다 그가 우리에게 애걸할 때에 그 마음의 괴로움을 보고도 듣지 아니하였으므로 이 괴로움이 우리에게 임하도다"(창 42:21).

요셉도 감정적으로 커다란 중압감, 용서해야 한다는 중압감을 느낀다. 그는 자신이 사랑하는 형들과 화해하길 원하지만 그렇게 하는 것이 견딜 수 없이 힘들었다. 형들이 죄책감을 인정하고 받아들일 때까지 참된 화해는 일어날 수가 없었다. 요셉은 다섯 번이나 눈물을 터뜨리고, 한 번은 옆방에 있는 사람들이 들을 수 있을 정도로 큰소리로 울었다.

놀라운 반전

마침내 형들은 놀라운 사실을 발견한다. 그들이 노예로 판 동생이 이집트제국의 2인자가 된 것이다. 그들의 운명은 그의 손아귀에 있었다.

다행히도 요셉은 복수에 관심이 없었다. 그는 이제 하나님의 큰 그림 속에서 자기의 어려운 세월을 보았기 때문이었다. 마침내 그는 형들 모두를 용서하고 피난처인 애굽으로 불러와 환영할 준비가 되었다. 화해를 통해 오랜 상처가

치유되고 문제 많은 야곱의 가정에 마침내 평화가 임한다.

이런 의미에서 요셉의 이야기는 하나님과 그분의 백성의 이야기의 상징이다. 창세기 3장에서 시작된 죄를 근절하고자 하는 몸부림은 저절로 혹은 쉽게 이뤄지지 않는다. 결국 그것은 하나님의 아들의 죽음을 요구한다. 요셉의 이야기는 예수님을 가리킨다. 예수님은 요셉이 그랬던 것처럼 자신의 백성을 구하기 위해 하나님이 보내신 남자, 그러나 그분의 백성에게 미움을 받고 배신을 당한 바로 그분이다. 요셉과 예수님 두 분을 볼 때에 구원하고자 하시는 하나님의 뜻은 모든 것을 정복한다.

한 국가의 탄생

대가족, 한 나라, 땅. 하나님은 이 모든 것을 아브라함과 이삭과 야곱에게 약속하셨다. 창세기가 끝나면서 오직 이 약속 중에 첫 번째 것만이 성취되었다. 즉 야곱의 열두 아들이 많은 자녀들을 낳은 것이 그것이다. 요셉의 형제들의 화해를 통해 이스라엘 자녀들이 12지파로 된 한 가족이 되는 길이 열린다. 이는 일종의 갓 태어난 국가와도 같았다. 성경은 이 12명의 아들이 다른 사람들보다 더 거룩하지 않다는 것을 분명히 밝힌다. 그들은 결국 요셉을 배신하고 팔았던 자들이었다.

이처럼 흔들리는 기초 위에 하나님은 그분의 나라, 이스라엘 백성(야곱의 아들들)을 세우신다. 요셉은 나머지 약속들도 성취될 것이라는 소망을 결코 잃지 않았다. 임종의 자리에서 그는 자기 뼈를 하나님이 자기 아버지에게 약속하신 땅으로 다시 가져갈 것을 구한다. 그렇게 창세기는 행복하게 끝나지만 긴장감의 여운을 남긴다. 언제 요셉의 뼈는 하나님이 약속하신 땅으로 돌아갈 것인가? 언제 하나님의 약속은 성취될 것인가? 하는 긴장감 말이다.

⁑ 용서의 논리를 가지고 몸부림쳐 본 적이 있는가? 당신의 인생에서 용서할 수 없는 사람이 있는가?

행동할 시간: 망설이는 모세를 부르심

내가 누구이기에 바로에게 가며 이스라엘 자손을 애굽에서 인도하여 내리이까

출 3:11

단지 두 구절을 통해 성경은 거의 400년의 이스라엘 역사를 건너뛴다(1:6-7). 창세기는 야곱의 가족이 아직 그 수가 상당히 적어서 창세기 끝부분에서는 그 아들들의 이름을 모두 댈 수 있을 정도였다. 하지만 이제 그들은 무수히 많은 거대한 족속으로 성장했다. 하나님의 계획은 서서히 앞으로 나아가고 있었지만 한 가지 문제점이 있었다. 이집트 제국은 히브리인들에게 적대적으로 바뀌었으며, 이제 그들은 적대적인 바로의 치하에서 노예로서 고역을 치루고 있었다. 그들은 하나가 되었지만 세상에 억압받는 모든 사람들처럼 그들도 모두 고통을 받았다.

아브라함과 이삭과 야곱에게 하신 하나님의 약속을 더이상 누가 믿겠는가? 날마다 노예들은 애굽 감독관의 채찍을 맞아야 했다. 그렇게 칭송이 자자했던 약속의 땅은 동쪽 어디엔가 있었지만 수 십 명의 다른 왕들이 지배하고 있었다.

그러나 하나님은 그분의 언약을 잊지 않으셨다. "내가 애굽에 있는 내 백성의 고통을 분명히 보았노라"고 하나님은 말씀하신다(출 3:7). "내가 바로에게 하는 일을 네가 보리라"(출 6:1). 이어 나오는 내용은 창세 이후로 이 땅에 베푸신

하나님의 능력 가운데 가장 인상적인 장면을 기록한다.

역설적인 선택

먼저 하나님은 지도자가 필요하셨다. 이 일을 위해 하나님은 역설로 가득한 모세를 택하신다. 이 지도자의 역할을 감당하기 위해 모세는 40년을 애굽에서 또 다른 40년을 사막에서 보낸다. 출애굽기 3장에 나와 있듯이 모세는 이 일을 수행할 열정이 전혀 없다.

하나님의 선언, 즉 '부르심'은 모세가 결코 잊을 수 없는 하나님과의 만남의 사건을 통해 이뤄진다. 불타는 가시떨기 나무, 어디선가 들리는 음성. 그리고 하나님은 자신을 "나는 … 아브라함의 하나님, 이삭의 하나님, 야곱의 하나님이니라"(출 3:6)이라고 말씀하심으로써 이전에 하셨던 모든 약속과 자신을 연결 지으신다. 이제 행동할 시간이 되었다. 그리고 모세는 그분의 백성을 애굽의 노예 상태에서 약속의 땅의 자유로 이끌기 위해 하나님이 직접 택하신 자가 된다.

⁝ 모세처럼 당신도 당신의 약점 때문에 하나님이 당신에게 부탁하신 일을 할 자격이 없다고 생각한 적이 있는가?

홍해의 기적: 애굽인들이 마음을 바꾸다

그러나 이스라엘 자손은 바다 가운데를 육지로 행하였고 물이 좌우에 벽이 되었더라 출 14:29

바로와 애굽인들이 노예들을 풀어주기로 한 결정을 후회하는 데는 오랜 시간이 걸리지 않았다. 곧 번뜩이는 전차 군단과 기마병들은 무방비 상태의 이스라엘 백성을 추격했다.

이스라엘 백성들도 얼마 안 되어 떠나기로 한 그들의 결정을 후회했다. 그들이 바로 군대를 처음 보았을 때에 두려움에 떨면서 자기들을 사막 한 가운데서 죽이려 한다고 모세를 비난했다.

본장이 말하듯이 이스라엘 백성이 마지막으로 애굽을 대하는 장면은 하나님께서 만고의 진리를 가르치시기 위해 친히 꾸미신 것이었다. 그것은 이스라엘의 해방은 다른 그 어느 누구도 아닌 바로 하나님 자신이 책임을 지신다는 진리였다.

하나님 혼자서 하신 일

무엇보다도 출애굽기는 하나님께서 이 일을 행하셨다는 것을 강조한다. 강력한 애굽인들을 향해 대항한 자는 이스라엘 가운데 아무도 없었다. 바로가 도망하는 이스라엘 족속을 향해 전차를 풀었을 때에 이스라엘 백성은 겁쟁이처럼 벌벌 떨었다. 하나님께서 장엄한 구출 작전을 준비하신 후에 해방된 포로들은 오직 겸손과 찬양으로 그분께 응답할 수 있었다. 거기에는 교만이 차지할 자리가 없었다.

하나님을 의지해야 한다는 것은 출애굽기 전체에서 계속 반복된다. 광야의 방랑자들에게 물이 떨어졌을 때에 하나님은 물을 공급하신다. 음식 공급이 떨어졌을 때에 하나님은 음식을 공급하신다. 침략자가 공격했을 때에 하나님은 보호해 주신다. 실제로 출애굽기는 복음서를 제외하고 성경의 그 어떤 책보다 더 많은 기적들—직접적이고 초자연적인 하나님의 행동들—을 보여준다.

홍해의 위대한 기적으로 인해 처음부터 끝까지 한 국가의 역사의 색깔이 정해져 버렸다. 그것은 하나님이 언제나 적극 개입하시는 역사였다.

⁑ 하나님께서 매우 해로울 수 있는 상황에서 당신을 구원하기 위해 인생의 '홍해'를 가르신 적이 있는가?

성경인물

이드로: 장인의 조언

모세가 애굽에서 이스라엘을 이끌어낸 후에 그의 장인 이드로는 모세의 아내와 자녀들을 데려와 나머지 이스라엘 백성과 합류한다(창 18장). 이 노인은 방문하러 왔다가 모세가 일하는 모습을 관찰한다. 곧바로 그는 모세가 과도한 업무량으로 압도되는 모습을 본다. 이드로는 모세에게 하위 관료들을 지명하여 분쟁을 해결하고 그는 가장 어려운 재판만 담당할 것을 제안한다. 모세는 이 제안이 좋은 조언이라는 것을 알아차리고 이에 따라 행동한다.

모세는 분명 자기 장인을 좋아하고 존경했다. 그리고 거기에는 그만한 타당한 이유가 있었다. 이드로는 그가 애굽인을 죽인 후 목숨을 구하기 위해 도망쳤을 때에 자기를 받아준 사람이다. 그리고 자기 딸과의 결혼도 허락했을 뿐만 아니라 그에게 일자리도 주었다. 하나님이 모세를 자기 백성에게로 다시 부르시기 전에 이 두 남자는 40년 동안 함께 살면서 일했다.

게다가 이드로는 '미디안의 제사장'이었다. 우리는 이드로가 모세가 오기 전에 참되신 하나님에 대해 얼마나 알고 있었는지 정확히 모른다. 아브라함의 후손인 미디안 족속은 '아브라함의 하나님, 이삭의 하나님, 야곱의 하나님'을 기억하고 있었을지도 모른다. 분명 이드로와 모세는 그들의 신앙에 대해 자주 이야기했을 것이다. 출애굽을 한 후, 모세가 이드로에게 하나님께서 노예들을 바로에게서 어떻게 해방시키셨는지 말하자 이드로는 모세의 하나님을 다른 모든 신들보다 더 위대한 신으로 인정했다.

그럼에도 불구하고 이드로는 약속의 땅으로 가는 이스라엘 백성과 동행하지 않았다. 그는 자기 고향으로 돌아갔으며, 하나님의 택하신 백성과 분리되어 하나님을 믿었다.

⁝ 당신에게 특별히 도움이 된 것으로 판명된 조언을 생각해 낼 수 있는가? 있다면 그것은 무

엇인가? 그리고 왜 그것이 도움이 되었는가?

십계명: 하나님이 요구하시는 기본

두려워 말라 하나님이 강림하심은 너희를 시험하고 너희로 경외하여 범죄치 않게 하려 하심이니라 출 20:20

거의 모든 사람이 십계명에 대해 들었다. 십계명 하면 우리는 하나님이 요구하시는 도덕의 '기본'을 생각한다. 그러나 사막에 있던 이스라엘에게 십계명은 이 보다 더 많은 것을 의미한다. 그것은 그야말로 파격이었다.

여러 다른 신들을 섬기는 주변 국가들은 그들의 신들의 변덕에 대해 항상 두려워하며 살았다. 그 신들이 무엇에 화를 내고, 무엇에 기뻐하는지 그 어느 누구도 말해 줄 수 없었다. 그러나 우주의 창조주이신 하나님은 이제 친히 자신의 손으로 서명한 법적 구속력이 있는 조약을 이스라엘 백성에게 주신다. 그들은 언제나 하나님께서 원하시는 바를 정확히 알았으며 그분 앞에서 어디에 서야 하는지도 알았다. 그들은 한 국가로서 신뢰와 안전에 대한 근거를 가지게 되었다.

"세계가 다 내게 속하였나니 … 너희가 내게 대하여 제사장 나라가 되며 거룩한 백성이 되리라"라고 하나님은 말씀하신다(출 19:5-6). 하나님은 자신에 대한 헌신이 중심이 되는 모범적인 사회를 원하셨다. 모세가 하나님을 만나러 어둠과 연기 나는 산으로 올라갔을 때에 모든 이스라엘 백성은 기대감을 가지고 기다렸다. 그곳에 있던 어떤 사람도 천둥 번개와 커다란 나팔 소리가 들리는 이 집회의 중요성을 놓칠 수가 없었다. 땅은 지진이 일어난 것처럼 흔들렸다.

겉으로 좋아 보이는 거래

시내 산 집회에서 출애굽기 20장에 요약된 규율이 등장한다. 성경은 이 조약의 세부 조항으로 가득하다. 하지만 십계명은 하나님이 그분의 백성에게서 원하는 행동이 무엇인지를 말해준다. “여호와께서 명령하신 대로 우리가 다 행하리이다”라고 모든 백성이 큰소리로 약속한다(출 19:8).

그날은 열광적인 소망으로 가득한 날이었다. 그들이 순종하면 이스라엘 백성은 병에서 자유하고, 그들의 곡식은 풍성하게 자라며, 여인들은 많은 자녀를 출산하고, 그들의 군대는 승리한다는 것이다. 한 마디로 그들은 전례 없는 국부와 안전을 누리게 될 것이다(출 23:20-28). 하나님은 날마다 생활 속에서 사람들이 직면하고 있는 대부분의 문제들을 제거해 주시겠다고 약속하신다. 이와 교환 조건으로 하나님은 이스라엘이 이곳에 명기된 규율들을 지킬 것을 요구하신다.

⁝ 십계명에서 ‘… 하지 말라’는 말을 ‘… 하라’는 말로 바꾼다면 어떻게 되겠는가?

소멸된 꿈: 과거의 이야기를 똑같이 재현한 이스라엘

모세가 여호와께로 다시 나아가 여짜오되 슬프도소이다 이 백성이 자기들을 위하여 금 신을 만들었사오니 큰 죄를 범하였나이다 출 32:31

출애굽기 20장의 밝은 소망은 32장에서 영원히 소멸한다. 40일 동안 모세는 시내 산에서 하나님을 방문해서 조약의 조항들을 받는다. 이 조약은 하나님과 인간 사이에는 유례없는 친밀감을 허락했다. 그러나 산 아래 산기슭에서 일어난 일은 거의 믿을 수가 없었다. 성경 전체에서 이보다 더 부조화가 대비되는 장면은 없었다.

애굽의 열 가지 재앙을 목도하고 홍해를 마른 땅처럼 건넜고 바위에서 물을 마셨으며, 그 순간에도 만나라는 기적의 음식을 뱃속에서 소화하고 있던 이스라엘 백성들은 지루함을 느끼고 인내심이 바닥났으며, 죽을 수밖에 없는 행동들의 충동에 못 이기고 그들의 하나님에 대해 모든 것을 잊었음이 분명했다. 모세가 시내 산에서 내려왔을 즈음에 하나님의 백성인 이스라엘은 황금 송아지 우상 주변에서 이방인들처럼 춤을 추고 있었다.

모세는 너무나 화가 나서 하나님이 친히 서명하신 십계명 돌판을 바닥에 던져버렸다. 하나님도 너무나 화가 나셔서 성미 고약한 나라 전체를 거의 멸망시키실 뻔했다.

자비를 구하는 모세의 기도

출애굽기 32장은 창세기 3장에서 최초의 인간이 반역하는 이야기와 매우 흡사하다. 두 경우 모두 하나님의 은총을 입은 사람들이 그분의 명백한 계명을 어긴다. 두 경우 모두 반역자들은 자신들의 행동을 설명하기 위해 정교한 합리화를 고안해 낸다. 두 경우 모두 그들은 유일무이한 특권을 버리고 혹독한 심판을 경험한다.

순간 인간 역사에 뭔가 새로운 것이 이스라엘 백성 가운데 일어날 것처럼 보였다. 즉 한 국가 전체가 하나님을 따르기로 헌신하는 것 같았다. 그러나 헌신 대신에 과거의 이야기가 똑같이 재현되었다. 하나님께서 어떤 종류의 조항을 들고 나오셔도 사람들은 이를 어길 방법을 찾아냈다.

이 암울한 장면에서 한 줄기 소망의 빛이 비친다. 마지못해 지도자가 된 말더듬이 모세는 마침내 자신의 지위에 맞는 자로 성장한 것처럼 보인다. 그의 탁월한 기도는 응답을 받고 하나님은 이스라엘에게 또 다른 기회를 허락하신다.

⁂ 당신은 이스라엘이 왜 반역했다고 생각하는가? 당신도 이와 비슷한 이유로 반역한 적이 있는가?

법은 중요하다: 순종과 반역의 결과들

> 너희가 내 규례와 계명을 준행하면 내가 너희에게 철따라 비를 주리니 땅은 그 산물을 내고 밭의 나무는 열매를 맺으리라 레 26:3-4

레위기는 현대인에게 매우 이상하게 보인다. 너무 이상해서 독자들은 이곳에 빠져 옴싹달싹을 못할 때가 많다. 다른 성경과 달리 레위기에는 이야기나 등장인물, 시 등이 거의 없다. 이 책은 율법을 모아놓은 전집이고, 세부 규칙과 절차로 촘촘히 가득 차 있다.

'구별된' 백성을 부르시는 하나님의 목적에 적합한 이 법들 중 많은 것들은 신약성경에서 바뀌게 된다. 그러나 이 법들을 연구해 보면 이것이 상당한 유익이 있는 것으로 입증된다. 왜냐하면 이 법들은 땅을 돌보는 문제나 가난한 자들에 대한 관심, 가족이나 이웃을 학대하는 문제에 대해 하나님이 가지고 계신 우선순위를 알려준다.

이처럼 율법의 다양성은 하나님께서 성性, 의복, 보석 장식, 음식을 포함해 이스라엘 삶의 모든 부분에 관여하신다는 것을 보여준다. 하나님은 구별된 문화를 따로 만드심으로써 이스라엘 백성을 향한 그분의 계획을 진일보 전진시키시고 계신다.

국가 개보수

이스라엘 백성들은 분명히 이처럼 까다로운 법들을 지켜야만 하는가? 정말로 이런 법들이 그렇게 중요하단 말인가? 라는 질문을 가끔씩 했을 것이다.

애굽에서 4백년을 보냈기에 그 누구보다도 애굽인에 더 가까운, 이제 막 해방된 노예들은 대대적인 개보수가 필요했다. 그것은 주변의 이방인들과 확연하게 다른 정체성인, 바로 하나님이 그들에게 주신 것이었다.

레위기는 겉으로 보기에는 따분해 보이지만 열정적인 실체가 숨겨져 있다.

하나님은 그분의 정체성을 지닌 한 독특한 백성을 창조하시기로 결심하신다. 하나님의 율법은 이스라엘에게 선택 사항이 아니다.

율법에 순종할 때에 얻는 보상으로 인해 세상 사람들은 이스라엘을 부러워할 것이다. 그러나 그들이 불순종하면 어떻게 되는가? 만일 그럴 경우에 그들이 예측할 수 있는 형벌에 대해 하나님은 무서울 정도로 자세하게 기록하셨다.

⁑ 모든 사람은 자신이 살아가는 규범을 가지고 있다. 당신은 당신의 규범을 어디서 얻었는가?

사막에서의 시련: 하나님의 팔이 짧으신가?

여호와의 손이 짧으냐 네가 이제 내 말이 네게 응하는 여부를 보리라 　민 11:23

이스라엘 백성이 처음에 홍해를 건너 시내 반도에 들어섰을 때에 그들은 소망과 모험의 정신으로 터질 것만 같았다. 마침내 노예의 쇠사슬에서 해방된 그들은 약속의 땅으로 향했다. 그러나 한 주가 지나고 한 달이 지나고 몇 년 동안을 계속 적대적인 사막에서 방황하자 이 모든 긍정적인 생각들이 약화되었다.

가차 없이 적나라하게 민수기는 짧은 여정이 어떻게 40년간의 우회로 바뀌었는지를 말해준다. 저들이 음식에 대해 계속해서 불만을 표하는 것을 보면 이스라엘 백성은 아주 사소한 것에도 심하게 짜증을 내는 것처럼 보인다. 몇 번의 경우를 제외하고 그들은 날마다 같은 음식인 만나(만나란 문자 그대로 '이게 뭐지?'란 뜻이다)를 먹었다. 만나는 매일 밤이슬과 함께 저절로 내렸으며 매일 아침 땅에 서리처럼 나타났다. 단조로운 식사는 노예상태에서 얻은 자유에 비하면 아주 하찮은 불편함이었지만 본장에서 그들이 불평하는 것을 당신 스스로가 읽을 수 있다.

불평하는 족속

본장에 묘사된 반역은 전체 여정의 전형이다. 백성들이 점점 더 유치하게 행동하는 만큼 그들의 지도자들은 어쩔 수 없이 그만큼 더 엄격한 부모처럼 반응해야만 했다. 민수기 11장에서 볼 수 있듯이 모세와 하나님은 이스라엘이 계속해서 투정을 부리는 것에 대해 격분한다.

사실 그들의 상황이 힘들었다. 계속적으로 적군의 위협을 받았던 이스라엘 족속들은 적대적인 광야의 뜨거운 태양 아래에서 행군해야만 했다. 그러나 중요한 관건은 단순히 믿음에 관한 테스트였다. 즉 그들이 하나님을 믿고 이 어려운 상황을 뚫고 나갈 것인가? 그들이 하나님이 그들과 맺은 언약의 조항에 순종하여 하나님께서 약속한 보호를 의지할 것인가? 하는 것이었다.

하나님은 이스라엘이 "여호와의 손이 짧으신가?"(민 11:23)라고 말하는 의심에 대해 반응하시고 그들을 위해 더 큰 기적을 행하실 것을 약속하신다.

⁂ 당신은 하나님께 '불평한' 적이 있는가? 있다면 그것은 무엇인가?

성경인물

미리암: 질투 많은 누이

인생을 살면서 가장 힘든 일 중 하나는 당신보다 능한 형제나 자매의 성공을 기뻐하는 것이다. 분명 모세의 누이 미리암도 이것이 어렵다는 것을 알았다.

모세가 태어났을 때에 그녀는 영웅이었다. 그녀는 자기 동생이 어디로 흘러가는지를 살펴보고서 영악하게도 강으로 뛰어들어 바로의 딸보다 더 지혜롭게 행한다(출 2:7). 이스라엘 백성이 홍해를 건넜을 때에 그녀는 다시 조명을 받는다. 그녀는 승리의 격렬한 노래를 부르는 여인들을 인도한다(출 15:20). 여선지자인 그녀는 최고의 책임자인 모세와 함께 중요한 리더십을 발휘했다.

그런데 질투가 슬며시 들어왔다. 그리고 미리암과 또 다른 강력한 지도자였던 그녀의 형제 아론은 불평하기 시작했다. 그들은 외국인인 모세의 아내에 대해 반대했으며, 자신들이 모세와 영적으로 동등한 위치에 있어야 한다고 생각했다. "여호와께서 모세와만 말씀하셨느냐"라고 그들은 물었다. "우리와도 말씀하지 아니하셨느냐"(민 12:2).

본질적으로 하나님은 "너희가 어떻게 감히 이럴 수가 있느냐?"라고 하시면서 격분하셨다. 하나님께서는 벌하시기 위해 두 사람 중 리더인 미리암을 따로 뽑아내셨다. 그분께서는 자기 백성의 지도자들 가운데 질투를 용납하지 않았으며, 특히 하나님께서 택하신 겸손한 사람을 향한 질투에 대해서는 더욱 그러하셨다.

⁑ 당신으로 질투하게 만드는 것은 무엇인가? 이런 감정을 당신은 어떻게 가장 잘 조절할 수 있는가?

성경인물

아론: 함께 일하고 … 떨어져 일하고

출애굽기 1장은 성경에서 가장 유명한 가족 중 하나를 우리에게 소개해 준다. 레위지파 출신의 경건한 두 부모님과 그들의 자녀인 아론, 미리암, 모세가 그들이다. 놀랍게도 성경의 스타 역할을 맡은 자는 동생인 모세였다. 반면에 형인 아론은 주로 대리자로서 유명세를 얻었다. 예를 들어 하나님께서 모세를 불러 이스라엘을 노예 상태에서 해방시키려 하셨을 때에 모세는 겁쟁이처럼 떨었다. 이에 대해 하나님은 팀워크를 제안하셨다. 모세의 형인 아론은 모세와 합류해 그의 약점을 보완할 예정이었다(출 4:10-16).

두 사람은 바로를 대적하는 데 나란히 일했으며, 이스라엘 백성을 애굽에서 인도해냈고, 성미 고약한 백성을 진정시켰다. 대중 앞에서 연설할 줄 아는 아론의 은사는 모세의 더듬거리는 언어를 보충해 주었다. 그래서 아론은 집회 장소에 모세와 동행했고 연설을 했다. 하나님께서 모세에게 새로운 나라 이스라엘을 다스리는 율법을 주셨을 때에 아론과 그의 아들들은 제사장으로 임명받았다. 오직 그들만이 진영의 중앙에 새롭게 지은 회막에서 예배를 인도할 수 있었다(출 28:1).

그러나 그는 두 번씩이나 팀워크를 좌절시켰으며 그 결과로 재앙이 왔다. 모세가 시내 산에서 하나님을 만나는 동안 백성들은 불안해졌다. 아론은 백성들이 예배할 황금 우상을 만들자는 아이디어를 생각해 냈다(출 32장). 또 다른 경우에 아론과 그의 누이는 공개적으로 모세의 외국인 아내에 대해 투덜거리면서 그의 리더십에 대해 도전하는 음모를 꾸몄다. 그때마다 하나님은 아론에게 매우 화가 나셨다.

아론은 효과적인 팀 플레이어였지만 그가 자기 자신의 주장을 펼 때에는 문제가 생겼다.

⁑ 당신은 어떤 '팀'에 참여하고 있는가? 당신은 팀에서 보통 어떤 역할을 맡는가? 주연인가 아니면 교체선수인가?

공개 반란: 여정의 전환점

여호와께서 모세에게 이르시되 이 백성이 어느 때까지 나를 멸시하겠느냐 민 14:11

대부분의 고대 역사는 강한 전사들과 무흠한 지도자들의 영웅적인 이야기만을 기록한다. 그러나 성경은 이와 사뭇 다른 그림을 보여준다. 민수기는 잔인할 정도로 적나라하게 사실을 말하며, 이스라엘 백성들이 불평하고 반역한 사실을 말한다.

민수기 14장은 출애굽 한 이래로 가장 결정적인 사건인 민수기의 비극적 분수령을 상세히 기록하고 있다. 이스라엘 백성은 약속의 땅 바로 경계에서 잠시 머문다. 만일 그들이 단순하게 하나님을 신뢰하면 그들은 괴로운 광야를 떠나 음식과 물이 풍성한 땅으로 들어갈 수 있다. 정탐꾼들은 그들이 본 것에 대해 최종 보고를 하는 중이다.

그러나 하나님이 그들을 위해 이미 행하신 기적들을 보고서도 이스라엘 백성은 한 번 더 하나님을 불신한다. 그들은 가나안 땅에 대한 정탐꾼들의 보고를 듣고 겁을 먹고 애초에 애굽을 떠나기로 결심했던 것을 한탄한다. 두려움으로 인해 반항하는 마음이 생기고 나라 전체가 반역을 계획하며, 심지어 모세와 그의 형 아론을 돌로 쳐 죽일 음모를 꾸민다. 약속의 땅 언저리에서 그들은 믿음을 잃고, 곁길로 간다.

연기된 계획

이스라엘 백성의 실제 대상이었던 하나님은 버림받은 연인처럼 퇴짜를 맞은 기분이셨다. 이 변절자 집단이 약속의 땅을 정복할 준비가 되지 않았다고 확신한 하나님은 모든 계획을 연기하신다. 본래 노예였던 이들이 약속의 땅으로 들어가려 하지 않았기 때문이다.

그래서 애굽을 떠났던 수많은 사람들 중에 오직 두 사람, 여호수아와 갈렙만이 살아남아 약속에 땅에 들어갈 것이다. 나머지 20세 이상의 모든 인생들은 광야에서 넘어져 시체가 될 운명이다.

⁝ 어떤 '거인과 같은 문제들' 이 당신을 두렵게 만들었는가? 당신은 이런 문제에 어떻게 반응하는가?

오직 너는 스스로 삼가며 네 마음을 힘써 지키라 그리하여 네가 눈으로 본 그 일을 잊어버리지 말라 네가 생존하는 날 동안에 그 일들이 네 마음에서 떠나지 않도록 조심하라 신 4:9

애굽을 떠난 지 40년이 지난 후에 이스라엘 백성은 또 다시 약속의 땅 경계에 서 있다. 의심 많고 불평 많은 과거 세대는 이제 죽어 장사되었으며, 새로운 세대가 이제 전진하며 그 땅을 차지하려 했다. 애굽은 어린 시절의 희미한 추억이 되었다. 왜냐하면 하나님의 백성은 이제 자기 자신의 문화적 정체성을 가졌기 때문이다.

그 경계에서 늙은 모세는 세 편의 설교를 한다. 그것은 그가 지난 40년간 격정의 세월 동안 이끌었던 백성들에게 권면하고 그들에게 영감을 불어넣어 줄 수 있는 마지막 기회였다. 열정적으로, 의도적으로, 눈물을 흘리며 그는 그들의 역사를 하나씩 하나씩 돌아본다.

가장 긴 첫 번째 설교에서 모세는 이스라엘이 그들의 언약으로 받아들인 율법의 모든 조항들을 되뇌인다. 이것은 율법 조항을 무미건조하게 다시 말한 것이 아니다. 모세는 회상에 잠기며 더 멋진 말을 하고, 설교를 하고, 개인적인 경고와 객관적 교훈 그리고 갑작스러운 감정 폭발 등과 같은 것으로 자기 설교에 살을 덧붙였다.

그들 앞에 있는 것

본장에서 모세는 시내 산에서 하나님께서 언약을 전해주신 기념비적인 사건을 회상한다. 그는 검은 구름과 짙은 어둠, 그리고 훨훨 타오르는 불꽃 등을 생생하게 기억한다. 그때에 하나님은 어떤 형상이나 모양도 취하지 않으셨다. 그러니까 금을 녹여 우상을 만들었던 너희 부모들의 실수를 반복하지 말라. 모세의 중심 메시지는 다음과 같다. 너희는 광야에서 배운 교훈들을 결코 잊지 말라.

모든 경고 이외에 모세는 일종의 격려 연설을 했다. 그것은 이스라엘에게 한 국가로서 부르심을 받은 그들의 고유한 소명을 주장하라는 도전이었다. 그들이 하나님의 율법을 따르면 그 언약의 풍성한 유익들은 그들의 것이 될 것이다. 즉 그들은 유례없는 평화와 건강 그리고 번영을 맛볼 것이다. 다른 모든 국가들은 그들을 지켜보면서 그들의 하나님을 알고 싶어할 것이다.

모세는 하나님이 그와 이스라엘을 위해 행하신 모든 일에 영원히 놀란 것처럼 보인다. 본 설교는 그가 이 놀라운 경이감과 감사를 다음 세대에게 전달해 줄 마지막 최고의 기회를 대표한다.

⁝ 모세가 이스라엘과 했던 것처럼 만일 당신이 하나님과 함께 한 당신의 역사를 돌아본다면 당신은 어떤 교훈들을 배우겠는가? 당신이 가장 감사해 하는 것은 무엇인가?

성공의 위험성: 당신이 원하는 것을 가졌을 때의 문제점

또 네 소와 양이 번성하며 네 은금이 증식되며 네 소유가 다 풍부하게 될 때에 네 마음이 교만하여 네 하나님 여호와를 잊어버릴까 염려하노라 여호와는 너를 애굽 땅 종 되었던 집에서 이끌어 내시고 신 8:13-14

"일이 잘못 되었을 때에 우리는 하나님을 부끄러워하지 않습니다. 우리가 하나님을 부끄러워 할 때는 만사가 잘 될 때입니다." 알렉산더 솔제니친은 자기가 처음 기도하는 법을 배운 곳이 왜 시베리아 강제 수용소였는지를 설명할 때에 이런 말을 썼다. 그때 그는 다른 소망이 전혀 없었기 때문에 기도를 찾았다. 그가 체포되기 전, 만사가 잘 되었을 때에 그는 하나님을 거의 생각하지 않았다.

모세도 이스라엘 백성하게 한 설교에서 이와 매우 흡사한 말을 한다. 그들은 시내 광야에서는 하나님을 의지하는 습관을 배웠다. 그 광야에서 그들은 먹고 마시기 위해 하나님의 개입이 날마다 필요했다. 그러나 지금 요단 강 강둑에서 있는 그들은 더 어려운 믿음의 시험에 직면한다.

모세는 광야의 혹독함보다 다가오는 번영을 더 두려워했다. 그래서 그는 신명기 8장에서 그 두려움에 대해 말한다. 물과 과실수와 풍요한 자원이 있는 약속의 땅에서 이스라엘 백성은 하나님을 잊고 그들의 성공을 자기의 공으로 돌릴 수 있기 때문이다.

모세가 번영을 두려워한 이유

이런 이유로 모세는 계속해서 '기억하라!' 고 강권한다. 애굽에서 노예로 있었던 것과 하나님께서 너희를 해방시켜 주신 것을 기억하라. 넓고 황량한 광야의 시련과 그곳에서 보여주신 하나님의 신실하심을 기억하라. 너희를 하나님의 특별한 보물로 특별히 부르신 것을 기억하라. 번영하는 국가가 되었을 때에 시내 산에서 난민으로서 너희가 배웠던 것을 잊지 말라.

모세가 이렇게 걱정하는 데는 충분한 이유가 있었다. 미래를 보시는 하나님은 모세에게 분명히 무슨 일이 있을지 말씀하셨다. "내가 그들의 조상들에게 맹세한 바 젖과 꿀이 흐르는 땅으로 그들을 인도하여 들인 후에 그들이 먹어 배부르고 살찌면 돌이켜 다른 신들을 섬기며 나를 멸시하여 내 언약을 어기리니"(신 31:20).

신명기 이후의 책들의 기록처럼 하나님과 모세가 우려한 모든 것이 현실로 나타난다. 이스라엘 백성은 그들이 약속의 땅으로 들어간 후에 회복할 수 없을 정도로 언약을 어김으로써 그들이 이전보다 하나님을 더 의뢰하지 않았음을 보여준다. 결국 그들은 부와 행복이 아니라 포로와 고난을 받는다.

역설적인 말이지만 신명기가 보여주듯이 성공하면 우리의 삶 가운데 하나님을 의지해야 할 긴박감이 약해질 수 있다. 결국 우리가 원하는 것을 얻게 되었을 때가 훨씬 더 위험하다.

⁂ 당신의 인생에서 가장 '성공적인' 시기는 언제였는가? 그때에 하나님과 당신의 관계는 어떠하였는가?

크고 분명하게: 언약의 근저를 이룬 시청각 교육

네가 모든 것이 풍족하여도 기쁨과 즐거운 마음으로 네 하나님 여호와를 섬기지 아니함으로 말미암아 네가 주리고 목마르고 헐벗고 모든 것이 부족한 중에서 여호와께서 보내사 너를 치게 하실 적군을 섬기게 될 것이니 그가 철 멍에를 네 목에 메워 마침내 너를 멸할 것이라 신 28:47-48

신명기는 한 국가와 강대국 통치자 사이에 맺는 '종주권 조약'의 형태와 아주 흡사하다. 이 조약은 이스라엘 백성과 하나님 사이의 관계를 공식 형태로 정한다.

종주권 조약은 저주와 축복 목록에서 그 절정을 이루며, 이는 조약이 지켜지는지 아니면 깨지는지에 따라 적용된다. 이와 유사하게 모세의 위대한 세 편의 설교 중에서 세 번째는 이 저주와 축복의 요약판이다(신 27-33장).

이번에 이스라엘 백성은 낙관적이다. 그들은 어린 아이처럼 들뜬 마음으로 오랫동안 기다렸던 약속의 땅의 가장자리에 서 있다. 그러나 모세는 그들의 낙관적인 기분을 나눌 수가 없다. 이 변덕스러운 백성을 이끌면서 미래가 과거와 유사할 것이라는 점을 알고 있다. 신명기의 이 마지막 부분은 그들의 미래에 대한 비관적 느낌을 나타낸다.

기억해야 할 세 가지 방법

모세는 본장에 기록된 설교를 시작한다. 그는 자신이 정의한 언약을 지키는 유익이 무엇인지를 단순하면서도 우아하게 말한다. 그러나 하나님과의 언약을 파기하면 당하게 될 결과에 대해 말하면서 그의 언어가 바뀐다. 그는 재앙과 파국의 장면을 설명한다. 그리고 이 장면이 얼마나 두려운지 어느 누구도 순종해야만 했다.

말만으로는 이 메시지를 이스라엘 백성에게 전달하기에 충분히 강하지 않다는 것을 안 것처럼 모세는 또한 세 가지 대규모 시청각 교육을 준비한다. 먼저 그는 화가들에게 율법의 말씀을 회반죽을 입힌 거대한 돌에 기록하게 한다. 그래서 이스라엘 족속들이 가나안 땅에 들어가서 그곳을 지날 때마다 그 언약을 시각적으로 보고 상기하도록 한다. 그런 다음에 그는 소리치는 자들을 택하여 언약을 다스리는 규율들을 외치게 한다. 마지막으로 그는 이스라엘 백성이 하나님과 맺은 언약을 다니면서 시각적으로 상기하고 언어를 통해 상기할 수 있도록 마음에 사무치는 말들을 노래로 가르친다.

신명기 읽는 법

금세기 초에 고고학자들은 근동 조약들의 샘플들을 찾아내기 시작했다. 이 종주권 조약은 강력한 왕(종주)과 그가 통치하는 백성간의 관계를 공식적인 형태로 정한 것이다. 이런 조약들은 신명기에 새로운 빛을 비춰 주었으며, 신명기는 이런 조약의 형태와 매우 흡사한 방식을 따르는 것처럼 보인다. 일반적으로 강력한 왕과 맺은 조약은 다음과 같은 항목들로 구성되어 있었다.

1. 전문은 왕과 그의 보호를 원하는 작은 족속들과 같은 조약 당사자들을 밝힌다.
2. 두 조약 당사자 간의 이전 관계를 묘사하는 간략한 역사가 기록되어 있다.
3. 각 당사자의 의무를 규정하는 규칙들이 있다. 왕은 족속들이 왕에게 충성하고 세금과 일정 비율의 산물을 지급하면 이에 대한 보상으로 그의 군대를 가지고 그들을 보호해 주겠다고 맹세한다.
4. 이 조약에 함께 한 증인들 조항이 있다. 많은 경우에 그들의 신들의 명단도 들어 있다.

5. 저주와 축복 조항은 만일 조약 당사자 중에서 한 편이 조약을 어길 경우에 어떤 일이 일어날지를 규정한다.

신명기를 왕과 그의 백성 간의 조약으로 읽어보라. 조약이란 우리가 사용하는 단어인 언약이란 말의 동의어이며, 언약은 하나님과 이스라엘 백성 간의 공식 계약을 설명하는 언어이다.

1~11장과 27~34장에는 모세가 이스라엘에게 한 연설이 가장 훌륭하게 요약되어 있다. 그는 자기 인생 이야기를 다시 할 때에 감정을 억제하지 않는다. 그의 설명 거의 대부분은 우리가 이전에 이미 들었던 것이지만(출 12-20장; 32-34장; 민 11-17장; 20-24장) 신명기는 개인적인 이야기를 더 많이 제공한다.

다른 고대의 서적들과 달리 성경은 별 볼일 없는 사람들—가난한 자, 외국인, 과부, 고아, 병자—을 주로 강조한다. 그들과 관련된 율법 중에서 많은 부분이 앞서 나온 세 권의 책에서 반복해 기록되어 있다. 그러나 신명기는 왜 하나님께서 별 볼일 없는 사람들에 대해 이처럼 관심을 보이시는지 그리고 왜 이스라엘도 그렇게 관심을 보여야 하는지에 대해 숨겨진 통찰력을 제공한다. 또한 이 책은 이런 관심이 어떻게 실제로 정치적, 경제적 정책에 반영될 수 있는지에 대해 매혹적인 개념을 제공해 준다. 이 책을 읽어가면서 이런 사람들과 관련이 있는 구절들에 표해 보라.

신약성경은 다른 구약성경의 어떤 책보다 신명기를 더 많이 인용한다. 어떤 학자들은 27권의 신약성경 중에서 21권에 신명기의 말씀을 인용한 구절이 90개나 된다고 말한다. 예수님도 광야의 시험을 받으시는 동안 이 책에서 말씀을 인용하셨다(마 4장).

⁂ 신명기에 나오는 원리들이 오늘날에도 적용되는가? 적용할 수 있는 이유는 무엇이며, 적용할 수 없다면 왜 그런가?

Story 2

마침내 들어가다

새 정탐꾼들과 새 정신: 창기가 길을 예비하는 것을 돕다

또 여호수아에게 이르되 진실로 여호와께서 그 온 땅을 우리 손에 주셨으므로 그 땅의 모든 주민이 우리 앞에서 간담이 녹더이다 하더라 수 2:24

우리가 이미 보았듯이 이스라엘 백성은 해서는 안 될 일들의 예들을 보여준다. 출애굽기, 민수기, 신명기에는 많은 부정적인 교훈들이 담겨 있으며, 모세의 설교는 미래에 더 많은 실패들이 있을 것을 암시한다. 그러나 구약성경에는 몇 개의 소망스러운 빛이 있는데 그중에 여호수아서가 가장 밝은 빛을 발한다.

여호수아의 첫 장면은 옛 사건을 재현한다. 모세의 마지막 고별 설교를 들은 후에 살아남은 이스라엘 백성들은 용기와 믿음의 테스트를 받기 위해 요단 강가에 줄지어 섰다. 마침내 그들은 강을 건너 약속의 땅으로 들어갈 준비가 되어 있는가? 아니면 그들의 전설적인 지도자였던 모세가 없는 상황에서 그들의 선배들이 경험했던 실패를 반복할 것인가? 40년 전에 이스라엘 백성들은 동일한 위험 앞에서 겁을 내고 웅크렸었다.

이번에는 용기를 갖다

그러나 이 그룹은 특이하게도 완전히 새로운 영으로 가득하다. 그래서 본장에 나오는 정탐꾼들의 이야기는 분명히 다른 내용을 말한다. 40년 전에 정찰 임무를 마친 후에 12명의 정탐꾼 중에서 오직 두 사람만이 낙관적인 입장을 주장했다. 그러나 이제 그 두 명의 낙관주의자 중 하나였던 여호수아가 이 새로운 이스라엘 세대를 이끌고 있다.

이번에 여호수아는 자신이 직접 정탐꾼을 뽑는다. 그리고 그들의 보고는 이전 세대의 정탐꾼들의 보고와 완전히 다르다(민 13:31-33). 새로운 정탐꾼들은 하나님께서 가나안 땅을 이스라엘 손에 넘겨주셨다는 결론을 내린다. 실제로 그들은 가나안 사람들이 이스라엘이 온다는 소식을 듣고 벌벌 떨고 있다고 보고한다.

여호수아 2장의 영웅이지만 이방인 창기였던 라합은 유대인의 이야기 중에서 사람들이 선호하는 이야기가 되었다. 그녀는 하나님께서 그 사람이 누구이든, 종교적 배경과 인종이 무엇이든 상관없이 참된 믿음을 가진 자를 존중하신다는 증거가 되었다. 실제로 여리고에서 살아남은 라합은 예수님의 친조상이 되었다.

⁂ 모세의 정탐꾼들과 여호수아의 정탐꾼들은 동일한 땅을 조사했지만 그들은 완전히 서로 다른 보고를 했다. 장애에 직면했을 때에 당신은 그것을 문제로 보는가 아니면 기회로 보는가?

이상한 전략: 한 번도 없었던 군사 작전

일곱 번째에 제사장들이 나팔을 불 때에 여호수아가 백성에게 이르되 외치라 여호와께서 너희에게 이 성을 주셨느니라 수 6:16

시내 광야에서의 이스라엘 백성의 최악의 실패 원인을 거슬러 올라가보면 그것은 불순종의 문제였다. 어두운 구름과 불기둥으로 날마다 밤낮 인도함을 받은 그들은 너무나 정확하게 하나님의 인도하심을 받았다. 그러나 그들은 하나님의 길보다는 그들 자신의 길을 계속해서 택하겠다고 고집을 부렸다. 다음 세대인 그들의 자녀들은 이제 약속의 땅으로 진군할 터인데 어떻게 반응할 것인가?

자신들을 정복할 것이라는 이스라엘의 계획에 대해 오랫동안 들어왔던 가나안 땅 주민들은 최악의 상황에 대비했다. 정복자들이 가는 길목의 첫 번째 도시인 여리고 시민들은 성벽 안에서 방어벽을 치고 예견된 공격을 기다렸다. 그런데 이스라엘 백성이 군사 작전 대신에 예배 행위를 했을 때에 그들은 이 광경을 보고 어안이 벙벙했다.

하나님은 이스라엘 백성이 순종하는지 안 하는지 시험하셨다. 성벽을 공격하는 대신에 그들은 대열을 지어 성벽을 돌아야만 했다. 칼 대신에 그들은 나팔을 사용했다. 이스라엘이 여리고 성을 에워쌓을 때에 그들의 이상한 전략은 하나님만이 모든 것을 주관하신다는 사실에 대해 추호의 의심도 남기지 않았다. 단지 빙빙 돌면서 소리만 질러서 승리를 쟁취했다면 어떤 군대도 그 승리에 대한 공로를 주장할 수 없다.

왜 여리고는 멸망했는가?

가능성이 전혀 없어 보였지만 여리고 성벽은 무너졌고 이스라엘은 그 성을 함락했다. 애굽의 열 가지 재앙처럼 여리고—아마도 여리고는 가나안의 달의 신을 우상숭배하는 중심지였을 것이다—의 멸망은 이스라엘 하나님과 그 지역의 이방인 신들 사이의 공개 전쟁임을 선언한다.

가나안 사람들에 대해 취해진 조치는 잔인해 보일지 모르지만 성경은 가나안 인들이 그 땅에 대한 권리를 포기했음을 분명히 말한다. 이스라엘이 강을 건너기 전에 모세는 백성에게 "이 민족들이 악함으로 말미암아 네 하나님 여호와께서 그들을 네 앞에서 쫓아내심이라"고 말했다(신 9:5). 그렇다 할지라도 라합의 이야기가 보여주듯이 하나님께 돌아온 가나안 사람은 누구든지 구원을 받았다.

⁑ 당신이 확신하는 바가 당신을 향한 하나님의 계획이었다고 생각하고서 따랐을 때에 바보스럽다거나 이상한 느낌이 든 적이 있는가?

성경인물

라합: 창기의 믿음

성경을 공부하는 사람들은 믿음의 모범으로서 창기가 등장하는 것을 보고 놀란다. 신약성경은 두 군데서 라합이라는 창기를 칭찬한다. 성경 기자들은 그녀의 직업과 그녀가 여리고 왕에게 한 거짓말 모두를 전해준다(수 2:4-5). 기자들이 칭찬하는 것은 그녀의 비전이다. 라합은 자기 지역에 사는 다른 모든 사람들과 다르게 사물을 보았다. 그래서 그녀는 자신의 미래를 그 비전에 걸었다.

이스라엘이 놀랄만한 성공을 거뒀다는 소문이 퍼졌다. 라합의 말에 따르면 여리고의 주민들은 이스라엘이 애굽과 다른 나라들을 이겼다는 소식을 듣고 "간담이 녹았다." 그러나 여리고 주민들은 더욱더 꾹 참고 싸우기로 결정했다. 그러나 라합은 반대 노선을 택했다. 즉 반대 세력에 합류하기로 결정한 것이다. 그녀는 이스라엘 하나님이 참 하나님이라는 결론을 내리고서 그분 편으로 돌아서기로 정했다.

아마도 사회의 그늘진 곳에서 살던 창기였던 라합은 이러한 사회적 지위 때문에 자기의 동족을 더 쉽게 버릴 수 있었을 것이다. (수백 년 후에 존경을 받을 수 없던 변두리 사람들 중에 많은 이들이 예수님을 영접했다.) 이에 개의치 않고 그녀는 이스라엘 정탐꾼들을 구하기 위해 자신의 목을 내놓았기 때문에 정탐꾼들은 그녀와 그녀의 모든 가족들을 공격에서 확실히 살려 주었다.

⁑ 당신은 진정한 비전을 가진 자들을 알고 있는가? 만일 그렇다면 다른 사람들이 보지 못하는 것을 그들이 보는 것은 무엇인가?

주여 이스라엘이 그의 원수들 앞에서 돌아섰으니 내가 무슨 말을 하오리이까

수 7:8

아니다 다를까 여리고 전투 후에 이스라엘 백성은 건방을 떨었던 것 같다. 그들은 활 한 번 쏘지 않고 요새화된 도시를 정복했기 때문에 자그마한 동네인 아이Ai는 전혀 위협의 대상처럼 보이지 않았다. 수천 명의 병사들이 자신만만하게 아이성을 향해 걸어갔다. 그러나 얼마 후 그 병사들은 사망자와 부상자를 버리고 완전히 패배하여 진영으로 제각기 돌아와야 했다.

분명 여리고와 아이 두 이야기를 나란히 기록한 것은 교훈을 전달하기 위해서이다. 이스라엘이 하나님께 순종하고 그분을 신뢰했을 때는 아무리 큰 도전도 극복하지 못할 것이 없었다. 반대로 그들이 자신의 방법에 대해 고집을 피웠을 때에는 아무리 작은 장애라도 걸려 넘어질 수 밖에 없었다.

기본으로 돌아가자

여리고에서 큰 승리를 거둔 후에 너무나 빨리 다가온 이 치욕스러운 패배는 심지어 여호수아까지 의기소침하게 만들었다. 하나님의 보호하심 없이는 이스라엘도 절망가운데 어쩔 수 없이 공격을 당할 수밖에 없다는 사실을 깨닫고 여호수아는 순간적으로 낙담한다.

아이의 문제는 탐욕 때문에 하나님의 전투 명령 수칙을 어긴 한 사람의 행위 때문이었다. 하나님의 심판은 과격했다. 결국 이제 갓 태어난 국가는 하나님의 말씀을 가볍게 대했을 때에 따르게 되는 결과에 대해 혹독한 교훈을 배워야만 했다.

아이의 고통스러운 교훈을 배우고 나서 여호수아는 리더십의 중요한 교훈을 다시 배운다. 아간의 죄가 공개적으로 드러나자 심지어 전쟁이라고 하는 저

속한 일에 있어서도 하나님의 명령을 철저하게 따라야 할 필요성이 크게 강조되었다. 하나님은 침략군이 전형적으로 행하는 거짓말이나 약탈의 어떤 형태도 용납하지 않으신다.

⁑ 아간의 속임과 같은 '작은' 죄가 왜 그렇게 큰 결과들을 낳았는가?

마침내 집에 오다: 여호수아가 고별 설교를 하다

> 백성이 여호수아에게 말하되 우리 하나님 여호와를 우리가 섬기고 그의 목소리를 우리가 청종하리이다 하는지라 수 24:24

여호수아는 자신의 생애를 마감할 즈음에 고별 설교를 하기 위해 이스라엘 백성 앞에 선다. 그가 지도자로 있으면서 만사가 잘 진행되어 왔다. 이제 여호수아는 하나님께서 행하신 모든 것을 돌아보고 하나님과의 언약에서 그들이 해야 할 의무를 상기시키기 위해 마지막 설교를 한다.

여호수아의 설교는 신명기에서 모세가 했던 긴 설교들과 많은 면에서 흡사하다. 두 설교자는 통치자와 그의 백성 간에 맺은 조약의 형식을 따라 설교했다.

모든 점에서 여호수아는 하나님만이 그들의 성공의 유일한 원천임을 강조한다. "[여호와께서] 너희가 수고하지 아니한 땅과 너희가 건설하지 아니한 성읍들을 너희에게 주었더니"(수 24:13). 하나님은 먼저 아브라함을 부르셨고 그와 그의 자손을 축복하셨으며, 그런 뒤에 애굽의 노예 상태에서 이스라엘을 구원하셨으며, 마지막으로 그들 모두로 하여금 광야를 건너게 하셨다. 이제 여호수아가 사는 날 동안 하나님은 이스라엘 백성에게 약속의 땅을 주심으로써 언약의 약속 중 한 가지를 더 성취하셨다.

요셉의 뼈를 묻다

여호수아는 그의 격정적인 설교의 절정에서 듣는 이들에게 "너희가 섬길 자를 오늘 택하라"고 도전한다. 참석한 모든 사람들은 하나님, 즉 그들과 맺으신 언약을 지키신 하나님께 충성을 맹세한다. 여호수아는 엄숙하게 그 언약을 비준하고 사람들을 집으로 보낸 후에 조용히 죽을 준비를 한다.

여호수아서는 깊은 상징적 의미를 지니는 행동으로 끝난다. 이스라엘 백성은 마침내 요셉의 유해를 묻는다(수 24:32). 400년 이상 동안 그의 유해는 애굽에 보존된 채 이스라엘이 약속의 땅으로 돌아올 날을 기다리고 있었다(창 50:25). 40년 동안 이스라엘 족속들은 광야에서 방황하면서 요셉의 뼈를 가지고 다녔다. 이제 마침내 아브라함의 자손들은 집에 왔으며, 심지어 죽은 자도 안식을 누릴 수 있었다.

⁂ 당신의 삶에서 하나님은 어떤 약속들을 성취하셨는가? 당신은 아직도 기다리고 있는 다른 약속들이 있는가?

성경인물

드보라: 다재다능한 여인

구약성경에서 여성은 종종 간과되었지만 드보라는 특이하게도 그렇지 않다. 군사 지도자, 시인, 선지자, 사사인 그녀는 자신의 달란트를 사용하여 어두운 시절에 이스라엘에게 영감을 주었다.

드보라는 절망적인 국가를 승리로 이끎으로써 명성을 얻었다. 이스라엘이 잔인한 외국 통치자의 지배를 받았을 때에 그녀는 바락에게 반란을 주도할 것을 명했다. 그는 용감한 드보라가 그와 함께 전투에 동행하지 않는다면 가지 않겠다고 말한다. 그녀가 명령하자 이스라엘의 일만 명의 군대가 그들보다 무장을 더 많이 한 적군을 궤멸시킨다. 드보라의 승리로 인해 40년 간 평화가 지속된다.

드보라가 뛰어나지 않은 한 분야를 생각해 내기가 쉽지 않다. 그녀는 어머니였고 아내였다. 그녀의 지혜는 너무나 유명해서 사람들은 그들의 분쟁을 그녀에게 가져왔고, 그녀는 커다란 종려나무 아래에 앉아 있었다. 사람들은 그 나무를 드보라의 종려나무라 불렀다. 선지자로서 그녀는 하나님의 메시지를 이해하고 이를 그의 백성에게 전달해 줄 수 있었다. 바락을 전투에 보낼 때에 그녀는 이처럼 말했다. "이스라엘의 하나님 여호와께서 이같이 [네게] 명령하지 아니하였느냐"(삿 4:6).

그리고 드보라는 5장에서 보듯이 기량이 뛰어난 시인이었다. 성경에 기록된 시 중에서 가장 오래되고 가장 표현력이 풍부한 이 시를 바락과 드보라가 듀엣으로 함께 노래했다. 그러나 이 노래는 드보라에게 합당한 공을 돌린다(삿 5:7).

성경 전체에 걸쳐 우리는 남녀 통틀어 드보라보다 더 재능 있는 지도자를 거의 찾을 수 없다.

⁑ 당신의 경우에 현재의 달란트를 개발하여 보다 더 재능 있는 사람이 될 수 있는 분야는 무엇인가?

예상 밖의 군사적 승리: 기드온이 가능성 없는 전투를 하다

이는 이스라엘이 나를 거슬러 스스로 자랑하기를 내 손이 나를 구원하였다 할까 함이니라 이제 너는 백성의 귀에 외쳐 이르기를 누구든지 두려워 떠는 자는 길르앗 산을 떠나 돌아가라 하라 삿 7:2-3

기드온이 이스라엘을 위해 결정타를 적군에게 가할 때가 이르자 하나님은 노련한 장군도 기가 죽을 명령을 기드온 같은 풋내기에게 하신다. 그 명령을 좇아 기드온은 그의 군대의 규모를 32,000명에서 측은한 숫자인 300명으로 줄인다. 만일 수적으로 그토록 열세인 군대가 전혀 승산이 없는 전투에서 이긴다면 그 승리는 의심의 여지없이 하나님께서 행하셨으며 그분께서 그들의 신뢰를 받기에 합당하신 분이라는 사실을 입증해줄 것이다.

기드온의 잠재력을 아신 하나님은 인내심을 가지고 기드온을 격려하시고, 지도하시고 궁극에는 그를 변화시키심으로써 그를 용감한 사람으로 바꾸신다. 실제로 하룻밤 사이에 기드온은 강력하고 결단력 있는 장군이 된다. 소음과 등불로 겁을 주는 전략을 통해 그의 작은 군대는 적군을 흩어 놓는다.

기드온이 지도자 역할을 맡기 전에 이스라엘 사람들은 약탈을 일삼는 베두인 족속의 지배하에 살았다. 그들은 이스라엘 농부들이 생산한 농산물과 재산을 마음껏 가져갔다. 그러나 이제 기드온의 지도하에 이스라엘의 작은 군대는 흩어진 미디안 사람들을 황폐케 만들었다. 그로 말미암아 이스라엘에 자유의 시대가 도래했다. 아마 기드온 자신보다 더 놀란 사람은 없을 것이다.

버림받은 자들

그의 놀라운 승리는 말할 것도 없고 가능성이 없는 기드온을 택한 사건은 사사기 전체에 반복되는 일종의 패턴이 되었다. 여성은 이류시민으로 간주되던 시대에(삿 9:54; 19:24) 하나님은 그분의 백성을 이끄시는 데 드보라를 택하신다. 하나님께서 지도자로 사용하신 또 다른 사사인 입다는 사회적으로 소외된 자였으며, 무법자들의 두목이었다.

실제로 성경 전체에 걸쳐 하나님은 버림받은 자들을 사용하신다. 이스라엘 족속 자체도 무식한 노예들이었으며, 하나님의 친절을 금방 잊는 자들이었다. 그러나 이들이 택함을 받은 것은 그들이 가진 인상적인 특질 때문이 아니었다. 이스라엘은 그들의 지도자들이 반복적으로 그런 것처럼 자신들도 결함투성이로 판명된다. 하나님은 외적으로 가장 유능해 보이는 자들과 천성이 '선한' 자들을 찾지 않으신다. 폐기물 같은 자들에게서 하나님은 위대한 일을 행하셔서 세상으로 하여금 영광이 하나님께만 속한다는 것을 보게 하신다.

바울은 천년 후에 이 주제를 취하여 다음과 같이 썼다. "형제들아 너희를 부르심을 보라 육체를 따라 지혜로운 자가 많지 아니하며 능한 자가 많지 아니하며 문벌 좋은 자가 많지 아니하도다. 그러나 하나님께서 세상의 미련한 것들을 택하사 지혜 있는 자들을 부끄럽게 하려 하시고 세상의 약한 것들을 택하사 강한 것들을 부끄럽게 하려 하시며 … 기록된 바 자랑하는 자는 주 안에서 자랑하라 함과 같게 하려 함이라"(고전 1:26-27,31).

⁝ 하나님이 당신을 통해 일하실 때 당신의 배경과 능력을 고려하시는가?

슈퍼맨의 결점: 삼손 주연의 교훈극

하나님이여 구하옵나니 이번만 나를 강하게 하사 나의 두 눈을 뺀 블레셋 사람에게 원수를 단번에 갚게 하옵소서 삿 16:28

모든 사사들 중에서 가장 유명한 사람이 이 책의 마지막 부분에 등장한다. 성경은 마치 드라마 같은 그의 인생에 대해 네 장이나 할애한다. 만일 기드온을 통해 하나님께서 제한된 가능성을 가진 사람을 어떻게 쓰시는지를 보여줬다면(삿 7장) 삼손은 그 정반대의 사람, 즉 엄청난 잠재력을 가졌지만 이를 허비한 사람으로 보여준다.

삼손이 등장했을 때에 이스라엘은 또 다시 외세의 점령하에 고생하고 있었다. 성경은 하나님께서 삼손을 위해 중요한 임무를 예비하고 계시며 그를 지도자로서 특별히 구별하고자 하셨음을 분명히 보여준다. 참으로 삼손은 초자연적인 은사들을 받는 축복을 누렸다. 주의 성령이 그에게 임했을 때에 그는 사자를 공격하거나 한 손으로 군대 전부를 궤멸할 수 있었다. 그럼에도 불구하고 그의 젊은 날의 이야기가 보여주듯이 삼손은 영적 지도자보다는 청소년 범죄자에 더 어울리는 방식으로 그 힘을 휘둘렀다.

예상 밖의 전개로 끝난 이야기

반항하는 모든 청소년이 그렇듯이 삼손은 부모와 하나님께 가장 큰 슬픔을 가져다 줄 그런 종류의 여인을 아내로 선택한다. 그렇게 한 결혼이 일주일이 채 지나지도 않아 그는 또 블레셋 창기를 취한다. 본장은 그가 세 번째 여인인 유혹적인 드릴라와 놀아나다가 어떻게 어리석게 그의 막강한 힘을 잃게 되는지를 설명해 준다.

삼손의 이야기는 한 편의 교훈극 같다. 이 세상 누구도 그의 육체의 힘을 당할 수 없었다. 그러나 누구나 그의 도덕적 힘에 도전할 수 있었다. 만일 거의 모든 세대의 영적 지도자들에게서 이러한 도덕적 해이가 반복되지 않았더라면 우리는 그의 도덕적 해이는 거의 이해하지 못했을 것 같다.

삼손의 일생이 끝날 즈음에 이방인들과 그들의 신들은 이스라엘 하나님을 멋지게 대파한 것처럼 보인다. 그러나 삼손과 하나님은 블레셋 억압자들에게 마지막으로 놀라운 일을 베푼다.

‡ 당신의 삶의 영역에서 당신의 잠재력에 따라 살고 있는 부분은 어떤 것인가?

강인한 사랑: 두 과부가 고난의 때에 뭉치다

나오미가 룻이 자기와 함께 가기로 굳게 결심함을 보고 그에게 말하기를 그치니라

룻 1:18

별 볼일 없는 두 여인에 대한 매혹적인 이야기는 "사사들이 치리하던 때에 … "란 말로 시작된다. 배경이 이스라엘의 사사 시대인 룻기는 그 초점을 혼란과 격동의 시기를 헤치고 살아가려는 한 가족에게 맞춘다. 여기서 사용된 문체는 〈지붕 위의 바이올린〉*Fiddler on the Roof*에 나오는 동네 사람들처럼 단순한 삶을 연상시킨다.

심한 기근 동안에 가나안의 사정이 너무 나빠지자 이스라엘 사람인 나오미의 가족은 살기 위해 적국의 땅으로 이민을 간다. 그곳에서 그녀의 두 아들은 그 지역의 이방 여인들과 결혼했다. 그러나 세월이 지나면서 나오미의 두 아들과 남편이 죽자 나오미는 자기가 태어난 땅으로 돌아가기로 결심한다. 이때부터 고집스러울 정도로 충성스러운 나오미의 며느리 룻에 대한 이야기가 시작된다.

기자는 룻이 모압인임을 강조하는데 이는 이 룻기를 처음 읽는 독자들에게는 상당히 인상적이었을 것이다. 모압과 이스라엘은 철전지 원수지간이었다. 그러니 룻은 자신을 멸시할지도 모르는 땅으로 이민을 가는 커다란 위험을 감수한 것이다. 그러나 그러는 와중에 룻은 참되신 하나님의 예배자로 회심한다. 그리고 그녀는 나오미와 함께 이스라엘 땅으로 돌아가겠다는 의견을 굽히지 않는다.

생명의 조각

우리는 룻기를 몇 가지 방법으로 읽을 수 있다. 즉 고대의 생활상을 멋지게 묘사한 책으로, 또는 궁핍한 자를 신실하게 대하시는 하나님에 관한 기록으로, 아니면 변치 않는 우정을 그린 영감어린 이야기로 읽을 수 있다. 결국 룻은 사랑하는 남편을 얻고 두 여인은 남성 지배 사회에서 경제적 안정을 발견한다.

그러나 룻기를 읽는 가장 정확한 방법은 선교의 이야기로 읽는 것이다. 즉 이스라엘 족속에 속하지 않았지만 하나님께 속한 자들을 자비롭게 받아주시는 하나님에 관한 것이다.

⁑ 친구가 당신을 위해 '위험을 감수한' 적이 있다면 언제였는가?

성경인물

룻: 성품이 중요하다

그녀는 무일푼인 외국인 과부로 이스라엘에 도착했으며, 시어머니만이 그녀의 유일한 친구였다. 그녀의 모국인 모압은 이스라엘과 자주 전쟁을 했고 두 나라는 서로 다른 신을 경배했다는 것을 고려했을 때에 룻이라는 이름의 이민자는 이스라엘에서 성공할 생각은 거의 하지 못했다. 그러나 그녀는 지체 없이 일하러 갔다.

비록 외국인이었지만 룻은 모범적인 이스라엘 여인의 모습을 보여주었다. 정숙하고 근면하며 자신이 사랑하는 자들에게 깊은 충성심을 보였다. (룻 1:16-17, 나오미에게 한 그녀의 말은 세계에서 가장 위대한 사랑의 시 중 하나이다.) 룻은 한 번도 고난에 대해 불평하지 않았다. 오히려 그녀는 누군가가 친절을 보여줄 때마다 감사함으로 반응했다. 결국 그녀는 성품이 환경보다 더 중요하다는 것을 입증해 보였다.

이 보석과 같은 사랑 이야기가 말해주듯이 룻은 매우 훌륭한 사람의 눈을 사로잡았다. 그리고 두 사람은 결혼했고 새로운 삶을 함께 시작했으며 아들도 얻었다. 결국 그 아들을 통해 난민인 룻은 이스라엘에서 가장 위대한 왕의 조상이 되었다.

룻의 인생은 그 자체가 사랑스러운 이야기이지만 그 안에는 더 큰 의미가 담겨있다. 그녀는 구약의 하나님에 대해 일반적으로 가졌던 가정假定, 즉 특별한 족속만이 그분의 택하신 백성이 될 수 있다는 가정과 반대된다. 룻이 하나님의 백성 가운데 온전히 받아들여진 것은 그녀가 외국인이라는 배경을 가지고 있음에도 불구하고 참된 하나님을 따르기로 택했기 때문이었다. 룻이 그러했던 것처럼 어느 누구든지 하나님을 예배할 수 있다.

⁂ 당신이 속한 그룹 밖에서 온 사람들을 받아들이고 존경하는 것이 어렵다고 생각하는가?

Story 3

왕을 세우다

성경인물

한나: 가장 깊은 갈망

여인이라면 한나를 부러워할지 모르겠다(삼상 1-2장). 최소한 그녀에게는 분명히 그녀를 사랑해준 친절한 남편이 있었다. 그러나 한나는 이루지 못한 깊은 갈망으로 인해 그녀의 인생은 비참했다. 한나는 아이를 갖길 원했다(경쟁자인 또 다른 부인 브닌나는 때마다 이 문제로 시비를 걸었다).

자녀에 대한 갈망은 인생에 있어서 가장 강한 것일지 모른다. 오늘날 불임 부부들은 의학적 치료법을 찾기 위해 많은 돈을 쓴다. 이러한 의학적 도움을 받을 수 없었던 한나의 경우 그녀의 갈망은 그녀가 받은 다른 모든 축복을 압도했다. 한나는 울었고, 비참함을 느꼈으며, 하나님께 자신의 고민을 쏟아냈다.

하나님께서 한나의 기도를 들으시고 그녀에게 아들 사무엘을 주셨을 때에 그녀는 또한 그녀의 기쁨을 하나님께 쏟아냈다. 그렇게 오랫동안 아들을 기다렸던 여인, 한나는 놀랍게도 사무엘이 적절한 나이가 되자마자 곧바로 그를 하나님의 회막으로 데려갔다. 그녀는 그곳에서 사무엘을 제사장의 손길에 맡겼다.

한나는 분명 자기 자녀를 사랑했고 결코 그를 잊지 않았다. 매년마다 그녀는 그를 위해 옷을 지었다. 천과 심지어 실도 손으로 만들어야만 했던 시절에 그것은 무척 비용이 많이 들었다. 그럼에도 불구하고 그녀는 자신의 고민에 집착하지 않은 것처럼 그녀의 축복에도 집착하지 않았다. 그녀는 이 둘 모두를 하나님께 맡겼다.

⁑ 이루지 못한 갈망 때문에 당신은 비참함을 느끼고 있는가? 어떻게 하면 당신은 그것을 하나님께 가져갈 수 있는가?

전환기의 팀: 사사들과 왕들 사이에

사무엘이 자라매 여호와께서 그와 함께 계셔서 그의 말이 하나도 땅에 떨어지지 않게 하시니 삼상 3:19

사사기 시대에 이스라엘에게 하신 대부분의 하나님의 약속은 이미 성취되었으며, 그중에는 그들이 그들의 땅을 갖게 될 것이라는 약속도 들어 있었다. 그럼에도 불구하고 분명히 뭔가 부족한 것이 있었다. 누구도 이 누빈 이불과도 같이 분할된 이스라엘 족속의 영토를 '나라'라고 부를 수가 없었을 것이다. 실제로 사사 시대 동안 내내 이스라엘은 그들의 이웃 적들과 싸운 것만큼 서로 자주 싸웠다.

사무엘서가 시작되자마자 영원한 적인 블레셋이 이스라엘의 불협화음을 이용하여 그들의 영토의 더 깊은 곳으로 쳐들어오고 있다. 미약한 이스라엘 군사력은 구약성경에서 가장 어두운 시절 중 하나로 그들을 이끌어 간다. 그 시대는 블레셋이 거룩한 언약궤를 빼앗아 간 시대이다. 어떤 이들은 하나님이 이스라엘을 버리신 것이 아닌지 의아해 한다.

두 귀를 울리는 소식

"아이 사무엘이 엘리 앞에서 여호와를 섬길 때에는 여호와의 말씀이 희귀하여 이상이 흔히 보이지 않았더라"(삼상 3:1). 사무엘상 3장은 계속해서 하나님께서 아브라함과 모세에게 행하신 것처럼 어떻게 직접 개입하셔서 새로운 지도자를 부르시는지 보여준다. 하나님께서 "보라 내가 이스라엘 중에 한 일을 행하리니 그것을 듣는 자마다 두 귀가 울리리라"고 선언하신다(삼상 3:11).

아직 소년인 사무엘은 하나님의 음성을 듣는다. 비록 자신을 어린 시절부터 키워주었던 엘리였지만 사무엘은 엘리에 대한 하나님의 책망을 포함해 하나님의 메시지를 전달한다. 이는 사무엘이 참다운 선지자로 자라갈 것이라는 점을 일찍이 알리는 신호였다. 왜냐하면 거짓 선지자들은 보통 좋은 소식만을 전하기 때문이다.

궁극적으로 사무엘은 사사들과 왕들 사이의 전환기에 지도자로서 나라 전체를 섬긴다. 제사장으로 훈련을 받았지만 그는 또한 나라 전체의 예배를 인도한다. 필요가 있을 때마다 그는 심지어 군대 장군으로서의 역할을 하여 분쟁 지역을 재탈환하는 데 선봉에 선다.

마침내 하나님의 지시를 받고 사무엘은 이스라엘의 첫 번째 두 왕에게 기름을 붓는다. 이처럼 다양한 역할을 하면서 사무엘은 중요한 유산을 남긴다. 즉 1세기 만에 처음으로 지파들을 통일하려고 한다. 그의 지도하에 이스라엘은 이제 국가의 모습을 갖추려 한다. 하나님은 결국 언약을 잊지 않으셨다.

⁂ 어떤 특별한 임무를 위해 하나님께 '부르심을 받았다'고 느낀 적이 있는가? 당신은 어떻게 반응했는가?

성경인물

엘리: 끝과 시작

엘리의 아들들은 반항하는 '목회자 자녀'의 최악의 전형이다. 그들은 탐욕스럽게도 백성들이 회막에 가져온 제물을 탈취했으며 회막에서 시중드는 여인들과 동침했다. 그들은 아버지를 좇아 제사장의 직업을 가졌지만 축제의 호객꾼처럼 하나님의 예배 처소를 가지고 장난을 쳤으며 예배를 멸시했다.

엘리는 자기 아들의 위험한 행동들을 알고 그들에게 말하고 꾸짖었다. 하지만 그는 결코 확고한 조치를 취하지 않았다. 성경을 보면 그는 하나님보다 자녀들을 더 중히 여겼음을 알 수 있다(삼상 2:29). 그 결과 하나님은 엘리와 그의 가정에 심판을 내리셨다. 그의 아들들만 죽는 것이 아니라 그의 가계 모두가 제사장으로 섬길 수 있는 권리를 잃어버리게 되었다.

이 비극의 메시지는 엘리가 키우기 위해 성막으로 데려온 어린 소년 사무엘의 입에서 나왔다. 엘리의 친아들들이 저주를 받은 반면에 하나님은 엘리의 양자를 축복하셨다. 엘리의 아들들이 경외하지 않았던 그 동일한 성막에서 한 소년이 노쇠한 제사장에게서 하나님의 말씀 듣는 법을 배웠다.

사무엘은 계속해서 여호수아 이래로 이스라엘이 알았던 지도자 중에 가장 위대한 지도자가 될 것이었다. 엘리가家의 유산은 사라졌지만 사무엘을 통해 그의 가장 훌륭한 점들은 계속해서 살아남았다.

⁑ 한 시대의 폐허에서 새로운 것이 살아난다. 당신이 알고 있는 가정에서 이와 같은 흥망성쇠를 볼 수 있는가? 당신의 인생에서는 어떠한가?

성경인물

사무엘: 신실한 리더십

위기의 시대에는 탁월한 리더십이 요구된다. 조지 워싱턴이 그렇게 위대한 대통령이 된 것은 그런 이유 때문이다. 생존을 위해 초보 단계의 미합중국은 그의 흠 없는 명성과 그의 결단력과 그의 광범위한 재능들이 필요했다.

마찬가지로 사무엘도 어려운 전환기에 백성을 다스렸다. 이스라엘의 마지막 사사였던 엘리는 실패했고 블레셋 군대는 침입하고 있었다. 모든 것이 변화하는 시기에 이스라엘에게는 그들이 신뢰할 수 있는 누군가가 필요했다. 사무엘이야말로 그 시대의 지도자였다. 그는 느슨한 부족 연방에서 왕정으로 넘어가는 변화를 감독했다. 그는 이스라엘의 첫 두 왕에게 기름을 부었고, 왕들이 지켜야할 규칙들을 적었으며, 이를 준수하지 않은 한 왕, 사울을 폐위했다. 사무엘은 그의 긴 삶을 한 점의 오점도 없이 끝냈으며, 온 나라가 그의 죽음을 애도했다.

사무엘은 뛰어난 다재다능함을 보여주었다. 평생 사사였던 그는 이스라엘 백성의 분쟁을 정기적으로 처리했다. 또한 그는 선지자로서 명성을 얻었고 하나님 말씀에 귀기울였으며 이를 분명하게 속히 전했다. 특별히 하나님께서 미래에 대한 중요한 정보를 맡기셨을 때에는 더욱 그러했다. 마침내 그는 제사장의 기능을 하면서 하나님의 백성을 위해 희생과 기도를 드렸다. 그는 기도를 지도자로서 그가 해야 할 기본적인 의무 중 하나로 여겼다(삼상 12:23).

훌륭한 지도자들이 그러하듯이 사무엘은 때로는 나쁜 소식을 전해야만 했다. 그가 아직 소년이었을 때에 그는 자기의 양아버지인 엘리에 대한 하나님의 심판의 메시지를 들었다(삼상 3:11-14). 또한 사무엘은 왕이 저지를 수 있는 권력의 남용의 가능성에 대해서도 엄중한 경고를 했으며, 후에 사울의 남용을 맹렬히 비난했다. 그러나 이스라엘은 그를 기억할 때에 그의 긍정적인 공헌을 더 많이 기억했다. 국가가 거의 파국에 이르렀을 때에 사무엘은 키를 잡고 신실하게 이끌었으며 마침내 그는 리더십을 이스라엘의 가장 위대한 왕이 된 젊은이 다윗에게 넘겨주었다.

⁑ 당신이 가장 존경하는 지도자는 누구인가? 그는 어떤 성품을 보여주는가?

두 왕 이야기: 다윗이 하나님의 택하신 자로서 사울을 대신하다

여호와께서 이르시되 이가 그니 일어나 기름을 부으라 하시는지라 삼상 16:12

이스라엘의 첫 번째 왕은 엄청난 공약과 함께 그의 통치를 시작한다. 지도자로서의 자질이 그에게서 스며 나온다. 그러나 그는 실패한다. 그 이유는 간단하다. 그는 하나님께 불순종하고 그분을 이스라엘의 참된 통치자로 인정하길 거부했다. 주저함 없이 하나님은 그의 왕조를 끝내시고 다른 곳에서 대신할 자를 찾으셨다.

그를 대신한 왕은 그의 전임자와 공통점이 거의 없었다. 어느 누구도—심지어 그의 아버지조차도—목동이었던 다윗에게서 왕이 될 가능성을 보지 못했다. "사람은 외모를 보거니와 나 여호와는 중심을 보느니라"(삼상 16:7). 그의 천한 시작과 그의 많은 결점에도 불구하고 다윗은 계속해서 이스라엘 역사에서 가장 위대한 왕이 된다.

무엇이 다윗으로 하여금 왕이 될 자격을 주는가? 다윗은 강력한 첫 인상을 주지 못했을지 몰라도 그는 하나님께서 역사하실 수 있는 그런 마음의 소유자였다. 다윗은 그의 삶 전체에 걸쳐 신명기 6장 4~5절의 율법이 요구하는 대로 온 마음을 다해 하나님을 사랑하고 그분을 신뢰함을 보여줬다.

⁝ 하나님이 귀하게 보시는 지도자의 자질이 대통령 후보자에게는 자산이 되겠는가?

거인을 죽인 자: 다윗의 위대한 첫 승리

여호와께서 나를 사자의 발톱과 곰의 발톱에서 건져내셨은즉 나를 이 블레셋 사람의 손에서도 건져내시리이다 삼상 17:37

목격자가 다채롭고 세밀한 어조로 말하는 다윗의 어린 시절의 이 흥미진진한 이야기는 성경에서 가장 유명한 이야기 중 하나이며, 모든 약자들에게 소망의 불빛이다.

다윗은 사울 왕의 진노를 피하기 위해 10년의 좋은 세월을 보내게 된다. 사울이 적대감을 갖게 된 것은 거슬러 올라가면 아마도 이 한 사건 때문일 것이다. 장대한 골리앗의 조롱에 겁을 먹은 대군의 지도자 사울은 자기 천막에 앉아 있다. 골리앗이 일으킨 공포로 인해 이스라엘 군대 전체는 사기가 꺾인다. 그러는 동안 너무 작은 소년이어서 갑옷도 입지 못하는 다윗은 용감하게 골리앗의 도전에 응수하기 위해 달려 나간다. 사울이 이 주목할 만한 다윗에 대해 분개하고 그를 두려워한 것은 전혀 놀랍지 않다.

사무엘상 37장과 관련된 시나리오는 겉으로 보기만큼 에두르지는 않다. '한판 승부' 나 '대표자의 대리전' 은 고대에 문제를 해결하는 공인된 방법이었다. 각 진영의 챔피언들이 싸웠으며 싸움 결과가 전쟁의 결과를 결정했다. 톰 월페Tome Wolfe가 「필요한 자질」*The Right Stuff*에서 설명한 대로 "본래 이런 식의 싸움에는 마술적 의미가 들어 있었다 … 그들은 신들이 한판 승부의 결과를 결정한다고 믿었다. 그래서 진 쪽이 전면전을 한다는 것은 소용없었다."

다윗의 비밀한 힘

다윗은 목동으로 많은 시간을 외로이 보내면서 물맷돌 던지는 솜씨를 갈고닦아 완벽한 수준에 이르렀다. 하지만 그는 이 승리에 대해 아무런 자기의 공을 내세우지 않는다. 그는 골리앗에게 외친다. "너는 칼과 창과 단창으로 내게 나아 오거니와 나는 만군의 여호와의 이름 곧 네가 모욕하는 이스라엘 군대의 하나님의 이름으로 네게 나아가노라"(삼상 17:45). 하나님에 대한 그의 신뢰와 골리앗의 조롱이 한 판 붙는다.

여호수아와 기드온의 전통을 따라 다윗은 하나님만을 온전히 의뢰한다. 비참하게도 그것은 사울 왕이 결코 배우지 못한 교훈이다. 골리앗이 넘어지자 나머지 블레셋 군대는 곧바로 항복한다. 곧 이어 이스라엘 백성은 거리에서 춤을 추며 다음의 노래를 부른다. "사울이 죽인 자는 천천이요 다윗은 만만이로다"(삼상 18:7).

이스라엘은 다윗에게서 장차 왕이 될 자질이 있음을 인식하기 시작한다. 그러나 사울은 순순히 자신의 왕좌를 포기하려하지 않는다.

⁝ 당신은 지금 어떤 큰 두려움이나 위험에 직면해 있으며, 하나님께서는 당신에게 오직 그분만을 온전히 의지하라고 말씀하시는가?

성경인물

요나단: 나보다 친구가 먼저

질투심 많은 친구들은 가끔씩 우리에게 선택하라고 강요한다. "누가 너의 가장 친한 친구냐?" 우리는 친구의 순위를 매기고 싶지 않지만 그들이 요구한다. 요나단도 어려서부터 맺어온 다윗과의 우정과, 그에 대해 질투심이 광적으로 커져가는 아버지에 대한 충성심 사이에서 딜레마에 빠졌다. 과거의 잘못에 대해 불안감과 죄책감에 묶인 사울은 젊은 다윗이 자신의 왕좌를 빼앗아 갈까봐 두려웠다. (실제로 사무엘은 비밀리에 다윗을 이스라엘의 미래의 왕으로 기름 부었다. 하지만 다윗은 사울을 섬기면서 용감하게 싸웠고 결코 한 번도 왕위를 찬탈하려고 시도하지 않았다.)

요나단은 아버지와 친구 모두에게 충성을 다하려고 했지만 그의 아버지가 그냥 두지 않았다. 곧 요나단은 사울이 다윗을 체포하면 그를 죽일 것을 알았다. 한 번은 너무나 화가 난 사울이 다윗을 변호하는 자신의 아들에게 창을 던졌다(삼상 20:32-33).

한 가지 중요한 요소가 요나단의 선택을 더 복잡하게 만들었다. 사울의 아들로서 그는 왕위 승계 서열 2위의 자리에 섰다. 다윗의 편을 듦으로써 그는 궁극적으로 자신에게 해를 끼칠 것이었다. 그럼에도 요나단은 자기 자신의 목을 내놓고서 다윗이 도망가도록 돕는 것을 선택했다. 그는 2인자로서 그의 친구를 즐겁게 따라가겠다고 다윗에게 말했다.

비참하게도 두 친구는 함께 통치하는 기회를 결코 얻지 못했다. 블레셋과의 전투에서 요나단은 아버지 편에 서서 싸우다가 전사했다(삼상 31:2). 가장 사랑하는 친구의 죽음을 애도하면서 다윗은 헌사로 가슴 저미는 노래를 불렀다(삼하 1:17-27). 그들의 충성과 사랑은 지금까지 전해지는 우정의 이야기 중에서 가장 아름다운 이야기 중 하나이다.

⁂ 어떤 친구가 당신에게 가장 충성스러운가? 그 충성은 당신에게 어떤 의미를 지니는가?

요나단의 충성: 왕좌를 희생한 우정

> 요나단이 그의 아버지 사울에게 대답하여 이르되 그가 죽을 일이 무엇이니이까 무엇을 행하였나이까 삼상 20:32

다윗이 주변 사람들에게 미치는 영향력을 관찰해 보면 다윗의 인격의 힘이 느껴진다. 사무엘상 20장은 사울 왕과 급격히 틈이 갈라지기 전, 다윗의 초기 시절부터 다윗과 요나단의 영원한 우정이 어떠했는지를 말해준다. 왕자인 요나단은 다윗과의 우정을 너무나 소중하게 여겨 왕위를 이을 기회를 버린다.

어느날 사울은 저녁 식탁에서 요나단에게 그가 진짜 다윗을 살해할 의도가 있다는 것을 드러낸다. 요나단은 다윗에게 이 사실을 알리고 경고한다. 그래서 볼 장 다 본 왕과 미래의 왕 사이에 무서운 투쟁이 시작된다. 하나님이 버리신 왕 사울은 권력에 집착하여 다윗과 그의 추종자들을 쫓는다.

다음 몇 년간 일어나는 사건들은 두 사람의 서로 다른 내면의 성품을 거울처럼 잘 보여준다. 이스라엘의 정당한 왕에 대한 하나님의 뜻을 알고 있는 사울은 이 뜻에 저항하는 데 평생을 낭비한다. 반대로 다윗은 자기 손으로 문제를 처리하지 않고 예언이 성취될 때가지 기다리는 놀라운 인내심을 보여준다. 중간에 붙들린 요나단은 자기 아버지 사울보다 그의 친구인 다윗 편을 든다.

셰익스피어적인 비극

사무엘상의 나머지 부분에서는 셰익스피어적인 드라마가 펼쳐진다. 고대의 맥베스Macbeth인 사울 왕은 기운을 잃고 분명 쇠퇴하고 있다. 그의 아들은 다윗과 동맹을 맺는다. 그리고 다윗의 부인이 된 그의 딸도 다윗에게로 마음을 돌렸다. 분노로 미친 사울은 압력을 강화한다. 다윗은 사울보다 오래 버틸 수 있을까? 다윗의 입장은 절망적이다. 그에게는 오직 한 가지 소중한 자산밖에 없다. 그것은 그가 왕이 될 것이라는 하나님의 약속이다. 상황은 그 약속에 대한 그의 믿음을 극한의 상황까지 시험하지만 다윗은 하나님의 때를 기다리는 법을 배운다. 결국 셰익스피어의 비극의 인물처럼 사울은 자결한다. 그리고 다윗은 마침내 이스라엘의 왕좌를 유업으로 받는다.

⁂ 당신은 다윗과 요나단과 같은 친밀한 우정을 가지고 있는가? 상황이 어려워질 때에 당신은 그 사람에게 어떤 종류의 친구인가?

성경인물

아비가일: 미모와 지성을 갖춘 여인

아비가일은 이스라엘 역사에서 주요 인물은 아니었다. 하지만 이 이야기가 보여주듯이 그녀는 본능적으로 외교와 화평의 기술을 가지고 있었다. 미모와 지성을 갖춘 여인인 아비가일은 참을성이 없는 남자들 사이에서 발생한 위험

상황을 진정시킨다.

그처럼 영리한 여인이 나발의 아내라는 것이 상상이 잘 안 간다. 그러나 당시에는 당사자들이 아니라 부모들이 결혼을 주선했는데, 나발이 부자여서 그녀의 부모가 결혼을 시켰을지 모르겠다. 그러나 그녀는 자기 남편이 바보인 것을 알았다. 이 사건은 그가 무례하고, 술주정뱅이며, 어리석은 자임을 잘 묘사해 준다.

비록 아비가일이 불운한 결혼생활에 갇혔지만 그녀는 무력한 적이 거의 없었다. 그녀의 남편이 다윗을 학대했을 때에 아비가일은 달려가서 결단력 있는 행동을 취했다. 그날 그녀는 다윗뿐만 아니라 자기 사람들도 구했다. 다윗은 욱하고 화가 나서 그가 반드시 후회할 복수를 하려고 했다.

열정의 남자인 다윗은 순간 욱하였지만 분별력 있는 말을 들을 때에는 물러설 줄도 아는 용기가 있었다. 다윗은 아비가일에게 따스한 마음으로 감사를 표했으며 이 뛰어난 여인을 마음에 새겨 두었다. 그녀의 남편이 얼마 후에 죽자 다윗은 과부인 그녀에게 자기 아내가 되어달라고 청했다. 망설임 없이, 눈물이나 애도함 없이 아비가일은 이에 동의했다.

다윗은 아직 도망자였지만 아비가일은 그에게 위대한 미래가 기다리고 있다는 것을 감지했다. 그녀의 지혜로운 결정으로 인해 그녀는 이스라엘에서 가장 위대한 왕의 부인이 되었다.

⁝ 참을성 없고 성질이 급한 사람들을 다루는 아비가일의 방식에서 당신은 무엇을 배울 수 있는가?

성경인물 아브넬: 잘못된 편에 서다

전쟁은 언제나 아름답지 않다. 그리고 싸움을 치르는 병사들 대다수도 그렇다. 롬멜, 셔먼, 리 혹은 패튼과 같은 유명한 장군들도 항상 위대한 명분이나 도덕률을 대표하는 건 아니다. 그들은 군사를 이끌고 전투의 승리를 위해 사람을 죽이고 존경을 받았다.

아브넬은 나쁜 왕을 위해 거의 평생을 싸운 훌륭한 장군이었다. 그는 다윗을 사울 왕에게 소개해 주었고(삼상 17:55-58) 초기 전투에서는 다윗에게 명령을 내리는 상관이었다. 그러나 결국 아브넬은 사울의 명령을 좇아 다윗을 대항하여 싸웠다. 다윗의 도망자 부대가 산야를 떠돌고 있을 때에 아브넬은 그들을 추적하는 선두에 섰다. 그 와중에 그와 다윗은 명예로운 적으로서 서로에 대한 상호 존경심을 얻게 되었다.

사울이 죽은 후에도 아브넬은 다윗의 반대 세력에 계속 충성을 다했다. 그는 사울의 아들을 왕으로 세웠으며 다윗편과 오랫동안 내전을 치렀다. 아브넬은 전사한 것이 아니라 배신으로 죽었다. 다윗의 장군인 요압은 자기 동생을 죽인 아브넬을 결코 용서하지 않았다. 아브넬이 마침내 다윗과 화평 조약을 맺으러 왔을 때에 요압은 복수할 기회를 보았다. 아브넬과 회담을 하는 척 하면서 그는 아브넬을 칼로 찔렀다(삼하 3:27).

다윗은 이러한 요압의 배신행위를 비난했고 이전에 적이었던 그에게 국장을 치러주었다. 다윗은 아브넬을 '지도자요 큰 인물' 이라고 불렀다(삼하 3:38). 이스라엘에게는 이런 군사들이 더 필요했다. 그들은 전쟁을 수행하는 기술과 왕에 대한 충성심을 겸비한 자들이었다.

⁝ 오늘날 중요한 명분을 위해 잘못된 편에 서서 열정적으로 싸우고 있는 진지한 남녀들을 생각할 수 있는가?

열정의 왕: 사람들 앞에서 기쁨의 춤을 춘 다윗

내가 여호와 앞에서 뛰놀리라 내가 이보다 더 낮아져서 스스로 천하게 보일지라도

삼하 6:21-22

다윗의 인생에 걸려 있는 피할 수 없는 질문 한 가지가 있다. 그렇게 분명한 단점이 있는 사람이 '[하나님의] 마음에 합한 자' 라는 명성을 얻을 수 있단 말인가?(행 13:22) 사무엘하 6장에 묘사된 장면이 이에 대한 답을 제시할지도 모른다.

다윗은 왕이 된 후 첫 공식 행동으로서 반세기 전에 블레셋이 가져간 거룩한 언약궤를 가지러 사람을 보낸다. 그는 이 언약궤를 그가 건설하고 있는 새로운 수도 예루살렘에 들이기로 계획한다. 이 상징적인 이송은 인간 왕이 아닌 하나님이 이스라엘의 참된 통치자라는 사실을 강조한다.

언약궤를 예루살렘으로 이송할 때에 몇 가지 잘못된 조치를 취한다. 하나님의 명백한 지시사항을 무시하고 이스라엘 백성은 하나님이 언약궤를 레위 사람들의 어깨로 나르는 대신에 황소가 끄는 마차로 운송하려 했다. 블레셋인들이 그들의 신들의 퍼레이드를 벌일 때에 사용하는 방법인 이 방법으로 운송하는 과정 중에 웃사가 죽었다. 이에 다윗은 화를 내고, 언약궤는 석 달 동안 한 개인의 집에 머문다.

자제력 상실

그럼에도 불구하고 언약궤가 마침내 예루살렘으로 이동되고 브라스 밴드와 거대한 군중의 환호를 받을 때에 다윗 왕은 완전히 자제력을 잃는다. 기쁨으로 격해진 그는 거리에서 옆으로 재주를 넘는다.

체통을 지켜야 할 왕이 겨우 몸을 가린 긴 옷을 입고 뒤로 재주를 넘는 장면은 왕가의 모든 예절을 깨는 것이다. 분개한 다윗의 아내는 그를 책망한다. 그러나 다윗은 그녀에게 분명하게 말한다. 내가 춤을 춘 것은 다른 누구 앞에서가

아니라 하나님 앞에서였다고. 그의 유일한 청중이신 하나님이 그의 기쁨을 느끼시는 한, 다른 누가 어떻게 생각하든 그는 개의치 않았다.

요약하면 열정의 사람 다윗은 세상의 그 어느 것보다 이스라엘의 하나님에 대해 더 많은 열정을 느낀다. 이 메시지가 온 국가에 널리 전파된다.

⁑ 당신은 예배 시에 '자제력을 잃은' 적이 있는가? 그렇게 하는 다른 자에게 당신은 어떻게 반응하겠는가?

하나님의 집 건축: 다윗의 몫이 아닌 임무

세상에서 존귀한 자들의 이름 같은 이름을 네게 만들어 주리라 대상 17:8

하나님의 법궤를 예루살렘으로 옮긴 후에 다윗은 이를 위해 정말 멋진 집을 짓는 꿈을 꾸기 시작한다. 이 집은 이스라엘의 하나님께 봉헌할 성전이었다. 이방인의 신전들이 세계의 불가사이의 순위에 들었던 당시에 그는 참되신 하나님의 '집'을 위해 그의 왕국의 재물을 쏟아 붓는 것이 마땅하다고 생각했다.

하나님은 다윗이 그런 성전을 지을 인물이 아니라는 것을 곧 분명히 밝히신다. 전사인 다윗은 너무나 많은 피를 흘렸기 때문에 하나님은 폭력적인 사람이 그의 집을 짓는 것을 원치 않으셨다(대상 22:8). 대신에 다윗의 아들 솔로몬이 그 임무를 이어 받았다.

비록 하나님은 다윗의 성전 건축 계획을 거부하셨지만 그분은 다윗에게 훨씬 더 많은 것을 허락하신다. 이스라엘과 맺으신 언약을 기억하시고 하나님은 영원히 계속되는 다윗 후손들의 '집'을 지으시겠다고 약속하신다. 겸손의 전형적인 모습을 보이면서 다윗은 놀라서 감사의 기도를 분출한다.

유명한 가계

하나님과 다윗 사이에 친밀하게 주고받은 이 약속으로 인해 장차 오랫동안 유대인의 소망이 될 씨가 뿌려졌다. 그것은 왕이신 메시야 곧 기름 부음을 받은 자에 대한 소망이었다. 이스라엘 최초의 왕인 사울 왕조는 끝이 났다. 다윗 왕조는 '다윗 성' 인 베들레헴에서 태어나신 만왕의 왕이요 하나님의 아들이 탄생하실 때까지 열왕들을 통해 계속될 것이다.

하나님의 약속은 성취되었는가? 오늘날 사람들이 여전히 작은 나라인 이스라엘의 다윗과 다른 왕들의 삶을 깊이 생각하고—비록 역사 속에서 이들보다 훨씬 인상적인 왕들이 사라졌지만—한 자손을 참된 메시야로 인정한다는 사실은 뭔가를 암시한다.

⁝ 당신은 하나님을 위해 무엇을 이루어드리고 싶은가?

성경인물

나단: 왕의 양심

"당신 양심의 인도를 받으라." 이 말은 당신 양심이 속이지 않을 때에만 훌륭한 조언이 된다. 대다수의 사람들은 자신이 원하는 것이 무엇이든 이를 합리화함으로써 자기 양심을 달래는 법을 찾아낸다. 그래서 조언을 구하려면 믿을 만한 사람들을 만나 점검해 보는 것이 최선책이다.

고대 통치자들에게는 또 다른 문제가 있었다. 전권을 쥔 왕에게 다른 의견을 제시할 만한 사람이 거의 없었기 때문에 그런 왕들은 자신들이 정말 잘못된 일을 행하고 있다할지라도 유리한 조언을 취하는 경향이 있었다. 로마제국의 원로가 티베리우스 시저에게 다음과 같이 말했다. "당신이 제일 먼저 말하면 어느 누구도 당신을 반박하길 원치 않을 것입니다. 그리고 만일 당신이 제일 마지막에 말하면 우리는 당신의 입장에 반대하는 말을 하고 싶어 하지 않을 것입니다."

오직 소수의 용감한 영혼들만이 감히 다르게 말했다. 예를 들어 나단 선지자는 왕에게 싫든 좋든 진리를 말했다. 나단은 하나님께서 다윗이 성전을 짓는 것을 원치 않으신다는 사실을 그에게 알림으로써 그의 들뜬 마음을 깼다. 또한 그는 솔로몬을 그의 후계자로 책봉하겠다는 약속을 지키지 않은 사실을 상기시켜 주었다(왕상 1:24-30).

가장 기억나는 사건은 나단이 하나님께 대한 다윗의 범죄를 비난한 것이다. 다윗은 밧세바와 간음을 범하고 그의 남편을 살해했다(삼하 12장). 이에 나단은 교묘하게 왕의 분노를 일으킬 정도의 강력한 이야기를 가지고 왕을 꼼짝 못하게 만들었다. 나단은 이 메시지를 전함으로써 죽을 수도 있었다. 하지만 그것은 다윗의 양심이 무뎌졌을 때조차도 그가 나단의 이야기를 듣는다는 다윗의 성품을 보여주는 것이었다. 다윗이 회개했을 때에 나단은 그에 곁에 서서 그에게 하나님의 용서를 확신시켜 주었다.

나단은 참된 선지자였다. 성경의 선지자들이 때로는 미래를 예견했지만(나단이 다윗이 겪게 될 형벌을 묘사할 때에 그랬다) 이들은 진실을 말하는 것으로 가장 잘 알려졌다. 특히 어느 누구도 듣고 싶어 하지 않는 불쾌한 진리인 경우에는 더욱더 그렇다.

⁑ 누가 당신의 양심을 돕는가? 당신에 관해 불쾌한 진리를 말하더라도 믿을만한 사람은 누구인가?

성경인물

밧세바: 오직 명령을 따르다

2차 세계대전이 끝난 후에 나치 병사들은 그들의 전쟁 범죄에 대해 전형적인 변호를 했다. "우리는 단지 명령만 따랐을 뿐이다." 그때에 그 이후로 법정은 그 변호를 무너뜨렸다. 잘못되었다는 것을 알면서도 행한 사람은 상황과 상관없이 책임을 져야 한다.

아직도 많은 사람들이 압력이나 강압을 받고 범죄를 저지른 사람에 대해 동정심을 느낀다. 아마 밧세바도 이런 부류에 속한다(삼하 11장). 그녀는 자기의 의사와 상관없이 아름다웠으며, 다윗의 눈길이 그녀에게 머물렀을 때에도 아무 생각 없이 목욕했을 가능성이 많다(당시 가옥에는 욕실이 없었다). 설상가상으로 다른 사람도 아닌 왕이 그녀를 불러 동침하자고 했다. 왕의 말은 곧 법이었으며, 밧세바가 그의 말을 거절했을 때에 그녀는 중형이나 심지어 사형 선고를 받을 것을 예상했을지도 모른다.

분명히 밧세바는 자신의 행동 때문에 고통 받았다. 그녀는 남편을 잃었으며 아이를 잃었다. 다윗이 회개했을 때에 그녀도 회개했을까? 성경은 말하지 않는다. 또 다른 아이인 솔로몬을 낳은 후 다윗의 인생 말기에 그녀가 솔로몬의 왕권 승계를 지지하는 때까지 그녀는 성경에서 더이상 언급되지 않는다. 밧세바가 인생에서 실제로 눈에 띄게 이룩한 것은 잘못된 한 가지, 즉 왕과의 정사였다.

성경의 이야기처럼 다윗은 이 국가적 스캔들에 대해 전적인 책임을 졌다. 그가 간음을 시작하였고, 뒤이어 살인을 저질렀으며 그의 여생에 그 대가를 고통스럽게 치렀다. 다윗의 행동이 미치는 영향이 어떻게 국가 전체에 영향을 미쳤는지를 생각해볼 때에 우리는 "나는 단지 명령만 따랐을 뿐이다"라는 말이 왜 아무런 변명이 되지 못하는지 그 이유를 알 수 있다. 밧세바는 어떤 면에서 희생양이었지만 죄악된 상황을 거부하지 못한 행동은 다윗의 범죄를 가능케 만들었다.

⁑ 죄인지 알면서도 압력 때문에 '계속하려는' 유혹을 받은 그런 상황이 있는가?

간음과 살인: 왕은 자기가 하고 싶은 대로 행해도 좋은가?

다윗이 행한 그 일이 여호와 보시기에 악하였더라 삼하 11:27

다윗과 밧세바의 이야기는 세상사에서 가장 단순한 이야기이다. 즉 한 남자가 한 여자를 본다. 남자는 여자와 잔다. 여자는 아기를 가진다. 여기서 특별한 것은 없다. 매년 타블로이드 잡지는 동일한 주제에 대해 현대 개정판을 널리 알린다. 왕 대신에 정치인이나 종교 지도자와 밧세바 대신에 현대의 미녀를 대체해 보라. 다른 것이 무엇인가?

이런 스캔들을 들어도 이스라엘 백성들은 거의 놀라지 않는다. 대다수의 사람들이 그렇듯이 많은 경우에 그들은 규칙을 만드는 고위층들이 그 규칙대로 살지 않아도 개의치 않는다는 사실에 체념한다. 역사상 많은 지도자들이 이런 길을 따라 그들이 원하는 노획물과 그들이 원하는 돈과 그들이 원하는 특권들을 취했다. (나중에 로마인들은 이러한 행동에 대해 렉스 렉스lex rex, '법이 왕이다' 라는 말 대신에 렉스 렉스rex lex, '왕이 법이다' 라는 신조어를 만들어냈다.)

그러므로 어느 누구도 다른 남자의 부인과 동침할 수 있는 다윗의 권리에 도전하지 못했다. 우리가 아는 한 왕의 시종들도, 밧세바 자신도 항의하지 못했다. 그녀가 임신했을 때에야 문제가 발생했다.

은폐의 필요성

오늘날 다윗의 상황에 처한 지도자는 낙태를 통해 '증거' 를 없앨지 모르겠다. 다윗은 그만의 계획을 가지고 있었다. 그는 군복무 중인 밧세바의 남편에게 휴가를 주어 집으로 불렀다. 다윗은 우리야가 아내와 동침하여 나중에 그 아이의 아버지가 누구인지에 대해 의심하지 않기를 바랬다.

그러나 자기 임무에 외곬인 우리야는 다윗의 계획을 망친다. 이어지는 내용은 "한 범죄는 또 다른 범죄를 부른다"는 전형을 따른다. 결국 '하나님의 마음에 합했던' 다윗은 십계명 중에서 6, 7, 9, 10계명을 깬다. 우리야는 그의 충성심으로 인해 살해당하고 많은 다른 이스라엘 사람들이 그와 함께 죽는다.

이 이야기는 다윗의 가장 마키아벨리적인 모습을 보여준다. 즉 자신의 권력을 사용하는 데 있어서 얼음처럼 차갑고 잔혹한 그의 모습이다. 그럼에도 불구하고 어느 누구도 실제로 그를 반대하지 못한다. 왕은 자신이 원하는 것을 가지며, 아무도 이에 토를 달지 못한다. 그게 인생이다.

애도 기간이 지난 후에 밧세바는 왕궁으로 들어오고 다윗은 그녀와 결혼한다. 만약에 사무엘하 끝부분에 있는 암시적인 한 문장이 없었다면 다윗의 부정은 여기서 끝이 났었을지도 모르며, 아마도 끝이 났을 것이다. 그러나 그 말씀은 단순히 "다윗이 행한 그 일이 여호와 보시기에 악하였더라"고 말한다.

⁂ 다윗처럼 당신도 '어떤 일에 걸려들어서' 곤경을 피하기 위해 속이려 한 적이 있는가?

성경인물

압살롬: 빛나는 모든 것들

그는 당대에 가장 미남이었으며 상당한 카리스마를 가진 왕자였다. 사람들의 필요가 있을 때에 압살롬은 그들을 돌보는 것처럼 보였다. 이런 식으로 그는 "이스라엘 사람의 마음을 훔쳤다"(삼하 15:6). 첫 번째 우리는 그의 여동생이 강간을 당한 후에 그녀를 보살펴주는 그를 만난다(삼하 13:20). 2년 후에 압살롬은 자기 여동생의 명예를 수호하기 위해 살인의 복수를 한다. 자기 아버지 다윗과 달리 그는 그런 범죄가 벌을 받지 않고 지나가길 거절했다.

그럼에도 불구하고, 압살롬의 도금으로 빛나는 표면은 순금의 심장을 드러내지 못했다. 시간이 지나면서 압살롬은 주로 자신을 돌보았다는 것이 분명해진다. 압살롬은 비극의 인물이었으며, 부모로서 실패한 다윗의 상징이었다. 5년 동안 아버지와 아들은 서로 말을 하지 않았으며, 이처럼 부글부글 끓는 가족 불화는 압살롬의 마음을 더욱 강퍅하게 만들었다.

압살롬은 버릇없는 아이처럼 행동하는 경향이 있었다. 즉 그는 요압의 보리밭을 태워서 그의 관심을 끈다든가 아니면 자기 아버지를 도성에서 쫓아내어 그가 마땅히 받아야 할 명예를 얻었다. 그러나 많은 이기주의자들처럼 압살롬은 자신의 힘과 인기를 과대평가했다.

유혈 사태 동안 다윗의 참모 중 한 사람이 압살롬 편으로 전향한 것처럼 가장하여 교묘하게 추적을 지연시키도록 조언했다. 다윗은 자신의 노련한 전사들을 모을 시간을 얻어 압살롬의 반역을 잠재웠다. 왕의 아들은 너무 허무하게 죽었다. 노새를 타고 도망하는 중에 그는 그의 길고 멋진 머리카락이 나무에 걸렸고 요압과 그의 병사가 그를 죽였다.

⁑ 재능이 많거나 호감이 가는 사람이 자만심으로부터 자신을 지킬 수 있겠는가?

성경인물

요압, 아비새, 아사헬: 피의 형제들

전쟁은 언제나 잔인하며, 육박전은 특히 더욱 그렇다. 적군의 눈을 잠시 불쌍히 보는 순간 그는 당신의 배에 비수를 꽂을지 모른다. 훌륭한 전사는 잔인해야만 한다. 이런 기준에 따를 때 요압, 아비새, 아사헬은 탁월한 자들이다. 그들은 폭력의 삶을 살았고, 그들 중 최소한 두 사람은 폭력으로 죽었다.

다윗의 친척이기도 한 이들 형제들은 다윗이 도망자가 되어 사울 왕을 피했을 때에 미래의 왕과 합세하였다. 당시에 유명한 사건 중 하나는 아비새와 다윗이 한 밤중에 적진에 몰래 숨어 들어가 사울이 깊이 잠든 현장을 포착한 것이다. 아비새는 그때 그 자리에서 사울을 죽이길 원했지만 다윗은 그를 말렸다. 그 사건은 모델이 되었다. 아비새는 여러 번 누군가를 충동적으로 죽이려 했지만 다윗이 이를 말렸다.

삼 형제는 복수의 원칙을 엄격히 지켰다. 아사헬이 전사하자 남은 형제들은 복수를 계획했다. 얼마 후에 사울 진영의 군대장관이 평화 협정을 요청했을 때에 기회가 왔다. 요압은 아브넬에게 인사를 하는 척 하다가 방심한 틈을 타 그의 복부를 찔렀다.

다윗은 이 형제들의 폭력적 전술을 싫어했지만 그처럼 강하고 충성스러운 군사들이 필요했다. 요압은 다윗의 군대를 이끌고 강력한 적군을 궤멸시킴으로써 그의 패기를 입증했다. 그 시점부터 요압의 빛나는 군인정신은 다윗의 군대에 없어서는 안 되었다. 다윗은 그가 죄가 있음에도 그를 신뢰했다. 두 사람은 다윗이 간음을 한 후에 밧세바의 남편을 살해하는 데 공조했다. 의미심장하게도 다윗은 회개했지만 요압은 하나님과 도덕성에 흥미를 보이지 않았다. 그는 오직 전쟁에 이기는 것에만 관심이 있었다.

피의 형제들은 다윗에게 과격할 정도로 충성스러웠지만 그들을 절제시키지 못했던 다윗은 큰 대가를 치렀다. 요압은 반역한 다윗의 아들을 체포하여, 압살롬을 살려두라는 다윗의 명백한 명령에 도전하여 그를 잔인하게 죽였다.

나중에 다윗이 그의 군대를 또 다른 장군에게 맡겼을 때에(아마도 요압이 다윗의 명령에 불복종했기 때문인 것 같다.) 그는 새로운 라이벌을 속이고 살해했다. 다윗은 요압을 결코 통제하지 못하는 것처럼 보였다.

이 형제들과 그들의 전쟁 경력에는 아름다운 것이 없다. 그래서 그들의 사령관인 다윗은 결국 그들의 삶의 방식에 끌려가게 되었다. 아마 그래서 하나님께서는 다윗에게 "너는 전쟁을 많이 한 사람이라 피를 많이 흘렸으니 내 이름을 위하여 성전을 건축하지 못하리라"고 말씀하셨는지도 모른다(대상 28:3).

⁂ 당신은 좋아하지도 않는데 다른 사람의 생활 방식에 끌려간 적이 있는가?

성경인물

아비아달: 범법자 제사장

몇 세대 전에 한 선지자가 이스라엘의 주요 선지자 가문이 멸망할 것을 예언했다(삼상 2:31-36). 아비아달은 그 예언이 무섭게 성취되는 것을 목격했다. 그의 가문의 모든 남자들—총 85명—모두가 줄을 지어 살해되었다. 아비아달 고향의 모든 사람들—여자들, 아이들, 갓난아이들, 심지어 짐승들—이 멸망했다. 왜냐하면 그들은 다윗이 사울 왕에게서 도망하도록 도왔다는 혐의를 받았기 때문이었다(삼상 22:18).

아비아달은 왜 그런지 모르겠지만 도망하다가 낙오되어 다윗의 범법자 진영으로 들어갔다. 그는 이 학살 소식을 전한 유일한 생존자였다. 그는 그와 함께 제사장의 의복인 에봇을 가지고 왔다. 그 안에서는 우림과 둠빔이 들어 있었고, 이는 하나님의 뜻을 결정할 때에 사용되는 거룩한 물건이었다.

그날 이후로 다윗은 하나님의 지시를 받기 위해 아비아달과 그의 에봇을 의지했다. 로빈 후드에 나오는 수사 턱Tuck처럼 아비아달은 범법자 집단의 공식 제사장이 되었다. 사울 왕이 죽고 다윗과 그의 게릴라 군대가 마침내 권력을 잡았을 때에 다윗은 아비아달을 예루살렘에 세운 새로운 성전의 대제사장으로 삼았다.

아비아달의 참혹한 순간들은 그가 권력 구조에 합세한 이후에도 끝나지 않았다. 다윗의 아들 압살롬이 반역을 주도했을 때에 아비아달은 다윗에게 충성했고, 스파이로서 정복당한 도시로 돌아왔다(삼하 15:24-29). 다윗이 늙고 약해졌을 때에 아비아달은 왕의 뒤를 이를 자로서 잘못된 아들을 지지했다. 노인이 된 제사장은 처형당할 수도 있었지만—다른 이들은 처형당했다—솔로몬은 그에게 자비를 베풀고 대신 그를 추방했다. 그래서 아비아달은 그의 시작점과 마찬가지로 그의 여정을 마쳤다. 범법자로서 말이다.

⁂ 당신은 아비아달처럼 놀라운 손실을 경험한 사람을 알고 있는가? 당신은 얼마만큼이나 다윗처럼 그를 대할 수 있는가?

다듬어지지 않은 재능: 모든 것을 가진 남자

> 내가 네 말대로 하여 네게 지혜롭고 총명한 마음을 주노니 네 앞에도 너와 같은 자가 없었거니와 네 뒤에도 너와 같은 자가 일어남이 없으리라 왕상 3:12

다윗의 소중한 왕자이며 아들인 솔로몬은 상상할 수 있는 모든 유익을 다 누리며 성장한다. 심지어 하나님도 그에게 특별한 은사들을 부어주신다. 연속해서 놀라운 꿈을 꾸면서 젊은 솔로몬은 모든 어린 아이들이 비밀스럽게 갈망하는 것을 얻을 수 있는 기회를 맞는다. 하나님은 그에게 그의 마음에 소원하는 것, 즉 장수와 부 그리고 그가 원하는 모든 것 중에서 택하라고 말씀하신다. 솔로몬이 지혜를 택하자 하나님은 그에게 보너스로 부와 명예와 평화를 주신다.

그가 훌륭한 왕이 되기 위해 지혜를 달라고 한 것을 보면 그가 이미 많은 지혜를 소유하고 있었다는 것을 알 수 있다. 불행하게도 그는 그의 겸손함을 잃어버리고 만다.

열왕기상 2장과 3장은 솔로몬 안에 있는 이중적인 성품의 흔적을 드러낸다. 2장의 권력 투쟁에서 그는 자기 아버지보다 훨씬 더 잔인한 자로 판명된다. 이런 성향으로 인해 이스라엘 북부 지파들은 분한 마음을 갖게 되고 결국 내전으로 이어진다. 3장에서 솔로몬은 신실하고 지혜로우며, 심지어 겸손한 자로 보인다. 그러나 비참하게도 그는 통치하면서 점점 더 그의 어두운 면들의 지배를 받는다.

과대함의 애호가

3장에 기록된 유명한 내용은 '솔로몬의 지혜'의 극치를 보여준다. 오늘날의 중동에서 그렇듯이 왕은 '대법원'과도 같다. 두 창기에게 제안한 솔로몬의 대범한 제안은 진실을 밝혀냈고 추잡한 싸움을 빠르게 종식시킨다.

본장에 묘사된 행복한 시절에도 숨길 수 없는 위험 신호가 나타나기 시작한다. 솔로몬은 이방 여인과 결혼을 하고 위험한 정치 조약들을 맺는다. 그가 대중 앞에서 일천 번제를 드리는 장엄함은 그의 아버지 다윗이 하나님 앞에서 겸손하게 고백하는 모습과 큰 대조를 이룬다. 새로운 왕은 예배, 건물, 섹스에 있어서 과대함의 애호가였으며 결국 이는 그의 실패의 원인으로 판명된다.

⁝ 당신의 자연적 능력들은 무엇인가? 당신은 하나님을 섬기기 위해 그러한 재능들을 어떻게 사용하는가?

최고의 정점: 솔로몬이 장엄한 성전을 봉헌하다

백성이 왕을 위하여 축복하고 자기 장막으로 돌아가는데 여호와께서 그의 종 다윗과 그의 백성 이스라엘에게 베푸신 모든 은혜로 말미암아 기뻐하며 마음에 즐거워하였더라 왕상 8:66

솔로몬은 하나님이 거하실 곳을 건설하는 데 비용을 아끼지 않는다. 20만 명의 장인들이 만든 성전은 곧 세계 불가사이 중 하나가 된다. 멀리서 봐도 성전은 눈 덮인 산봉우리처럼 빛난다. 건물 안의 모든 벽과 심지어 바닥도 순금으로 덮여 반짝거린다.

여러 면에서 열왕기상 8장의 장면은 구약성경 전체에서 최고 정점을 나타낸다. 그것은 하나님이 이스라엘에게 하신 언약이 성취되는 장면이다. 솔로몬은 하나님께 성전을 봉헌하기 위해 온 국민들을 불러 모은다. 수많은 사람들이 거대한 공중 행사를 지켜보고, 주의 영광이 임하여 성전을 가득 채운다. 심지어 제사장들도 강력한 힘에 의해 뒤로 물러선다.

하나님은 솔로몬의 성전을 지구에서 활동하시는 그분의 중심으로 삼으시며 군중들은 자원해서 이를 축하하기 위해 2주간을 더 머무르기로 결정한다. 동으로 만든 단상에 무릎을 꿇고 솔로몬은 큰소리로 기도한다. "내가 참으로 주를 위하여 계실 성전을 건축하였사오니 주께서 영원히 계실 처소로소이다" 그러다가 그가 놀라서 말을 멈춘다. "하나님이 참으로 땅에 거하시리이까 하늘과 하늘들의 하늘이라도 주를 용납하지 못하겠거든 하물며 내가 건축한 이 성전이오리이까."

가시적 증거

하나님께서 이 일을 행하셨다! 아브라함과 모세에게 하신 그분의 약속이 마침내 이뤄졌다. 지금까지 말한 기도 가운데 가장 장엄한 기도를 하면서 솔로몬은 언약의 역사를 되돌아보았고 하나님께서 이 성전에 실제로 함께 하심으로써 그 언약에 인을 쳐주시길 간구했다. 하나님은 다음과 같이 응답하신다. "네 기도와 네가 내 앞에서 간구한 바를 내가 들었은즉 나는 네가 건축한 이 성전을 거룩하게 구별하여 … 내 눈길과 내 마음이 항상 거기에 있으리라" (왕상 9:3).

이제 이스라엘은 땅을 가지게 되었으며, 굳건한 국경과 하나님이 그들 가운데 함께 하시는 한 나라가 되었다. 어느 누구도 하나님의 신실하심을 의심할 수 없다.

⁑ 당신은 하나님의 어떤 약속을 아직도 기다리고 있는가?

성경인물

르호보암: 어리석은 자의 대답

그의 아버지 솔로몬은 통치를 시작하면서 하나님께 지혜를 구했다. 그러나 이 가족의 DNA에는 그 지혜가 흐르지 않았다.

왕의 즉위식에서 이스라엘 북쪽 지파들은 르호보암에게 충성을 맹세할 준비가 되어 있었다. 그들은 단지 새로운 왕에게 솔로몬이 부과했던 과도한 세금과 강제 노역 정책을 완화해 줄 것을 요청했다. 르호보암은 이에 대해 생각할 3일의 시간을 달라고 지혜롭게 구했고 지혜롭게도 수많은 조언자들의 의견을 구했다. 그러나 그런 다음에 그는 어리석게도 함께 성장한 젊은이들의 최악의 조언을 따랐다. "내 아버지는 가죽 채찍으로 너희를 치셨으나 나는 전갈 채찍으로 치리라 하니라"(대하 10:14).

이처럼 거친 대답으로 인해 군사 반란이 일어났고 비극적이게도 이스라엘은 두 나라로 쪼개졌으며 '가족 분쟁'은 두 나라가 존재하는 동안 계속되었다. 열두 형제의 이름을 따라 지어진 이스라엘의 12지파는 전쟁을 하는 두 분파로 갈라졌다. 한 사람의 부적절한 허세가 이 모든 것의 원인이었다.

르호보암이 언제나 그렇게 어리석은 것만은 아니었다. 때때로 그는 바른 조언자들의 말을 들었다. 그럼에도 불구하고 일반적으로 그는 그의 나라를 강하게 해줄 수 있었던 경건에 대해서는 거의 흥미를 보이지 않았다. "르호보암이 악을 행하였으니 이는 그가 여호와를 구하는 마음을 굳게 하지 아니함이었더라"(대하 12:14). 성경의 기준에 비춰 볼 때에 이로 인해 그는 가장 어리석은 자가 되었다.

⁑ 어려움에 처했을 때에 당신은 당신 입장을 굳게 하는 경향이 있는가 아니면 상대방의 의견을 주의 깊게 듣는가? 호전적인 반응을 피하려면 어떻게 하는 것이 당신에게 도움이 될 수 있는가?

성경인물

여로보암: 날아간 기회

개혁을 외치며 출마한 정치인들이 권력을 얻으면 슬프게도 이전의 부패한 지도자들과 똑같이 행동한다. 이스라엘이 부패의 길로 빠져드는 것을 멈추게 할 유일한 기회를 가졌던 여로보암의 이야기도 그렇다.

여로보암은 부정한 방법으로 권좌에 올랐다. 자신이 솔로몬 왕의 고관으로 일하던 예루살렘에서 빠져나오다가 여로보암은 아히야라는 선지자를 만났다. 선지자는 자기가 입고 있던 겉옷을 벗어서 그 새 옷을 열두 조각으로 찢는다. 그런 뒤에 그는 열 조각을 여로보암에게 건네주고 실물교육을 한 후에 메시지를 전한다. 하나님은 솔로몬이 실패했기 때문에 이스라엘 왕국을 찢으려 하셨다. 관료였던 여로보암은 곧 12지파 중에서 10지파를 다스리는 지도자의 자리를 승계할 것이었다.

이 극적인 예언 때문에 권력을 위한 극렬한 다툼이 시작되었다. 처음에 자기 목숨을 구하려고 여로보암은 나라를 떠나 도망했다. 몇 년이 흐른 뒤에 그는 솔로몬의 아들과 화해를 맺기 위해 망명에서 돌아왔다. 그러나 그는 그 아들이 어리석게도 그 노인보다도 훨씬 거칠다는 것을 발견했다. 이에 질린 북부 지파들은 반역을 저질렀고 여로보암은 새로운 나라의 왕이 되었다. 하나님의 백성들은 두 진영으로 갈리는 돌이킬 수 없는 강을 건넜다.

여로보암의 통치는 하나님의 인정을 받고 시작되었지만 왕이 된 관료는 한 번도 하나님의 부르심에 합당하게 산 적이 없었다. 자기 백성들이 점차 남쪽에 넘어갈까봐 두려워—그들은 예배하기 위해 성전이 있는 예루살렘으로 가야만 했다—여로보암은 영리하지만 무서운 선택을 했다. 그는 북부에 경쟁력이 있는 자기 자신의 종교를 시작했다.

외적 기준으로 새로운 종교는 성공했고 이스라엘 역사만큼이나 지속되었다. 하지만 여로보암을 권좌에 오르게 한 하나님은 이에 분개하셨다. 하나님은 여로보암의 가문을 완전히 멸하시겠다고 예언하셨으며, 그대로 행하셨다(왕상 15:27-30).

⁝ 인도하는 것보다 인도자를 비난하는 것이 훨씬 쉽다고 생각하는가? 당신이 리더 자리에 앉게 된다면 보통 어떻게 반응하는가?

성경인물

엘리야: 기적의 사나이

성경에서 기적에 대해 말할 때에 모세, 엘리야, 예수님 세 사람의 이름이 두드러진다. 이 세 사람은 실제로 변화산상에서 만나 예수님이 이 세상을 떠나시는 일을 논의했다(눅 9:30-31). 평생 이 세 사람은 모두가 기적의 능력과 또한 제한성을 목도했다.

열왕기는 하나님이 엘리야를 통해 역사하신 놀라운 여덟 가지 기적을 기록하고 있다. 바알 선지자들과 대결한 것과 같은 사건들은 많은 사람들 앞에서 행해졌다(왕상 18:16-39). 과부의 아들을 살려주는 것과 같은 기적은 보다 더 은밀하게 행해졌다. 아이러니컬하게도 엘리야의 경험은 믿음의 덕을 세우는데 한계를 보여준다. 가장 위대한 기적—바알과의 다툼—을 행한 후에 엘리야는 우울해지고 두려워했다. 하나님께서 그분의 임재를 능력이 아니라 '세미한 음성' 을 통해 자신을 계시하신 것은 그때였다(왕상 19:12).

말라기 선지자는 메시야께서 오시기 전에 엘리야가 먼저 올 것을 예언했다. 예수님은 이 예언을 이룬 사람이 침(세)례 요한이고 말씀하셨다(마 17:9-13). 예수님 당시에 예수님을 포함해 모든 유대인들은 엘리야를 가장 존경했다. 오늘날에도 정통 유대인들은 기적의 사나이 엘리야를 그들의 축제일에 포함시킨다.

⁑ 기적을 직접 본 적이 있는가? 그렇다면 그것이 당신에게 어떤 영향을 주었는가?

선지자들: 하나님께서 새로운 부류의 영웅들에게 얼굴을 돌리시다

> 내 하나님 여호와여 원하건대 이 아이의 혼으로 그의 몸에 돌아오게 하옵소서
>
> 왕상 17:21

이스라엘 나라는 솔로몬의 황금시대에 전성기를 누렸지만 결국에는 왕의 약점으로 인해 왕국은 심각한 손상을 입었다. 그의 과도한 토목공사는 국민들에게 무거운 세금을 부담시켰고 그는 어쩔 수 없이 그들을 실제 노예로 징집해야만 했다. 그의 도덕적 실패는 국가의 영적 연합의 기반을 약화시켰고 언약 국가에 대한 빛나는 비전은 점차 사라졌다. 솔로몬이 죽은 뒤에 이스라엘은 두 왕국으로 분열되었으며 멸망을 향해 미끄러지기 시작한다.

왕국 분열 이후의 구약 역사를 읽으면 우리는 상당한 혼란스러움을 경험한다. 이 두 국가에는 모두 39명의 왕이 있었고 약 24명의 선지자들이 그들 곁에 있었다. 혼돈의 바다에 빠지지 않기 위해 다음의 기본 사항들을 염두에 두자.

• 이스라엘은 북쪽의 떨어져나간 10지파의 왕국이며 그 수도는 사마리아이다. 이스라엘의 모든 왕은 하나님께 신실하지 못했다.
• 유다는 남쪽의 두 지파로 구성된 왕국이며 수도는 예루살렘이다. 다윗의 자손인 유다 왕 중에서 어떤 이들은 하나님과 그분의 언약에 충실하였다.

비록 성경은 39명의 왕들을 이름을 불러가며 토론하지만 솔로몬의 통치 이후에 그들의 이야기는 망각의 희미함 속으로 바로 사라진다. 대신에 하나님은 새로운 부류의 영웅인 선지자들에게 얼굴을 돌리신다.

필사적인 도망자

모든 자들 중에서 가장 거칠면서도 가장 털북숭이인 선지자인 엘리야는 그 누구와도 다른 모습을 잘 보여준다. 솔로몬 왕은 보석을 차고 멋진 옷을 입고 황금으로 번쩍거리는 왕궁에서 산 반면에 엘리야는 낙타의 검은 털로 만든 옷을 입고 살았다. 그는 이스라엘(북왕국)이 정치적으로는 번영했지만 영적으로는 허우적거리는 시기에 등장한다.

열왕기상 17장은 엘리야가 도망 다니면서 하나님에 대한 최고의 믿음을 배우는 모습을 보여준다. 먼저 그는 까마귀가 가져다주는 음식을 먹는다. 그런 다음에 가뭄이 들자 하나님은 엘리야에게 가뭄 피해 지역으로 가라고 명하신다. 그곳에 가난에 찌든 과부의 집이 있었다. 과부는 이스라엘 사람도 아니었고 악한 이세벨 여왕의 동네에 살고 있었다. 그곳은 쫓기는 선지자에게는 위험한 곳이었다. 그러나 과부는 선지자와 그의 하나님을 믿고 자신에게 있는 마지막 남은 하잘 것 없는 것을 내놓는 믿음을 보인다. (눅 4:25-26, 후에 예수님은 하나님께서 이방인에게 다가가시는 예로써 이 이야기를 언급하신다.)

엘리야가 기분 변화가 심하고 우울증과 자기 회의에 잘 빠지는 선지자임에도 불구하고 하나님은 그의 편이시다. 과부의 아들을 고쳐주는 이 부드러운 이야기는 하나님께서 '별 볼일 없는 자들'을 잊지 않으신다는 사실을 보여준다. 이스라엘의 구원은 한 나라가 엘리야와 같은 선지자들의 말을 얼마나 잘 듣느냐에 달려 있다.

⁝ 신체상의 위기를 맞이했을 때에 하나님께로 돌아간 적이 있는가? 어떤 일이 일어났는가?

성경인물

아합: 가장 악한 왕

갑자기 미국 대통령이 모든 교회 빌딩을 철거하고 모든 목사들을 힌두교 사제로 바꾼다고 상상해보라. 그런 일이 아합 왕 시대에 일어났다. 사실 아합이 물려받은 시대는 좋지 않았다. 왕국은 분열되었고 종교적 신앙은 자유낙하 중이었다. 그러나 그는 이를 더 악화시켰다. "그의 이전의 모든 사람보다 여호와 보시기에 악을 더욱 행하였다"(왕상 16:30).

성경은 아합이 악을 행한 원인의 많은 부분을 잘못된 결혼에 두고 있다. 정치적 동맹을 맺기 위해 그는 이웃 나라 왕의 딸인 이세벨과 결혼했다. 그녀가 바알 우상을 함께 들여왔을 때에 아합은 이에 가세해 그의 수도에 바알 신당을 지었다. 그러자 이세벨은 이스라엘 중에서 참된 믿음을 가진 모든 자들을 찾아내 죽였고, 하나님의 제사장들 대신에 그녀가 수입한 이방신의 제사장들로 바꿨다.

아합은 이런 범죄를 저지를 때에 수동적인 참여자처럼 보일지 모르지만 그는 그 책임을 져야만 했다. 만일 그가 엘리야 선지자의 말을 들었다면 그는 자신의 구원을 이루었을지도 모른다. 그러나 아합은 엘리야를 적으로 보았고 이스라엘을 괴롭히는 자로 보았다(왕상 18:17; 21:20). 아합은 선하고 경건한 조언을 계속 거부했다.

번영과 군사력이라는 세상의 기준으로 보면 아합은 성공한 자였다. 그는 상아로 장식된 멋진 궁을 지었다. (고고학자들은 이 시대의 집들에서 상아로 된 명판을 발견했다.) 그는 시리아의 침략군을 물리쳤다. 그러나 성경적 관점에서 보면 이런 업적들은 그의 믿음과 도덕적 삶의 실패에 비하면 아무것도 아니었다. 하나님을 배신한 아합은 가장 악한 왕이었다.

⁝ 오늘날 세상에서 정치 지도자들은 한 나라의 전반적인 도덕적, 영적 기후에 어떤 영향을 미치는가? 그들은 뭔가 더 많은 것을 해야만 하는가?

예루살렘에 있는 동안: 소수의 훌륭한 왕들이 있었어도 변화가 없었다

너희는 이 큰 무리로 말미암아 두려워하거나 놀라지 말라 이 전쟁은 너희에게 속한 것이 아니요 하나님께 속한 것이니라 대하 20:15

성경은 탄생 첫날부터 하나님으로부터 멀어져간 이스라엘 북왕국을 보여주긴 하지만 남왕국 유다의 통치자들과 선지자들에게 훨씬 더 많은 지면을 할애한다.

이스라엘 크기의 5분의 1밖에 되지 않는 유다는 무서운 장애들에 직면한다. 그럼에도 불구하고 남왕국에게는 몇 가지 유리한 점이 있었다. 다윗의 후손인 남왕국 왕가는 북왕국을 망쳐놓은 정치적 음모나 암살이 있었던 북왕국과는 달랐다. 예루살렘 성전은 사람들을 묶어주는 강력한 힘을 제공해 주었다. 유다를 다스린 19명의 남자와 한 명의 여자 중에는 북왕국에서 아무도 필적할 수 없는 그런 훌륭한 영적 지도자의 자질을 보여준 자들이 최소한 몇 명은 있었다.

일반적으로 유다는 하나님과 맺은 언약을 따라 사는 데 있어서 이스라엘보다 더 신실한 것으로 판명된다. 이러한 이유 때문에 유다는 이스라엘보다 한 세기 반 정도 더 지속된다.

모범적인 지도자의 모범적인 기도

역대하 20장은 유다의 초기 통치자인 여호사밧이라 불리는 한 비범한 왕에 대해 말한다. 유다의 왕들이 보여주듯이 하나님만을 의지하려면 범상치 않은 용기가 필요하다. 특히 전쟁의 한 복판에 있을 때에는 더욱 그렇다. 여호사밧 왕은 올바른 태도가 무엇인지 교과서적인 모범을 보여준다. 침공한 적군이 협박하자 그는 전 국민과 함께 대형 기도집회를 갖는다. 전투 당일 그는 자기 군대의 맨 앞에 성가대를 보내어 하나님을 찬양하게 한다.

여호사밧의 전략은 전장에서보다는 교회 예배에 더 적합해 보인다. 적군 모두는 서로를 향해 싸우고 유다의 군대는 승리의 행진을 하며 귀환한다.

역대하에는 2개의 위대한 기도가 들어 있다. 6장에 나오는 솔로몬의 기도와 20장에 나오는 여호사밧의 기도가 그것으로서 성경 주석가들은 모범적인 기도를 말할 때에 이 둘을 지적한다. 여호사밧은 하나님을 경배함으로 기도를 시작한다. 그런 뒤에 그는 하나님께 이전에 그분이 하셨던 약속들을 상기시키고 문제를 제시하고 도와달라고 청한다. 담대하게도 여호사밧은 응답이 오기 전에 미리 응답해 주심에 대해 하나님께 감사를 드린다.

이처럼 밝은 국가적 믿음은 오명으로 얼룩진 역사의 기록 가운데 찬란하게 빛난다. 그의 공적 기도와 개인적 모범을 통해 여호사밧 왕은 지도자가 하나님을 온전히 신뢰할 때에 어떤 일이 일어날 수 있는지를 보여준다.

⁑ 당신은 하나님에 대해 이처럼 신뢰하는 지도자를 알고 있는가?

두 배의 몫: 교만한 장군이 기괴한 선지자를 만나다

그 사람을 내게로 오게 하소서 그가 이스라엘 중에 선지자가 있는 줄을 알리이다왕하 5:8

이스라엘은 내적으로는 아합 왕의 부패와 외적으로는 이웃나라 아람(오늘날의 시리아)의 공격으로 인해 휘청거렸다. 현재 이스라엘에서 활동 중인 선지자 엘리사는 그의 동포를 도와야만 하지 않을까? 대신에 5장은 엘리사가 적군의 고위 장군을 돕는 장면을 말한다.

나아만이 멀리서 찾아온 것을 보면 엘리사의 명성이 얼마나 자자한지 알 수 있다. 이방 왕이 엘리사에 대한 소문을 듣고 자기 장군의 건강의 회복을 위해 이스라엘에 있는 하나님의 선지자에게서 도움을 구하도록 허락한다.

부자에게 더 엄했던 엘리사

엘리사가 나아만 장군이나 이스라엘 왕과 같은 세도가들을 퉁명스럽게 대한 것은 그가 가난한 자들과 억눌린 자들을 부드럽게 대한 것과 큰 대조를 이룬다. 의학적 치료 방법으로써 그가 이상한 처방을 내린 것과 그의 선물을 거절한 것에 대해 나아만은 자존심이 상한다.

그러나 엘리사는 치유가 하나님을 통해 온다는 것에 대해 조금도 의심의 여지를 남기지 않는다. 산더미 같은 금을 가지고 온 오성 장군이라도 하나님은 순종과 겸손을 요구하신다.

이 사건에서 그리고 다른 사건에서(왕하 8:7-15) 엘리사는 적군인 아람 왕국을 섬긴다. 나중에 예수님은 사역 초기에 이 이야기를 언급하시면서(눅 4:27) 엘리사의 핵심을 강조하신다. 그것은 하나님을 "상자 안에 가두려고" 하지 말라는 것이다. 우리는 하나님을 그분의 말씀에 따라 순종해야지 그분을 우리 뜻대로 조정하려 해서는 안 된다.

⁂ 작가인 해롤드 마이러는 그리스도의 삶을 '하나님이 놀라게 하시는 삶' 이라고 정의했다. 하나님께서 당신을 놀라게 하신 적이 있는가?

성경인물

이세벨: 거칠고 악한 여인

이세벨은 너무나 놀랄만한 여인이어서 그녀의 이름은 인격의 한 종류를 정의하는데 사용되기까지 했다. 사전에서 이세벨을 찾아보면 '무례하고, 수치스러운 줄 모르거나 버림받은 여인' 이라고 적혀있다. 그러나 현대판 그 어떤 이세벨도 오리지널을 능가하지 못한다. 왕의 딸이면서 교만하고 결단력 있는 이세벨은 혼자서 이스라엘을 억지로 이방신의 국가로 몰아갔고 거의 성공했다.

그녀는 지중해 연안의 시돈 출신이며, 그녀의 아버지는 그곳에서 페니키아인들을 다스렸다. 이스라엘 왕인 아합과 결혼함으로써 두 나라는 굳건한 동맹관계를 맺었다. 솔로몬과 같은 다른 이스라엘 왕들도 또한 이방 여인들과 결혼함으로써 하나님의 법을 어겼다. 일반적으로 이 여인들은 그들의 종교를 가지고 왔다(이는 왜 하나님께서 이방인과의 결혼을 무엇보다도 금하셨는지 그 이유를 설명해 준다.)

그러나 이세벨은 다른 이방 여인들보다 도가 훨씬 더 심했다. 그녀 혼자 바알 숭배를 하는 것으로 만족하지 않고 모든 이스라엘 백성들이 바알을 숭배할 것을 고집했다. 그녀는 아합을 설득해서 수도에 바알 신전을 짓게 했으며 수많은 외국 제사장들을 들여와 그 성전에서 일하게 했다. 그녀는 이스라엘이 하나님을 섬기는 것을 근절했고, 자기의 길을 방해하는 자는 누구든지 죽였다.

오직 한 사람만이 공개적으로 이세벨을 대적했다. 그는 엘리야 선지자였다. 갈멜산에서 놀라운 승리를 거뒀음에도 불구하고 이세벨은 당황하지 않았다. 하나님께서 어김없이 그분의 강력한 능력을 보이셨음에도 그녀는 회개하지 않고 오히려 엘리야를 죽이려 했다.

이세벨은 살았을 때의 모습처럼 죽을 때에도 처참했다. 그녀의 운이 다했을 때도 그녀는 자비를 구하지 않았다. 대결을 위해 그녀는 할리우드 영화의 요부처럼 옷을 차려입고 창가에 기다리며 자기를 죽이러 온 사람을 조롱했다. 충성심이란 눈곱만치도 보여주지 못한 그녀는 자신의 시종들에 의해 창밖으로 던져졌다. 엘리야가 예언한대로(왕상 21:23) 동네 개들이 와서 그녀의 시신을 먹어 치웠다.

⁑ 어떤 사람들은 마음을 다해 믿기만 하면 무엇을 믿어도 상관없다고 말한다. 이에 대해 이세벨은 뭐라 말하겠는가? 엘리야는 어떤가?

성경인물

아달랴: 칼로 산 여인

구약 시대에 야망이 많은 여인들은 보통 자기 남편을 통해 자신의 힘을 발휘했다. 예를 들어 아달랴의 악한 모친이었던 이세벨은 자기 남편인 이스라엘 왕을 지배했다.

그러나 그와 달리 아달랴는 다른 방도를 취하여 혼자 하길 좋아했다. 그녀는 여호람 왕의 왕비로서 8년, 자기 아들 아하시야와 함께 왕대비로서 1년을 통치했다. 그러나 아하시야가 살해되자 왕대비는 혼자서 정사를 책임지기로 결심한다. 맥베스 부인(셰익스피어의 맥베스에 나오는 주인공-역주)처럼 잔인한 아달랴는 모든 가능한 정적들—자기 자녀들과 손자들을 포함해—을 죽인다. 그녀는 혼자서 6년 동안 안전하게 왕좌에서 통치했다. 왜냐하면 모든 대적들을 제거했기 때문이었다.

그러다가 그녀가 간과한 한 왕손이 나타나는데 이는 성경에서 가장 극적인 장면 중 하나이다(대하 23:11-12). 7살 먹은 소년 요아스—그녀의 손자—는 그 모든 세월 동안 성전에 숨어 있었다. 이제 이 소년이 나와서 성전 계단에서 자신을 드러낸다. 아달랴는 소란스런 소리를 듣고서 무슨 소동인가 하여 보러 나간다. 반역이 진행 중이었다. 반역자들은 그녀를 체포하여 처형하지만 어느 누구도 그녀를 구하러 오지 않았다.

⁂ '독불장군'과 '협력자' 두 타입 중에서 어느 타입의 사람들이 문제를 더 많이 일으킬 가능성이 있다고 생각하는가? 그 이유는 무엇인가?

사후평가: 북왕국이 망하다

> 그들이 듣지 아니하고 그들의 목을 곧게 하기를 그들의 하나님 여호와를 믿지 아니하던 그들 조상들의 목 같이 하여 왕하 17:14

이스라엘 역사의 이 시기에 많은 인상적인 선지자들이 이스라엘로 하여금 그들의 길을 바꾸도록 하기위해 노력했다. 하지만 엘리야와 엘리사가 기적을 행하고 호세아와 아모스가 간절히 호소해도 별로 소용이 없었다. 환난이 닥치자 이스라엘은 미친 듯이 군사 동맹을 맺고 도움을 청하기 위해 이웃 나라의 신들을 찾아갔다. 이스라엘은 결코 온전한 마음으로 하나님께 돌아오지 않았다.

선지자들의 비참한 심판의 날에 대한 예언이 열왕기하 17장에 아주 생생한 사실체로 기록되어 있다. 지도상에서 사라진 북왕국 이스라엘에 대한 사후평가를 한다. 이스라엘은 모든 선지자들의 권면을 무시한 왕들이 먼저 앗수르에게서, 그리고 나서는 이집트에게서 정치적 보호를 사려고 했기 때문에 종말을 맞는다. 배신을 발견한 앗수르는 오히려 침략군을 파송한다.

전쟁에 진 지파들

초기 전쟁에서 앗수르의 정복자들은 학살정책에 따라 적들을 멸절하고 그들의 땅과 재산을 파괴했다. 나중에 그들은 포로들을 이주시켜 다른 정복지의 외국인들이 대신 살도록 하는 정책을 폈다. 이처럼 급격한 변화로 인해 피정복민들은 다시 전열을 가다듬고 일어나 위협적인 존재가 거의 될 수 없었다.

이와 같은 이주정책에 따라 북왕국 이스라엘을 침공한 후에 앗수르는 27,290명의 포로를 그 땅에서 추방하여 '전쟁에 진 이스라엘의 10지파'를 흩어버리고 대신에 다른 피정복민들을 데리고 온다. (이로 인해 사마리아인들이 생겨났다. 이들은 신약성경에 등장하며, 실제로 현대 이스라엘에서 아직도 찾아볼 수 있다. 혼혈족인 이들은 자신의 종교와 참 하나님에 대한 믿음을 혼합시켰다.)

열왕기하 17장 이후부터 성경의 관심은 이스라엘의 살아남은 두 지파로 구성된 남왕국 유다로 향한다. 열왕기하는 북왕국의 가장 심각한 병의 원인이 우상숭배라고 진단하고 앗수르가 침공한 이유도 우상숭배 때문이라고 말한다. 불행하게도 우상숭배는 남왕국에서도 이미 자리를 잡았다.

⁂ 오늘날 신자들이 빠질 수 있는 우상숭배는 어떤 종류의 것이 있는가? 배금주의인가? 아니면 성性인가? 사람인가? 사상인가? 이미지인가?

성경인물

히스기야: 성전을 청소하다

그의 아버지는 예루살렘 성전을 폐쇄하고 다메섹에서 이방 신전을 수입하고 모든 거리 모퉁이마다 다른 신들의 신전을 세웠다. 젊은 나이에 왕위를 이어받은 히스기야는 그의 나라가 재앙을 향해 돌진하고 있는 모습을 보았다. 그는 강국 앗수르가 자매 국가인 이스라엘을 침공하여 도시들을 파괴하고 시민들을 포로로 잡아 가는 것을 목도했다.

다른 왕들과 달리 히스기야는 자기의 힘을 강화하기 위해 정치적 동맹을 찾아 주변 국가들에게 재빨리 달려가지 않았다. 그는 선지자 이사야의 말을 조심스럽게 경청했으며 대신에 하나님의 보호하심을 바라보았다. 나라의 방향을 돌이키기 위해 그는 하나님의 집인 예루살렘 성전을 청소함으로 이 일을 시작했다.

그가 이 일을 시작했을 때에 성전 예배 조정을 맡았던 선지자들과 레위인들은 점점 시들고 있었고 사기도 떨어져 있었다. 히스기야는 그들을 군대처럼 모아 자신을 정결케 하고 성전을 청소하라는 발진 명령을 내렸다. 그들이 성전의 모든 우상들을 근처 계곡에 갖다 버리고 성전을 다시 성별하는 데 2주 이상이 걸렸다. 예배가 다시 재개되었다. 즉 하나님께 정기적으로 드리는 제사가 회복되었고 다윗이 작곡한 성전 음악을 찬양했으며, 심지어 오랫동안 간과되었던 유월절이 극적으로 다시 지켜졌다.

이런 정책을 통해 히스기야는 용기와 추진력을 보여주었다. 그는 위험을 감수하고 먼지를 일으키며 깃털을 세웠다. 심지어 모세의 놋뱀도 없애야 했다. 그때에 사람들은 이 놋뱀을 경배하고 있었다(왕하 18:4). 히스기야는 이런 개혁을 개인적인 깊은 헌신에서 시작했다. "그가 행하는 모든 일 곧 하나님의 전에 수종드는 일에나 율법에나 계명에나 그의 하나님을 찾고 한 마음으로 행하여 형통하였더라"(대하 31:21).

강력한 앗수르군이 그의 코앞에 진을 치고 그의 하나님을 조소하며 그를 멸하겠다고 위협했을 때에 히스기야는 어디로 가야할지 알았다. 그것은 하나님이었다. 이사야 선지자는 히스기야와 기도했고 유다는 기적적으로 구원을 받았다. 나중에 히스기야가 자신의 임종이 가까웠을 때에 하나님은 치유해 달라는 그의 기도에 응답하셔서 그의 생명을 15년 더 연장해 주셨다.

히스기야에게도 몇 가지 약점이 있었지만 전반적으로 그는 구약에 나오는 가장 훌륭한 왕들 중 한 사람이었다. "히스기야가 이스라엘 하나님 여호와를 의지하였는데 그의 전후 유다 여러 왕 중에 그러한 자가 없었으니 곧 그가 여호와께 연합하여 그에게서 떠나지 아니하고 여호와께서 모세에게 명령하신 계명을 지켰더라"(왕하 18:5-6).

⁑ 당신은 어느 부분에서 성전 청소가 가장 절실하게 요구된다고 생각하는가? 당신의 인생에서? 당신의 교회에서? 아니면 당신의 도시나 국가에서?

히스기야의 축제: 행복한 날이 다시 도래하다

> 예루살렘에 큰 기쁨이 있었으니 이스라엘 왕 다윗의 아들 솔로몬 때로부터 이러한 기쁨이 예루살렘에 없었더라 대하 30:26

유다의 상황이 악화되고 선지자 미가가 엄중한 경고를 전했던 시기에 한 모범적인 왕이 왕위에 오른다. 실제로 역대하는 다른 누구보다도 히스기야에게 많은 지면을 사용한다. 그는 유다의 제사장들에게 형세를 역전시킨다. 세속 통치자인 그는 성전 뜰에 서서 그들에게 가슴 뛰는 설교를 한다.

히스기야 왕은 부흥의 새로운 정신을 표현하기 위해 거대한 종교 절기를 후원할 계획을 생각해낸다. 그는 심지어 북왕국의 황폐한 땅에도 '선교사' 메신저들을 보내어 앗수르의 재앙에서 살아남은 자들을 예루살렘으로 초청하여 그들의 형제들과 함께 하도록 한다.

유월절을 한 달 연기하여 히스기야는 제사장들이 이를 준비하고 순례자들이 여행 계획을 짤 수 있도록 허락한다. 어떤 이들은 그의 계획을 회의적으로 보지만 왕의 선포는 영향력이 있다. 200년 만에 처음으로 온 나라가 연합하여 종교 절기를 축하한다.

부흥의 때

역대하 30장은 열왕기상 8장이나 솔로몬의 성전 봉헌 내용과 매우 흡사하다. 히스기야는 하나님의 심판을 미연에 방지하고 싶어서 하나님과의 언약을 갱신하길 간절히 원한다. 이 축제의 구체적인 내용들을 보면 유다가 얼마나 심각하게 이 언약을 무시했는지를 알 수 있다. 유다에는 제사장들이 부족했다. 그래서 히스기야는 많은 예배자들이 제대로 깨끗함을 받도록 하기 위해 규칙을 변칙 적용해야만 했다.

히스기야는 유월절을 중심으로 절기를 조직함으로써 그의 민첩함을 보여준다. 이날은 이스라엘이 한 국가로 태어났음을 기념한다. 그날은 하나님이 그의 백성을 애굽의 종살이에서 해방시켜주신 날이다. 히스기야는 국민들에게 이 유산을 상기시켜주길 원한다.

초기의 회의懷疑에도 불구하고 유대 백성은 축제에 참여하고 솔로몬 시절처럼 자발적으로 일주일을 더 머무르기로 결정한다. 히스기야 시대의 부흥이 시작된 것이다.

⁂ 당신이 참석한 영적 행사 중에서 어느 것이 당신에게 가장 큰 영향을 주었는가?

전장의 교훈: 히스기야와 이사야가 함께 위기를 직면하다

너희는 마음을 강하게 하며 담대히 하고 앗수르 왕과 그를 따르는 온 무리로 말미암아 두려워하지 말며 놀라지 말라 우리와 함께 하시는 이가 그와 함께 하는 자보다 크니 대하 32:7

유다 왕 중에서 온전히 전쟁이 없이 평화롭게 통치한 왕은 없었다. 그 결과 열왕기하 중 많은 이야기는 다양한 전장에서 진행된다. 간단명료하게 말해 이 책은 전쟁의 전략을 보여준다. 즉 자기를 낮추고 하나님을 온전히 의지하라. 확률적으로 아무리 가능성이 없어 보인다 할지라도 말이다. 군사력이나 이웃 군사 강국의 힘을 빌리면 당신은 반드시 패배한다.

친숙한 한 패턴이 등장한다. 즉 부도덕한 왕이 나타나 나라를 부패케 만들면 하나님은 침략군을 보내신다. 유다 왕들은 이러한 침공을 심판으로 받아들여야만 한다는 반갑지 않은 선지자들의 조언을 무시할 때가 많았다. 위기의 시간에 하나님만을 의지하는 믿음을 가진 왕들은 거의 없었다. 그들이 그렇게 했을 때에 유다는 이전보다 더 연약한 모습으로 끝났다.

역대하는 왕들이 하나님을 찾아간 그런 좋은 순간들에 더 집중한다. 그들은 국가를 재건하기 위해 과거에 승리를 가져다 준 단순한 믿음에 대해 다시 배워야만 했다.

기적의 구원

선지자의 조언을 따랐을 때에 발생한 가장 큰 사건 중 하나가 히스기야 재위 기간 동안에 일어난다. 역대하 32장은 히스기야와 그의 참모 이사야가 직면한 커다란 위기에 대해 말한다. 이때에 유다의 존재 그 자체가 위험에 처해 있었다. 많은 도시들이 무너졌고 예루살렘은 포위당했다.

성벽 밖에서는 앗수르인들이 공포에 질린 예루살렘 시민들에게 심리전용 선전을 퍼붓는다. 그들은 하나님의 기적을 바라는 이스라엘 사람들을 비웃는다. 히스기야는 이사야와 함께 기도함으로써 그의 참된 기상을 보여준다(대하 32:20). 그리고 하나님은 앗수르 군대를 물리치는 기적을 허락하신다.

초자연적인 역사로 이스라엘은 구원을 받지만 단지 일시적일 뿐이었다. 본장이 보여주듯이 그의 통치 말년에 히스기야는 어리석게도 자기 나라의 부를 동방의 떠오르는 강국인 바벨론 사절단 앞에서 과시한다. 유다 시민들도 교만해졌고 예루살렘은 멸망하지 않는다는 거짓된 소망을 믿었다.

⁝ 오늘날 하나님을 온전히 믿는다는 것은 무엇을 의미하는가?

소년의 기적: 요시야 성전–전 국민이 변하다

요시야가 여호와 보시기에 정직히 행하며 그의 조상 다윗의 모든 길로 행하고 좌우로 치우치지 아니하였더라 왕하 22:2

어린 소년인 요시야 왕은 치유 불가능해 보이는 정치적, 도덕적 위기 가운데 왕위에 오른다. 그러나 요시야는 평범한 8살 소년이 아니었다. 악한 시대에 악한 왕의 양육을 받은 그는 어찌된 일인지 전무후무한 영적 비전을 가지고 등장한다. 곤란을 무릅쓰고 요시야는 그의 나라를 다시 하나님께로 몰고 간다.

성경은 명백한 심판을 내린다. "요시야와 같이 마음을 다하며 뜻을 다하며 힘을 다하여 모세의 모든 율법을 따라 여호와께로 돌이킨 왕은 요시야 전에도 없었고 후에도 그와 같은 자가 없었더라"(왕하 23:25).

놀라운 발견

그의 통치 초기에 요시야는 많은 시간과 에너지를 좋아하는 공공사업, 즉 성전 회복에 바친다. 목수들이 들보와 기둥을 새로 만들고, 석수들이 성전 벽에 사용할 돌들을 새롭게 깎아내고, 장인들은 요시야가 부순 우상 잔해를 치우던 어느 바쁜 날, 어수선함과 소음 가운데 한 제사장이 놀라운 발견을 한다. 그는 이스라엘과 그들의 하나님 사이에 맺은 조약을 기록한 언약책 원본처럼 보이는 두루마리를 찾아낸다.

이처럼 중요한 서류를 그렇게 오랫동안 파묻어 놓고 망각했다는 것은 유다가 얼마나 하나님으로부터 멀어졌는지를 보여준다. 그리고 요시야의 반응은 그의 헌신도의 깊이를 보여준다. 처음으로 언약의 거룩한 말씀들을 들으면서 그는 수치 가운데 자기 옷을 찢고 회개한다. 한 여선지가 이 책의 진실성을 인정한 후에 요시야는 자기 자신과 온 백성이 오랫동안 잃었던 언약의 조항을 준수하도록 맹세시킨다.

열왕기하 22장은 극적인 발견에 대한 이야기이며, 23장은 온 백성이 다시 하나님께로 돌아오라고 외치는 요시야의 열정적인 운동에 대해 말한다. 그의 행동으로 유다의 전망이 바뀌었으며 다가오는 멸망을 막았다. 이 모든 것은 젊은 왕이 하나님의 말씀을 진지하게 받아들였기 때문에 가능했다.

⁂ 당신은 언제 요시야 왕과 같은 '영적 각성'을 경험했는가?

성경인물 요시야: 마지막 생명의 호흡

요시야는 자기 아버지가 24세 때에 암살을 당한 후에 왕위에 올랐다. 요시야 자신이 왕의 자리를 메우기 위해 갑자기 부름을 받았을 때에 그는 단지 8살의 어린아이였다. 그러나 그가 16세가 되었을 때에 소년 왕은 자신을 발견하기 시작했다.

하나님의 거룩한 도성 예루살렘과 그분의 택한 백성들은 역사적으로 바닥 상태에 처해 있었다. 성전에는 우상들과 성전 남창들과 태양신을 섬기는 자들이 봉헌한 말의 조각상들이 즐비했다. 근처 계곡에서 백성들은 자기 아들들을 몰렉 신에게 희생으로 드리기 위해 아이들을 태웠다. 예루살렘과 유다 땅 전역의 산에는 이방 신상들이 산재해 있었다.

오랫동안 하나님으로부터 멀어지는 동안에 모든 거룩한 기록들은 사라졌다. 아브라함과 이삭과 야곱의 하나님은 단지 희미한 기억이 되고 말았다.

아마도 요시야는 재위 기간 동안 성전을 정화하고 유월절을 회복한 자기 증조부 히스기야에 대해 들었을 것이다. 젊은 시절에 요시야는 히스기야처럼 개혁에 다시 시동을 걸었다. 그러다가 성전 청소 중에 제사장들이 오래된 성경책을 발견했다. 요시야는 그 책의 말씀을 가슴에 새기고 그분의 율법에 불순종한 사람들에게 내리신 하나님의 심판이 두려워 계속해서 개혁에 박차를 가했다.

요시야는 여선지 훌다에게 사람을 보냈다 예레미야와 스바냐 모두 이 시대의 예언자였지만 훌다가 부름을 받았다. 훌다는 유다가 참으로 형벌을 받을 것이라고 분명히 말했지만 요시야가 겸손했기 때문에 그 재앙은 그의 평생에 발생하지 않을 것이라고 했다(대하 34:22-28). 요시야의 나이 39세, 그의 비극적 죽음이 있은 후에 그녀의 말은 성취되어 유다는 급속히 추락하여 완전히 멸망했다. 요시야는 이스라엘의 마지막 위대한 생명의 호흡이었다.

⁝ 당신이 주변에서 비도덕적인 것을 봤을 때 당신은 어떻게 하는가? 그 상황을 바꾸려고 하는가?

성경인물

시드기야: 비참한 종말

매우 오랫동안 유다왕국은 내리막길을 걸었다. 히스기야와 요시야 같은 훌륭한 왕들이 일시적으로 타락을 멈추려고 애썼지만 그들이 역사의 무대에서 사라지자마자 부도덕과 우상숭배가 다시 판쳤다. 선지자들은 하나님의 심판에 대해 계속해서 경고했지만 그들의 말을 듣는 자는 거의 없었다.

당연히 유다는 유다의 점령자 바벨론 왕 느부갓네살이 세운 꼭두각시 왕 시드기야의 연약한 지도력하에 비참한 최후를 맞았다. 시드기야는 유다가 행한 모든 범죄의 화신이었다. 그는 바벨론에 충성을 맹세했으며 11년의 치리 기간 동안 각종 부정을 저질렀다.

위대한 선지자 예레미야가 동시대에 살면서 연약한 시드기야와 강한 대조를 이뤘다. 시드기야는 예레미야를 참된 선지자로 대우해야 할지 아니면 골치 아픈 매국노로 대우해야 할지 한 번도 자기 마음을 정하지 못했다. 예레미야가 시드기야의 정책에 반대하며 경고했을 때에 왕은 그를 때리고 감금했다. 동시에 그는 계속해서 예레미야에게 비밀 상담을 받았지만 그의 조언을 무시했다.

유다는 시드기야의 형편없는 지도력 때문에 잔인한 대가를 치렀다(왕하 24:18-20). 그의 반역에 대한 대가로 바벨론은 예루살렘을 18개월 동안 포위했고 도시를 완전히 파괴했다. 그들은 시드기야를 반역자로 대우하여 그가 보는 앞에서 그의 아들들을 처형했으며 그의 눈을 빼서 자기 아들들의 죽음을 마지막으로 보고 기억 속에만 남게 하였다. 유다의 마지막 왕은 눈멀고 쇠사슬에 매인 채 바벨론으로 끌려갔다.

⁂ 당신은 압력을 받을 때에도 확신하거나 마음이 흔들리지 않는가? 확신을 얻기 위해선 무엇이 필요한가?

유대 역사: 씁쓸하면서도 단 시절

백성이 크게 외치는 소리가 멀리 들리므로 즐거이 부르는 소리와 통곡하는 소리를 백성들이 분간하지 못하였더라 스 3:13

반세기 이상 동안 포로로 잡혀간 유대인 중에는 선지자 다니엘과 에스겔 등이 있었고 그들은 바벨론에서 포로로 살았다. 다니엘처럼 어떤 포로들은 외국 땅에서도 성공했다. 하지만 참된 이스라엘 사람치고 그곳에서 완전한 평화를 느꼈던 자는 없었다. 언제나 내면에는 고향과 하나님의 성전에 대한 그리움이 있었다. 시편 중에 어떤 시들은 이런 갈망을 통렬하게 표했다. "내가 예루살렘을 기억하지 아니 하거나 내가 가장 즐거워하는 것 보다 더 즐거워하지 아니할진대 내 혀가 내 입천장에 붙을지로다"(시 137:6).

종교적 관용을 베푸는 그들의 정책에 따라 바벨론을 정복한 페르시아의 통치자들은 유대 포로 중에서 첫 번째 무리들이 예루살렘으로 돌아가도록 허락했다. 에스라는 그들의 이야기를 말한다.

예루살렘에 돌아온 포로들은 그 광경을 보고 마음이 슬퍼진다. 성벽은 무너져 내렸고, 온전하게 남아 있는 건물들이 거의 없었으며, 하나님의 성전은 폐허더미였다.

슬픈 비교

에스라 3장이 말하는 대로 정착민들은 즉시 성전 재건을 가장 중요한 우선순위로 삼고 일하기 시작한다. 그들에게는 에너지와 자원 모두가 있었다. 왜냐하면 페르시아인들이 그들에게 훔친 성전의 은금으로 된 기명들을 돌려주었기 때문이었다. 유대인들이 기초를 놓았을 때에 그들은 찬양하며 축하의 함성을 질렀다.

그러나 기쁨의 함성은 슬픔의 외침과 뒤범벅이 되었다. 돌아온 이들 중에 솔로몬 성전의 모든 영광을 기억하는 늙은이들은 과거의 영광과 지금의 영광 사이의 차이를 보고 울었다. 결국 그들은 성전 재건을 위해 외국 정부의 허락을 얻어야만 했고 이전의 그들의 영토 중에서 아주 작은 부분만 다시 얻었다. 그들은 다윗과 솔로몬의 영광스러운 날들에 비해 너무나 타락하였던 것이다.

⁂ 지금 당신의 영적 삶에서 당신이 직면하고 있는 도전들은 무엇인가? 죄인가? 영적 타협인가? 과거의 실수를 반복하는 것인가? 하나님에 대한 신뢰의 부족인가?

성경인물

아닥사스다: 친절한 외국인

역사적으로 강력한 정부들은 종교와 애증의 관계를 가졌다. 어떤 정부들은 종교를 권장하여 정치적 유익을 위해 이를 조작하려 했다. 중국 공산당과 같은 정부는 특정 종교들에 대해 엄한 법률을 통과시켜 믿는 자들을 핍박한다. 전체주의 정권은 종교의 자유를 허락하는 경우가 거의 없다.

잔혹한 앗수르와 바벨론의 지배를 받은 후에 유대인들에게 페르시아 제국은 일종의 안도의 한숨처럼 보였을 것이다. 그들은 다른 국가의 종교에 대해 관대하고, 심지어 친근하기까지 한 그들의 태도를 특히 환영했다. 페르시아의 왕

아닥사스다는 에스라에게 예루살렘에게 돌아가는 것을 허락했을 뿐만 아니라 에스라의 미션을 후원하는 놀라운 편지까지 써 주었다(스 7:11-26).

애굽의 바로와 같은 다른 독재자들은 이스라엘 하나님을 그들의 무제한의 권력에 대한 위협으로 보았다. 그러나 페르시아의 아닥사스다는 분명히 하나님의 은총을 얻길 바랬다. 그는 물질적 지원과, 자기 땅으로 돌아가고 싶어 하는 유대인들에게 안전하게 갈 수 있는 길을 제공해 주었고 성전에서 일하는 모든 사람들에게 세금을 면제해 주었다. 실제로 이 세속 정권은 유대교에게 보조금을 주었다.

후에 아닥사스다는 위험성이 있는 임무를 위해 느헤미야에게 예루살렘으로 갈 것을 권했다. 즉 그는 도시의 성벽을 재건하여 군사적 방어를 할 수 있도록 했다(느 2:1-9). 왕의 고관이었던 느헤미야는 아닥사스다에게 이스라엘이 강해져도 문제를 일으키지 않을 것을 분명하게 확신시켰다.

⁂ 유대인들이 아닥사스다에게서 도움—재정적 도움이나 다른 도움—을 받았던 것처럼 교회가 도움을 받는 것이 좋은가? 그럴 경우에 어떤 위험들이 있겠는가?

전천후 사나이: 느헤미야의 유일한 목적

내 하나님의 선한 손이 나를 도우시므로 왕이 허락하고 느 2:8

포로에서 돌아온 후 수 십년이 지났지만 유대인들에게 성전만 있었을 뿐 다른 것들은 거의 남아 있지 않았다. 그리고 거룩한 도성에는 사람들이 거의 살지 않았다. 이유는 대다수의 사람들이 외곽 마을에 사는 것을 더 좋아했기 때문이다. 실제로 근친혼뿐만 아니라 외국인과 섞여 산 유대인들의 문화와 종교 유산은 사라지기 일보직전이었다.

어떻게 해야 하향곡선을 막을 수 있을까? 그때까지 바벨론에 남아 있었던 유대인 포로 한 사람에게 한 가지 아이디어가 있었다. 그보다 앞서 다니엘이 그랬던 것처럼 느헤미야도 외국 정부의 고관이 되었으며 외국인으로서 성공가도를 달리고 있었다. 그러나 예루살렘에서 당황스러운 소식을 들었을 때에 그는 뭔가 조치를 취해야한다는 강박감을 느낀다. 이에 그는 왕의 허락을 받고 도성 성벽을 재건한다는 목표를 가지고 떠난다.

경영의 달인

느헤미야는 모세, 사무엘, 다윗, 히스기야, 요시야와 같은 이스라엘의 탁월한 지도자와 그 어깨를 같이 한다. 그의 경영과 리더십에 대한 본능은 오늘날에도 현대 지도자들에 의해 여전히 연구되고 있다.

느헤미야는 분명 기도의 사람이긴 했지만 엄격히 말해 선지자는 아니다. 그는 왕 앞에 알현할 때에 하나님께 '화살기도'를 하면서 중요한 대화 가운데 조용히 도움을 청한다(느 2:4). 느헤미야는 회고록을 쓸 때에 자연스럽게 다른 기도들을 삽입한다. (그 기도의 예들은 1:5-11; 4:4-5; 5:19; 6:9,14; 13:14,22,31에 들어 있다.)

무엇이든 있는 것으로 변통하면서 느헤미야는 경영 상식과 용기 그리고 하나님에 대한 믿음을 조합함으로써 새로운 도전들을 해결한다. 그는 일할 일꾼들을 동원하고 반대세력과 싸우면서 법정 시스템을 개혁하고 종교적 관습을 정화하며, 필요할 때마다 열정적인 연설로 군대를 규합한다. 그리고 그는 페르시아 궁정의 정치가로서의 책임을 떠나 휴가 기간 중에 이 모든 일을 처리한다.

⁂ 느헤미야의 행동에 대한 이 기록들 가운데 성공의 비결이 무엇이라고 생각하는가?

모든 백성이 곧 가서 먹고 마시며 나누어 주고 크게 즐거워하니 이는 그들이 그 읽어 들려 준 말을 밝히 앎이라 느 8:12

느헤미야만 봐도 인상적인데 느헤미야와 에스라를 짝지으면 아무도 당해낼 수가 없다. 두 사람은 완전한 조합을 이룬다. 훌륭한 정치적 인맥을 통해 담대해진 느헤미야는 손수 나서서 해결하는 그의 경영 스타일과 두려워하지 않는 낙관주의를 가지고 다른 사람들을 고취시킨다. 에스라는 성품보다는 도덕적 힘으로 사람들을 인도한다. 그의 제사장 직분을 거슬러 올라가면 그 근원이 모세의 형인 아론에게까지 미친다. 그리고 특이하게도 그는 이 직분의 온전함을 회복하기로 결심한 것처럼 보인다.

울 때가 아니다

느헤미야는 성벽 수리라는 고된 임무를 완수한 후에 느헤미야 8장의 행동이 이어진다. 마침내 적군의 공격에서 안전해진 유대인들은 어떤 국가 정체성을 되찾기를 바라면서 함께 모인다. 그들의 영적 지도자인 에스라는 거대한 군중에게 설교를 한다. 그는 단상에 서서 거의 1,000년이 된 문서를 읽기 시작한다. 그 문서는 하나님과 이스라엘 백성이 맺은 최초의 언약을 담고 있는 두루마리이다.

에스라가 이 오래된 말씀을 읽을 때에 군중들 사이에 울음이 퍼져간다. 성경은 그들이 우는 이유를 설명하지 않는다. 백성들은 그렇게 오랜 역사 동안 언약을 어긴 것에 대해 죄책감을 느꼈을까? 아니면 그들은 이스라엘이 완전한 독립을 구가했던 호시절에 대한 향수에 젖었기 때문일까? 그 이유가 무엇이든 간에 이때는 울 때가 아니다.

사람들은 때때로 구약성경이 우울하다고 생각한다. 그러나 느헤미야 9~12

절에서 이스라엘 지도자들은 백성들에게 울지 말라고 강권한다. 느헤미야와 에스라는 거대한 절기와 축제를 준비하라는 명령을 내린다. 그들은 슬픔은 이처럼 거룩한 날에 어울리지 않는다고 말한다. 하나님은 통곡이 아니라 기쁨을 원하신다. 율법 낭독은 8일 간의 축제와 야영으로 이어진다. 하나님의 택하신 백성들은 예루살렘 성벽의 돌처럼 견고하게 다시 세워지고 있었다.

⁝ 당신의 삶에서 성경은 얼마나 중요한가? 당신 안에 이처럼 강렬한 감정적 경험을 한 적이 있는가?

한 종족의 생존: 두 사람의 신속한 반응

네가 왕후의 자리를 얻은 것이 이 때를 위함이 아닌지 누가 알겠느냐 에 4:14

고향에 돌아올 기회가 주어졌을 때에 모든 유대인 포로들이 고향으로 돌아온 것은 아니었다. 어떤 이들은 바벨론에 잡혀있던 50년 동안에 뿌리를 내렸다. 그래서 보다 더 관대한 페르시아 정권이 돌아가라는 명령을 내렸을 때에 이들 중 많은 유대인들이 남아 있기로 결정한다.

그런데 갑자기 페르시아에 남아 있는 유대인들은 엄중한 위기에 처한다. 그들의 성공은 너무나 많은 질투를 일으켜 한 강력한 권력자가 그 땅의 모든 유대인을 죽이려는 음모를 계획한다. 비극적이게도 에스더에 나오는 중요한 내용은 유대인에게는 오래된 것이고 친숙한 것이다. 역사적—로마제국의 유대인 추방 캠페인, 중세의 유대인 사냥, 러시아의 유대인 집단 학살, 히틀러의 최후의 해결책—으로 그들은 지속적으로 멸종 위협에 처했었다.

유일하게 안전한 한 사람

궁중의 사치스러움에 안락하게 자리 잡은 아름다운 에스더 여왕은 아마도 페르시아에서 멸종 계획에 대해 듣지 못한 유일한 유대인이었을지 모른다. 그리고 아마도 가장 안전했을지 모른다. 하지만 그녀의 사촌 모르드개는 왕이 쉽게 등을 돌릴지 모른다고 경고한다.

모르드개는 하나님의 섭리에 대해 정교한 관점을 가지고 있다. 하나님의 섭리에 대한 그의 관점은 결단코 운명주의에 빠지지 않았다. 그는 하나님께서 어쨌든 자기 백성을 보존할 것이라 믿는다. 그러나 또한 그는 하나님께서 그 목적을 자신과 에스더와 같은 용기 있는 사람들의 행동을 통해 이루신다는 것을 안다.

에스더의 시대에 여왕은 자기 남편에게 쉽게 나아가지 못했으며, 특히 아하수에로와 같은 남편은 더욱 그랬다. 자기 종족문제에 개입하면 에스더의 목숨이 위태로워진다. 에스더 4장은 그녀의 딜레마와 그녀가 내린 결단을 잘 설명한다. 이 책의 나머지 부분은 계속해서 이어지는 반전을 기록하고 있다. 즉 유대인들의 생명은 보존되고, 심지어 그들은 존경을 받으며, 본래 음모를 꾸민 자는 모르드개 대신에 교수형을 당한다. 에스더의 이야기는 하나님의 유대인 사랑을 말해주는 감동의 내러티브이다.

⁑ 어떤 이는 우연처럼 보이는 사건들을 '무명으로 역사하시는 하나님의 행위' 라고 불렀다. 당신의 삶에 나타난 '우연한 사건들' 에 대해 당신은 이를 하나님이 개입하신 사건으로 여기는가?

성경인물

모르드개: 당당하게 서다

모르드개의 가족은 실제로 페르시아에 노예로 끌려왔다. 그들은 예루살렘이 마지막까지 바벨론에 대항하다가 잡힌 포로였다. 그러나 적국에서도 모르드개는 사업에 성공했다. 그의 친척인 에스더는 더 큰 성공을 거두었다. 그녀는 그 땅의 모든 미녀들 가운데 아하수에로 왕의 왕비로 간택되었다.

궁궐 안에서 아는 사람들이 많았던 모르드개는 아마도 큰 야망을 가졌을지 모른다. 그렇지만 그는 자신의 배경을 숨겨야만 했을 것이다. 그래서 그는 에스더에게 그녀가 유대인이라는 사실을 비밀로 하라고 강하게 권했다.

그러나 위기가 닥치자 모르드개는 당당하게 서서 비범한 용기를 보여주었다. 왕은 악한 하만을 제2인자로 임명했다. 그래서 모든 사람이 그 앞에서 절을 했다. 그러나 모르드개는 절하지 않았다. 왜 그랬을까? 아마도 하만의 성품을 알았고 그가 유대인을 증오한다는 것을 알았을지 모르겠다.

하만이 제국 내의 모든 유대인들을 멸절하려고 계획했을 때에 모르드개는 에스더에게 밝히 '나아올 것'과, 비록 그녀의 목숨이 위태롭게 되더라도 자신이 속한 민족을 밝힐 것을 요구했다. 분명히 자기 백성에 대한 충성심이 성공이나 안전보다 우선이었다.

모르드개의 당당함과 에스더의 용기로 인해 유대인 포로 전체는 극적인 반전을 경험한다. 아하수에로 왕은 모르드개에게 궁궐의 고위직에 임명하는 상급을 내렸다. 더 중요한 것은 그가 속한 공동체가 그를 존경했다. 이는 "그가 그의 백성의 이익을 도모하며 그의 모든 종족을 안위하였기 때문이었다"(에 10:3).

유대인들은 이 놀라운 사건들을 기념하기 위해 오늘날에도 부림절을 지킨다. 반유대주의라는 어두운 역사적 배경에도 불구하고 모르드개의 승리는 찬란하게 빛난다.

⁝ 당신은 누구를 위해 말하는가?

Story 4

시를 쓰다

하나님은 공평하신가?: 욥이 감히 오래된 문제를 질문하다

우리가 하나님께 복을 받았은즉 화도 받지 아니하겠느냐 욥 2:10

욥기는 정말로 시대를 초월한다. 욥기는 욥이라는 사람의 이야기다. 그는 아브라함과 같은 시대에 살았을 것으로 추측되며 삶이 풍요로운 부자였다. 그러나 그의 이야기는 아마도 몇 백 년이 지난 후에 이스라엘 문학의 황금기에 시의 형태로 바뀌었는지 모른다. 이 책은 너무나 긴박하고 보편적인 질문들을 하기 때문에 모든 시대를 향해 말한다. 최근에 로버트 프로스트, 아키발드 멕리쉬, 무리얼 스파크와 같은 저자들 모두가 욥기를 다시 말하려고 시도했다.

신구약 중간 시대에 욥은 유대인이 가장 선호하는 사람이 되었다(고고학자들이 발굴한 고대 주석들이 이를 증명한다). 욥의 이야기는 유대인들이 처음부터 하나님의 언약 백성으로 택함을 받은 초기 시절부터 유대인들의 마음에 맴돌던 질문이 그 중심을 이룬다. 왠지 그들은 더 나은 대우를 기대했다. 욥은 용기 있게 그 질문을 큰소리로 한다. 하나님은 공평하신가? 그리고 어느 누구도 이 문제를 그보다 더 공교하고 심오하게 물어본 사람은 없다.

최선의 사람이 최악의 고통을 받다

욥기서는 불공평의 극한을 탐구하려고 쓰인 것처럼 보인다. 가장 정직하고 지구상에서 가장 뛰어난 사람인 욥은 최악의 재앙을 인내해야만 한다. 그는 견딜 수 없는 형벌의 고통을 받는다. 그런데 무엇 때문인가? 그가 무엇을 잘못했는가?

이스라엘은 선지자들에게 "하나님을 따르면 우리가 얻을 수 있는 것은 무엇입니까?"라는 질문을 가끔씩 했다. 그리고 동일한 그 질문은 욥이 받은 시험의 핵심이기도 하다. 사탄의 말에 따르면 모든 사람이 개인의 유익을 얻고 싶어서 하나님을 따른다는 것이다. 물론 욥은 흠이 없고 정직하다. 그가 그런 것은 부자이고 건강하기 때문이라는 것이다.

욥기에 나오는 사탄에 대한 묘사는 창세기 3장에 나오는 패턴을 따른다. 즉 그는 초자연적인 능력을 가지고 사람들을 억압하지만 오직 하나님이 정하신 한계 내에서만 그렇게 한다. 존 뉴턴이 말한 대로 사탄은 자기가 매여 있는 쇠사슬의 끝까지만 갈 수 있다.

이 우주적 시험의 결과는 서스펜스 넘치게도 충격에 휩싸인 한 비참한 남자의 반응에 달려 있다. 욥은 그의 상황과 상관없이 하나님에 대한 믿음을 지킬 것인가? 그는 삶이 기괴하게 불공평하게 보여도 공의의 하나님을 믿을 것인가?

⁝ 왜 선한 사람들에게 악한 일들이 일어나는지 의문을 가졌던 적이 있는가?

행복한 결말: 욥이 깨닫지 못했지만 만족해 보이는 이유

> 나는 깨닫지도 못한 일을 말하였고 스스로 알 수도 없고 헤아리기도 어려운 일을 말하였나이다 욥 42:3

하나님이 말씀하신 것은 그분이 친히 나타나셨다는 단순한 사실만큼 중요하지 않다. 하나님이 친히 나타나셨다는 것은 욥의 가장 큰 질문에 대한 웅장한

답이었다. 그 질문은 거기 누구 계십니까? 라는 것이었다. 마침내 거시적 그림을 본 그는 재와 먼지 가운데 회개한다.

의미심장하게도 욥은 자기의 손실이 회복되기 전, 아직 적신으로 온몸에 상처투성이인 채 잿더미에 앉아 회개의 말을 한다. 그는 보상의 소망이 전혀 없는 상태와 심지어 흑암 가운데서도 믿는 법을 배웠다.

욥이 시험을 통과하다

욥에게 하나님이 가장 필요했을 때에 하나님은 침묵을 지키셨다. 실제로 그것은 앞서 1장에 나온 시합의 핵심 바로 그것이었다. 사탄은 시비조로 욥이 하나님의 면전에서 그분을 욕할 것이라고 주장한다(욥 1:11). 그러나 사탄은 결국 자기의 도전에서 지고 만다. 후에 일어난 모든 일에도 불구하고 욥은 하나님을 욕하지 않는다. 그는 자기가 경험한 모든 것이 모순되어 보여도 공의로운 하나님에 대한 그의 믿음을 끝까지 지킨다.

결국 하나님은 욥에게 몇 마디 시정의 말씀을 하신다. 어느 누구—욥도 특별히 그의 친구들—도 세상을 어떻게 경영해야 할 것인지 판단하기 위해서 필요한 증거를 가지고 있지 않다. 그러나 하나님은 욥을 칭찬하시며 그를 '나의 종'이라 부르신다. 에스겔 14장 14절에서도 하나님은 가장 의로운 자들의 목록에 욥을 포함시키신다.

불행의 반전

욥기서는 놀라운 이야기로 끝난다. 모든 경건한 말과 진부한 말을 지껄였던 욥의 친구들은 용서를 구해야만 한다. 성을 내고 소리를 쳤던 욥은 그가 이전에 가졌던 재산의 두 배를 받는다. 14,000마리의 양과 6,000마리의 낙타, 2,000마리의 소, 1,000마리의 노새 그리고 10명의 새로운 자녀들이 그것이다. 그리고 "욥은 늙어 나이가 차서 죽었다"(욥 42:17).

욥기는 어려운 신구약 중간 시대에 유대인들에게 많은 위로를 주었다. 이 책은 모든 고난이 다 형벌은 아니라는 중요한 교훈을 보여준다. 실제로 한 개인의 시련은 위대한 영적 승리를 얻는 데 사용되어질 수 있다. 또한 욥의 행복한 결말은 선지자들의 약속의 메아리이며, 평화와 회복의 미래에 대한 소망을 일깨워준다.

⁝ 당신의 삶에서 욥과 같은 시련을 경험한 적이 있는가? 그 결과는 무엇이었는가?

들에서 얻은 교훈: 하나님의 이름들이 단서가 되다

여호와여 내 입의 말과 마음의 묵상이 주님 앞에 열납되기를 원하나이다 시 19:14

다윗이 많은 시간을 들에서 살았기 때문에 자연에 대한 큰 사랑이 그의 시편 전체에 빛나는 것은 놀랄만한 일이 아니다. 시편 19편은 다윗이 가장 좋아하는 두 가지 주제, 즉 땅에 대한 하나님의 보살핌과 또한 택하신 백성 이스라엘에 대한 그분의 보살핌의 합체이다. 이 시편은 자연으로 시작해서 온 지구를 덮고 있는 별들을 바라보면서 경이로움을 표한다. 이웃 나라들과 달리 다윗과 이스라엘 백성들은 일월성신을 신으로 경배하지 않았다. 대신 그들은 이를 모든 만물을 감독하시는 위대하신 하나님의 작품으로 보았다.

자연이 계시하는 바

비록 제한을 두긴 하지만 성경은 일관성 있게 자연을 하나님에 대한 계시라고 말한다. 천체는 하나님이 아니며(신 4:19) 운명을 통치하지도 않는다(사 47:13). 그러나 하나님의 작품으로 이들은 그분의 놀라운 권능과 영광을 반영한다. 사도 바울도 로마서 1장 18~20절에서 이와 유사한 주장을 한다.

체스터톤G. K. Chesterton이 표현한 대로 자연은 우리의 누이이지 우리의 어머니가 아니다. 자연은 일하시는 거룩한 예술가를 보여주는 또 다른 창조이다.

⁝ 자연은 하나님에 대해 어떤 것을 당신에게 계시해 주는가? 하나님의 율법 —생활에 대한 그분의 안내—은 하나님의 성품에 대해 당신에게 무엇을 계시해 주는가?

목자의 노래: 용감한 전사가 시도 썼다

> 내가 사망의 음침한 골짜기로 다닐지라도 해를 두려워하지 않을 것은 주께서 나와 함께 하심이라 시 23:4

다윗은 다재다능한 사람이었다. 그는 구척장신의 블레셋 사람인 골리앗도 공격할 정도의 용맹을 소유했지만 '지나치게 으스대는 마초' macho 타입의 전사는 분명 아니었다. 실제로 다윗이 사울 왕의 눈에 띈 것은 그의 군사적 기교가 아니라 음악적 기교 때문이었다. 그가 군대 진영에 오게 된 것도 고통 받는 왕의 쇠약해진 신경을 달래려고 하프 연주를 하기 위함이었다.

또한 그는 시인이었으며 성경에 나오는 150편의 시편 중에서 거의 절반이 그의 것으로 여겨진다. 이 유명한 시편은 다윗의 시적 능력의 비밀과 그의 믿음의 비밀을 즉각적으로 드러낸다. 오랜 세월 동안 수많은 사람들이 장차 왕이 될 목동이 쓴 시편 23편의 유창한 말을 '기도함으로써' 영감과 위로를 찾았다.

다윗이 쓴 것으로 여겨지는 시들은 바위, 동굴, 별들, 전쟁의 들판, 양과 같은 자연을 배경으로 시작하다가 하나님에 대한 심오한 생각들을 표현하기 위해 이 물리적 세계에서 생각을 펼쳐 나간다. 예를 들어 시편 23편은 목동인 소년 다윗의 경험에서 나왔을 것이다. 양떼를 치는 일 가운데 생겨난 은유들을 사용하여 다윗은 아름다운 경배의 시를 지었다.

투지 넘치는 신뢰

이 시편은 하나님을 신뢰하는 다윗의 정수를 보여준다. 양들은 자신을 이끄는 선봉을 절대적이고 맹목적으로 신뢰한다. 만일 선봉에 선 양이 절벽으로 떨어지면 양떼 전체가 그를 따른다. 다윗은 하나님과 동행하면서 이런 종류의 흔들리지 않는 신뢰를 구했다.

그러나 어느 누구도 다윗의 인생관을 장밋빛 로맨스로만 일축할 수 없다. 이보다 앞선 22장은 그가 얼마나 거칠고, 투지에 넘치며, 잔혹할 정도로 정직할 수 있는지를 보여준다. 어떻게 하든 다윗은 상황—자신이 하나님의 위로를 받는다고 느끼거나 아니면 하나님께 잔혹할 정도로 버림을 받았다고 느끼든지—과 상관없이 하나님을 자신의 인생의 중심으로 삼으려 했다. 병거와 말을 타는데 많은 시간을 보냈던 이 병사는 다음과 같이 썼다. "어떤 사람은 병거, 어떤 사람은 말을 의지하나 우리는 여호와 우리 하나님의 이름을 자랑하리로다" (시 20:7).

⁑ 당신의 믿음은 시편 23편의 어린 아이와 같은 믿음과 22장처럼 벼랑 끝에 겨우 매달린 것과 같은 필사적인 믿음 중에서 어느 것을 더 닮았는가?

굴곡의 삶: 시편은 내면세계를 정직하게 그린다

여호와께서 환난 날에 나를 그의 초막 속에 비밀히 지키시고 　　시 27:5

시편은 시편 기자들의 삶을 들여다보도록 창문을 열어준다. 그러나 그 창문은 몇 가지 놀라운 것을 공개한다. 예를 들어 전통적으로 시편의 많은 부분은 분명히 성자가 아닌 다윗 왕이 쓴 것으로 여겨진다. 그러나 그의 시편에는 '영적인' 사람들에게서 일반적으로 찾아 볼 수 있는 평화나 고요함이 거의 없다.

실제로 시편 기자들은 하나님에게 원망의 소리를 외치고 일이 잘못될 때나 구조를 구할 때에 하나님께 책임을 돌린다.

몇몇 경우를 제외하고서 시편은 경건한 종교서적이 아니다. 그들은 음모를 꾸미고 험담을 하며 폭력을 계획하는 원수들에게 발끈한다. 시편 기자의 경우에 하나님에 대한 믿음에는 하나님보다 더 실감나는 강력한 세력들과 계속해서 싸우는 것이 포함된다. 시편 기자들은 종종 버림을 받거나 악용되거나 배신을 당했다고 느낀다.

도망자와 반석

시편 27편을 상고해 보라. 이 시편은 스탠자(stanza, 4행 이상의 각운이 있는 시구)마다 기분이 바뀐다. 첫 번째 스탠자는 하나님을 신뢰한다는 담대한 선언으로 시작된다. 두 번째 스탠자는 기자의 실상을 암시한다. 달리는 데 지친 그는 하나님의 거처에서 안전하게 쉴 수 있는 날을 갈망한다. 세 번째 스탠자에서 모든 자신감이 녹아져 내리고 시인은 도움을 간청한다. 이 시편은 더 조용한 음조로 끝나지만 다윗이 기회가 있을 때에 종종 행했던 실제적인 조언의 말을 덧붙인다. 그 조언은 '여호와를 기다리라' 는 것이다.

이와 같은 시련을 통해 하나님에 대한 강력하고 억센 믿음이 생겨난다. 다윗이 도망자로서 사울 왕을 피해 다니던 시절에 그의 피난처는 사막의 '바위'와 '요새' 였다. 노련한 전사 다윗은 이러한 방어막의 가치를 잘 알고 있었다. 그러나 이 시편에 나온 것처럼 이 시절에 대해 시를 쓸 때에 그는 하나님을 그의 바위와 요새로 부른다. 그는 언제든지 하나님을 그의 참된 보호의 근원으로 인식했다.

⁑ 당신의 감정은 언제나 변함이 없는가 아니면 봉우리와 골짜기처럼 변화무쌍한가? 당신의 영적인 삶은 어떤가?

즐거운 나의 집: 무엇이 성전을 그토록 중요하게 만드는가?

내 영혼이 여호와의 궁정을 사모하여 쇠약함이여 내 마음과 육체가 살아 계시는 하나님께 부르짖나이다 시 84:2

'즐거운 나의 집'(Home Sweet Home, 미국의 유명한 민요 중 하나이다. 우리나라에서는 '즐거운 나의 집'으로 번안되었다–역주)이란 말은 아마도 그 다른 어떤 문구보다 더 많은 수식어가 붙어있을 것이다. 집, 당신의 지친 몸과 상처 받은 자아는 그곳에서 안전하게 쉴 수 있다. 이 시편에도 이와 비슷한 개념이 들어 있다. 하지만 그 차이는 무척 크다. 집은 하나님의 집이다. 그곳은 너무나 깊은 위안을 가져다주기 때문에 당신은 그 위로를 뼈 속까지 느낀다. 시편 기자는 자신이 다른 곳에서 천 년을 사는 것보다 오히려 하나님 가까이서 그분을 찬양하며 하루만 살겠다고 말한다.

역사적으로 유대인에게 성전의 의미는 아무리 강조해도 지나치지 않았다. 그들은 성전의 건축미를 자랑스럽게 여겼지만(오늘날 사람들이 샤르트르 성당과 노트르담 성당을 존중하듯이) 성전은 상징적 가치보다 훨씬 큰 의미를 지녔다. 이스라엘 종교생활 전체가 하나님의 집인 이 건물을 중심으로 움직였다.

신실한 유대인들은 날마다 기도 가운데 그들의 얼굴을 성전을 향했고 하나님과 맺은 언약을 존중하여 그곳으로 매년 세 차례 순례의 길을 떠났다. 심지어 이스라엘 사람들은 성전의 마력이 외국의 침공에서 그들을 보호해줄 것이라고 믿게 되었다. 어떤 이들은 성전이 서 있는 한 어떤 외국 군대도 예루살렘에 들어올 수 없다고 말했다. 이는 선지자들이 강력하게 정죄했던 신앙이다(렘 7:4).

참새를 부러워하다

시편 84편은 성전에 대한 예배자들의 강한 심정을 표현한다. 이는 '고라 자손' 중 한 사람이 쓴 것으로써 고라 자손은 다윗 왕이 예배용 음악을 제공하기 위해 만든 제사장으로 구성된 찬양대이다. 기자가 성전으로 순례의 길을 떠났을 때에 그의 기쁨과 기대감으로 인해 주변 사막도 거의 오아시스처럼 보인다. 그는 성전 벽에 둥지를 짓고 사는 참새와 제비들이 부럽다고 주장한다. 왜냐하면 그들은 그곳에 영원히 살 수 있기 때문이다.

시편 기자의 열정의 대상이었던 영광스러운 솔로몬 성전은 380년간 서 있었다. B.C. 586 년에 바벨론에 의해 파괴된 이 성전은 재건되었지만 계속해서 황폐화 되었다. 수백 년이 지난 후에 회교도들이 그 자리에 모스크를 지었다. 그러나 이 땅은 유대인들에게 있어서 그 거룩한 의미를 한 번도 잃은 적이 없었다. 심지어 오늘날에도 이스라엘 중에 어떤 이들은 성전 재건을 제안하고 있다.

신약성경은 그리스도를 통해 구원을 받은 우리를 '성령의 전' 이라고 부른다(고전 6:19). 이제 하나님은 물리적 구조물 안보다는 우리 안에 거하신다.

⁑ 당신은 하나님을 예배하는 것이 덤덤한가 아니면 흥분되는가? 그 이유는 무엇인가? 당신 안에 그분의 영이 계속 임하셔서 살아 역사하시도록 하기 위해 시편 84편을 하나님께 드리는 기도로서 읽어보라.

하나님의 선하심: 음악에 맞춰 부른 역사적 교훈

> 여호와는 긍휼이 많으시고 은혜로우시며 노하기를 더디 하시고 인자하심이 풍부하시도다 — 시 103:8

이스라엘 백성이 하나님을 찬양할 때에 그들의 생각은 자연스럽게 하나님께서 그들을 노예에서 해방시켜 그들의 땅으로 인도하신 행위들을 살폈다. 그들은 토라(성경의 첫 다섯 권의 책)에 기록된 당시의 기록들을 연구했고 이를 기념하기 위해 노래들을 지었다. 그런 시편들은 과거를 상기시키기 위해 고안된 역사적 교훈의 역할을 했으며 특히 모세의 지도하에 이뤄진 기념비적인 구원의 날들을 노래한다.

그러나 그들의 추억이 모두 긍정적이지만은 않다. 이스라엘 백성들은 자신의 조상들이 반역한 것과 불평한 것, 그리고 감사치 못한 행동에 대해 잔인할 정도로 정직하다. 그럼에도 불구하고 그들에게는 기뻐해야 할 큰 이유가 한 가지 있었다. 그것은 하나님께서 그들을 사랑하시겠다는 약속을 지키셨다는 것이다. 시편 기자들이 볼 때에 이스라엘 역사의 사건들은 모두가 틀림없는 하나님의 은혜의 표적들이었다. 그들은 그런 은혜를 받을 만한 일을 전혀 하지 않았지만 하나님은 그들에게 사랑을 보여주셨다.

명철의 하나님

시편 103편에는 '하나님의 선하심' 이라는 제목을 달 수 있다. 이 시편은 질병과 억압, 죄와 반역의 어두운 시절을 되새겨 본다. 그런 뒤에 이 시편은 하나님께서 그 어두운 시절 모두를 바꾸신 뛰어난 방법들을 놀라움 가운데 말한다. 하나님은 인간의 연약함을 제압하진 않으시지만 이를 아신다. "이는 그가 우리의 체질을 아시며 우리가 단지 먼지뿐임을 기억하시기 때문이다." 우리의 타락에도 불구하고 그분은 우리를 위해 측량할 수 없는 영원한 사랑을 준비해 놓으셨다.

이 시편은 축하할 한 메시지를 큰소리로 말한다. 즉 우리는 우리가 마땅히 받을 만한 것을 받지 않는다. 우리는 이보다 훨씬 더 큰 것을 받는다. 이 시는 찬양의 심포니로 끝난다. 그리고 그 심포니의 시작은 장엄하게 우주를 휩쓸다가 제1절의 개인의 삶의 정황으로 되돌아온다. 거기에는 자기 안의 영으로 하나님을 찬양하는 한 사람이 있다.

⁂ 과거를 되돌아볼 때에 당신은 승리와 실패 중 어디에 초점을 맞추는 경향이 있는가?

하나님이여 나를 살피사 내 마음을 아시며 나를 시험하사 내 뜻을 아옵소서

시 139:23

결국에 정욕과 복수심에 불탔던 왕 다윗은 하나님의 친구로서 명성을 얻었다. 이스라엘에서 잠시 동안 사람들은 하나님을 '다윗의 하나님' 이라 불렀다. 하나님과 다윗은 그렇게 친밀한 관계였다. 다윗의 비밀은 무엇이었는가? 이 장엄한 시편은 그 해답을 암시해 준다.

시편 139편은 다윗과 그분의 하나님 사이에 존재한 친밀감을 드러낸다. 다윗은 하나님께로 피할 것을 가끔씩 생각해 보았지만 그는 그가 어디로 가든 무엇을 하든 결코 하나님의 임재에서 벗어날 수 없다는 결론을 내린다. 만일 하나님께서 그의 모든 생각과 동기를 다 아신다면 그가 어떻게 멀리 도망할 수 있단 말인가?

다윗의 것으로 여겨지는 시편들에는 그의 일상의 삶을 자신 주변과 자신 위에 존재하는 영적 세계의 실상에 복종하려는 그의 의식적 노력이 형성되어 있다. 이를 종합적으로 살펴보면 한 사람이 얼마나 친밀하게 하나님을 의지할 수 있는지를 알 수 있다. '하나님의 임재 연습' 이란 문구가 무엇을 말하든지 간에 다윗은 이를 경험했다. 그는 의도적으로 삶의 세밀한 부분까지 하나님을 개입시켰다.

보이는 것들과 보이지 않는 것들

그의 공적—맨손으로 사나운 짐승을 죽인 것, 골리앗을 넘어뜨린 것, 사울의 살상에서 생존한 것, 블레셋을 멸절시킨 것—으로 인해 그는 국민들의 눈에 영웅이 되었지만 다윗은 항상 하나님을 중앙에 모시는 법을 발견했다. 그의 인생 전반에 걸쳐 다윗은 창과 칼, 동굴과 그의 왕위와 같은 다윗 주변의 물리적

환경을 실감하는 것 만큼이나 생생하게 모든 순간마다 영적 세계가 있다는 것을 믿고, 정말 믿었다.

다윗은 그가 하나님께 중요한 존재라는 것을 굳게 믿었다. 아슬아슬하게 피한 후에 그는 "나를 기뻐하시므로 나를 구원하셨도다"라고 썼다(시 18:19). 또 다른 경우에 그는 그렇게 많은 말로 "내가 무덤에 내려갈 때에 나의 피가 무슨 유익이 있으리요 진토가 어떻게 주를 찬송하며 주의 진리를 선포하리이까?"라고 논증했다(시 30:9). 그리고 시편 139편은 하나님의 사랑과 관심을 보고 다윗이 가진 경이감을 아름답게 표현한다.

다윗의 시편을 읽을 때에 그 모든 감정의 기복을 보면 그가 영적 치유책으로 이 시편들을 쓴 것처럼 보인다. 그것은 그의 영과 감정이 약해질 때에 자신을 말로 표현하여 자신이 믿음을 회복하는 방법처럼 보인다. 이제 수 세기가 지난 후인 지금 우리도 이 동일한 기도들을 믿음의 계단으로, 우리를 우리 자신에게 몰입하는 대신에 하나님의 실제적인 임재로 들어가게 해주는 길로 사용할 수 있다.

⁑ 당신은 당신의 삶 가운데서 '하나님의 임재 연습'을 어떻게 하고 있는가?

인생의 조언: 솔로몬이 자신의 지혜를 따랐으면 어떠했을까?

의인의 길은 돋는 햇살 같아서 크게 빛나 한낮의 광명에 이르거니와 잠 4:18

솔로몬은 궁극적으로 자신의 삶을 통해 하나님을 기쁘시게 못했지만 그의 엄청난 달란트를 많은 유익을 얻는 데 사용했다. 예술 분야에서 그는 많은 훌륭한 작품들을 창작했고 그중에 몇 권은 성서 문학에 포함되었다. 하나님의 초자연적 지혜의 은사를 통해 그는 천 편 이상의 노래와 이곳에 나오는 잠언을 포함해 3천 편의 잠언을 지었다.

잠언 4장은 잠언서의 음색을 말해준다. 자녀들에 둘러싸인 지혜로운 아버지는 자기 인생의 비밀들을 그들에게 공개한다. (이는 수백만의 미국인들이 유명 스포츠 스타나 사업가의 최신 성공 수기를 사는 것에 비유할 수 있다. 그들은 아마 이 책을 읽으면 '나도 성공을 할지 몰라' 라고 생각한다.)

평생의 추구

그러나 자신의 비밀을 공개하기에 앞서 잠언의 저자는 한 가지 사실을 분명히 하고 싶어 한다. 그것은 그가 가르고자 하는 지혜가 어떤 것을 하라 혹은 하지 말라는 일련의 조항이 아니라는 사실이다. 이는 1분 지혜와 같은 공식이 아니다. 지혜란 평생 동안 추구할 것을 요구하며, 당신을 연장자보다 더 지혜롭게 만들 수도 있다. 그런 삶의 보상은 어떤 희생을 치렀든지 이를 보상해 준다. 그러나 "당신은 당신이 얻은 모든 것을 가지고 명철을 얻어야 한다"(잠 4:7).

저자가 '의인의 길'과 '악인의 길'을 대비해 보여줄 때에 우리는 솔로몬이 그의 조언을 지속적으로 따랐다면 그가 어떻게 행했을까 궁금해질 수밖에 없다.

⁂ 현대인들은 잠언 4장에서 말하는 그런 갈망과 에너지를 가지고 '지혜'를 추구하는가? 그들은 무엇을 추구하는가?

짤막한 농담: 잠언을 이해하는 열쇠

마음이 지혜로운 자는 계명을 받거니와 입이 미련한 자는 멸망하리라 잠 10:8

잠언서는 어떤 경우에도 변치 않는 규칙이 아니라 보편성을 제공한다. 예를 들어 잠언서 10장 4절은 다음과 같이 말한다. "손을 게으르게 놀리는 자는 가난하게 되고 손이 부지런한 자는 부하게 되느니라." 그러나 우리 모두는 열심히 일해도 가난을 벗어날 수 없어 보이는 사람들뿐만 아니라 철없는 부자 집 아이들이 어떤지 알고 있다.

잠언서는 단순하면서도 톡 쏘는 '짤막한 농담'의 문체를 지니고 있기 때문에 이 책은 성경의 다른 책들을 읽을 때와 다른 독서법이 요구된다. 잠언서는 한 번에 한 장 이상 읽기가 힘들다. (31장으로 된 이 책은 한 달 동안 읽을 수 있다.) 잠언서는 소량을 취하여 음미하고 소화하여 서서히 흡수하도록 고안되었다.

시적인 패턴

잠언을 읽을 때에 사용된 문학 기법, 특히 '대구법'에 대해 기본적인 이해를 가지면 도움이 된다. 병행구는 한 개념을 약간 다른 방식으로 반복해서 표현하는 히브리인의 시 형식이다. 예를 들어 잠언 10장 10절은 동의 대구법을 사용한다. "눈짓하는 자는 근심을 끼치고 입이 미련한 자는 멸망하느니라". 이 잠언의 후반구는 전반구의 메시지를 강조하고 꾸며준다.

그러나 잠언 10장의 대부분은 10장 4절처럼 반의 대구법(한 개념을 상반된 개념과 대비시킴)을 사용한다. "손을 게으르게 놀리는 자는 가난하게 되고 손이 부지런한 자는 부하게 되느니라". 여기에서 '그러나' 란 단어가 이 상반된 두 말씀을 연결해 준다.

이 두 가지 종류의 대구법에서의 요령은 잠언의 절반을 짝을 이루는 다른 절반과 비교한다는 것이다. 예를 들어 잠언 10장 4절에서 '게으른 자' 는 상반되는 개념인 '부지런한 자' 와 짝을 이루고 '가난하게 된다' 라는 말은 상반된 말인 '부하게 된다' 와 짝을 이룬다. 때로 이러한 비교는 의미의 정교한 차이를 드러낸다.

⁝ 본장에 나오는 잠언 중에서 어떤 것이 당신에게 가장 직접적으로 적용되는가?

다이너마이트와 같은 말의 힘: 혀에 대한 지혜자의 교훈

칼로 찌름 같이 함부로 말하는 자가 있거니와 지혜로운 자의 혀는 양약과 같으니라

잠 12:18

당신이 알고 있는 자 중에 가장 지혜로운 자는 누구인가? 아마도 나이 많은 연장자가 마음에 떠오를 것이다. 그는 인생 경험이 풍부하고 유머 감각도 있으며 모든 것을 멋지게 말할 수 있다. 솔로몬이 틀림없이 그와 같았을 것이다. 그는 통찰력을 가지고 인생을 관찰한 그의 교훈들을 전해 주었다. 성경 그 어느 곳에서보다 잠언서에서 우리는 더 많은 유머를 찾아 볼 수 있다.

분명히 솔로몬은 하루 종일 가만히 앉아서 이 잠언들을 '일련의 주제'에 따라 말하지는 않았을 것이다. 또한 이 책에 남아 있는 잠언들은 '엄격한 순서'를 따라 기록한 것 같지도 않다. 아마도 그의 인생의 노년기와 상관이 있어 보인다. 따라서 잠언서를 읽을 때에 처음에는 사전을 읽는 것과 같을지 모르겠다. 왜냐하면 짧고 자립적인 항목들이 서로 상관없이 긴 목록을 이루고 있기 때문이다.

겉으로 임의대로 나열된 것 같아도 이와 상관없이 유사한 주제들이 이 잠언들 가운데 계속해서 나타난다. 혀의 선용과 악용, 부와 가난, 분노를 다스리는 것과 못 다스리는 것, 게으름과 부지런함 등이 그것이다. 이 책 전체에 걸쳐 이런 주제들을 계속 따라가면 결국 유익이 있음이 입증된다.

말의 능력

이런 주제를 한 가지 예로 들기 위해 말의 능력을 다루는 많은 잠언들 중에 몇 개를 읽어보라. 이를 종합해 보면 이 잠언들이 대화에 대해 지혜롭고 균형 잡힌 견해를 제시해 준다는 것을 알 수 있다. 이 말씀들은 평범한 말에 선과 악의 폭발적인 능력이 있음을 계시해 준다.

실제로 거짓말을 하지 않는다면 말에 도대체 무슨 문제가 있을 수 있단 말인가? 잠언서는 말에 많은 위험성이 있다는 것을 간파한다. 말에는 다이너마이트와 같은 파워가 있다. 또한 말은 사람을 파괴시킬 수도 있다. 심지어 참된 말이라도 손상을 입힐 수 있다. 그러나 또한 말은 잘못된 길로 가는 친구를 구할 수도 있다. 잠언은 험담의 위험성과 친구를 책망하기 위해 한 말의 유익 모두를 강조한다.

"죽고 사는 것이 혀의 힘에 달렸나니"라고 잠언 18장 21절은 말한다. 이 책은 생명을 주는 말을 하는 기술을 가르쳐준다.

⁑ 최근에 철회하고 싶은 말을 한 적이 있는가? 최근에 한 말 중에 가장 생명을 주는 말은 무엇인가?

모든 것에는 때가 있다: 부자이고 동시에 유명한 한 사람의 인생 문제

하나님이 인생들에게 노고를 주사 애쓰게 하신 것을 내가 보았노라 전 3:10

성경에 전도서와 같은 책이 있다는 것이 놀랍지 않은가? "헛되고, 헛되고 … 모든 것이 헛되도다"라고 저자는 절망의 탄식을 외친다(전 1:2). 이 책의 메시지는 거룩한 책이라기보다는 암울한 현대판 실존주의 책에 더 가까워 보인다.

전도서에 저자의 이름이 언급되어 있지 않지만 솔로몬 왕이 저자임을 여러 곳에서 암시하고 있으며, 그가 저자가 아니더라도 최소한 그의 영감의 영향을 받은 것처럼 보인다. 이 책은 세상에서 가장 부자이고, 가장 지혜로우며, 가장 유명한 한 사람의 이야기다. 그는 쾌락의 모든 충동이 이끄는 대로 이를 따라간다. '지혜자' 인 이 사람은 마침내 회한과 절망 가운데 무너지고 자기 인생을 탕진한다.

전도서는 감정의 변화가 심하기 때문에 온전히 의미를 파악하려면 전체적으로 읽어야 한다. 전도서 3장은 전체를 요약하고 있으며, 우아한 시로 시작해서 인생의 사색으로 나아간다.

무거운 짐과 소망

평생 쾌락을 좇은 일에 일생을 보낸 후에 지혜자는 만족을 찾을 수가 없었다. 돌진해 오는 죽음의 위협은 그에게 어쩌다 겨우 한 번 찾아오는 만족의 순간들마저 망쳐 놓았다. 지혜자의 말에 따르면 인생은 하나님을 떠나서는 앞뒤가 맞지 않는다. 실제로 우리는 하나님이 아니기 때문에 결코 인생의 앞뒤를 맞출 수 없다.

그러나 또한 하나님은 "사람들에게는 영원을 사모하는 마음을 주셨다"(전 3:11). 우리는 뭔가 더 큰 것, 영원히 존속하는 쾌락, 변치 않는 사랑, 일의 성취감 등을 갈망한다.

그래서 지혜자는 두 상황 사이에 걸려있다. 즉 그는 절망 쪽으로 계속해서 끌려간다는 느낌을 받지만 또한 가끔씩 뭔가 더 높은 쪽으로 끌려간다고 느낀다. 개인의 일기처럼 전도서는 균형을 찾아가는 그의 모습을 기록하고 있다.

⁑ 지혜자는 고통스러울 정도로 자기의 회의와 절망에 대해 정직하다. 전도서 3장에서 어느 부분이 특히 당신과 동일한가?

사랑 이야기: 심사관을 흥분하게 하는 책

그가 나를 인도하여 잔칫집에 들어갔으니 그 사랑은 내 위에 깃발이로구나

아 2:4

아가서에는 다른 어떤 주제보다 로맨틱한 사랑에 관한 노래가 많이 쓰였다. 700명의 부인과 300명의 첩을 둔 솔로몬은 최소한 로맨스의 대가였다. 궁극적으로 사랑에 대한 그의 강박관념은 많은 슬픔의 원인이었다. 그러나 아가서(이는 솔로몬의 노래로도 알려져 있다)는 높고 아름다운 종류의 사랑을 축하한다.

문장의 형식상 두 연인은 시적인 대화로 돌아가며 말을 한다. 모든 연인들이 그렇듯이 이들은 서로에게만 눈을 맞춘다. '사랑하는 자' 는 결혼을 깃발에 비유한다. 이는 거대한 군기로서 당시에 전투하는 군인들은 이 깃발을 중심으로 모였다. 전투의 소음과 먼지 속에서 병사들은 자신들에게 방향을 줄 시각적인 표식이 필요했다. 이 연인들에게 있어서 공개적으로 사랑을 공표하는 것은 이들을 묶어주는 '깃발' 이 된다.

아가서 2장에 나오는 언어 중 일부는 영화 심사관의 'G' 등급을 받을 수 없지만 성경말씀 중에 이와 같은 경우가 다른 곳에도 있다. 그러나 이 세상에 나타난 하나님의 계시의 일부로서 이 장은 숨 막히는 기대감과 경이감 속에 있는

헌신된 남녀 사이의 관계를 가지고 하나님의 사랑의 능력을 증거한다.

⁑ 아가서와 현대의 사랑의 노래 사이에 어떤 유사점이 있다고 보는가? 또 차이점은 무엇인가?

Story 5

새로운 영웅들에게 얼굴을 돌리시다

왕 뒤의 권력: 이사야가 연례적 역할을 하다

내가 또 주의 목소리를 들으니 주께서 이르시되 내가 누구를 보내며 누가 우리를 위하여 갈꼬 사 6:8

구약성경의 거목인 선지자 이사야는 하나님으로부터 직접 부르심을 받는다. 이 메시지는 스랍들이 개인적으로 전해준 것이다. 스랍은 오직 이곳에서만 등장하는 용어이며 '불타며 빛나는 어떤 것' 이란 뜻이다.스랍은 하나님의 말씀을 전하는 천사이다.

이사야는 장수했던 웃시야(아사리아라고도 불렸다) 왕이 죽은 후에 유다왕국이 귀로에 서 있다는 것을 알았다. 북왕국을 망하게 했던 동일한 도덕적 문제들이 남왕국에도 이미 퍼졌다. 유다는 하나님의 유일한 왕국으로서 그 자리를 다시 찾을 수도, 아니면 하나님에게서 치명적으로 멀어질 수도 있었다.

요담과 아하스 두 왕은 이사야에게 별로 관심을 보이지 않았다. 그러나 이들과 달리 다음 왕인 히스기야는 이사야를 그의 가장 신뢰하는 조언자로 임명한다. 위기의 순간마다 그는 유명한 선지자를 부른다.

왕의 조언자

전형적인 선지자는 거리 모퉁이에 서서 전통을 파헤치고 독설을 퍼붓는다.

그는 평생 왕의 친밀한 조언자로서 궁궐 근처에서 지낸다. (역대하 26장 22절은 이사야가 왕궁의 공식 기록을 기록했다고 말한다.) 그를 반대하는 많은 조언자들이 그의 삶을 어렵게 만들긴 했지만 이사야는 한 번도 그의 메시지를 누그러뜨리지 않는다. 그는 네 번의 다른 정권을 거치면서 그의 소신을 지켰다. 하지만 그의 결연함으로 인해 결국 그는 자기 목숨을 희생해야만 했다.

히스기야는 이사야를 많이 의지했다. 이 선한 왕의 개혁에 대한 열정은 이 선지자의 영향 때문일 가능성이 높다. 이사야 6장에 기록된 하나님의 거룩한 부르심은 이사야가 어디서 용기와 헌신을 얻게 되었는지를 보여준다. 이 헌신을 통해 그는 유다의 역사에서 중요한 영향력이 될 수 있었다.

⁑ 하나님을 위해 어려운 임무를 '자원하도록' 부르심을 받았다고 느낀 적이 있는가?

무언의 웅변을 하는 소망: 이사야의 낙관주의의 근원

> 사망을 영원히 멸하실 것이니라 주 여호와께서 모든 얼굴에서 눈물을 씻기시며
>
> 사 25:8

왕의 조언자 역할 이외에 이사야는 저자로서 커다란 재능을 지녔다. 그의 장엄한 문구 중 많은 말들이 번역되어 친숙한 현대어휘가 되었다.

자신의 탁월한 언변을 사용해 이사야는 영적인 잠에서 유다를 깨우려 한다. 대다수의 선지자들처럼 그도 심판(백성들이 속히 그들의 방식들을 바꾸지 않을 경우에 임한다)과 소망(하나님께서 이스라엘뿐만 아니라 온 세상을 회복하실 미래를 말한다)이 포함된 두 부분의 메시지를 전한다.

더 나은 세상

이사야는 더 나은 세상을 바라는 인간의 갈망을 불러일으킨다. 그는 언젠가 하나님께서 문제 많은 이 지구를 눈물과 고통과 사망이 없는 새로운 땅으로 변화시킬 것이라 의심치 않는다. 이사야가 그리는 미래의 세상에서 야생 동물들은 서로 평화롭게 함께 누우며(사 11:6) 사람들은 무기를 녹여 농기구를 만든다(사 2:4).

역사의 어느 특정한 시점에서 볼 때는 하나님이 무력하고 이 땅을 황폐케 하는 폭력과 악에 대해 무관심한 것처럼 보일지 모른다. 예루살렘 사람들은 앗수르의 침공에 직면하자 하나님이 이에 대해 관심이 있는지에 대해 의문을 품는다. 이사야는 소망의 메시지를 전한다. 너희의 장래의 구원 문제를 하나님께만 맡겨라. 그런 뒤에 그는 이 메시지를 전 세계를 포함하는 메시지로 확대한다. 심지어 사망도 멸망할 것이다(사 25:7-8). 이사야 24~27장은 역사의 종말 시대를 미리 보여준다. 그 시대에는 너무나 놀라운 미래의 삶이 소개되기 때문에 이를 상상한다는 것은 거의 불가능하다.

⁝ 미래에 관해 무엇이 당신에게 소망을 주는가?

누가 주인인가?: 역사를 보시는 하나님의 관점

오직 여호와를 앙망하는 자는 새 힘을 얻으리니 독수리가 날개치며 올라감 같을 것이요 달음박질하여도 곤비하지 아니하겠고 걸어가도 피곤하지 아니하리로다

사 40:31

구약의 마지막 시대에 대다수의 유대인들은 앗수르와 바벨론 군대에 의해 중동지방 여기저기에 흩어졌다. 예루살렘에 돌아온 소수 유대인들은 페르시아

라는 외국 정부의 완전한 지배하에 살았다. 기와조각으로 자신을 긁으며 욥이 했던 동일한 질문을 유대인들은 자신의 종족 전체에 대해 물었다. 하나님은 우리를 버리셨는가? 우리에게 미래가 있겠는가?

통의 한 방울 물

이사야서는 왜 유대인뿐만 아니라 전 인류의 미래에 소망이 있는지를 설명한다. 40장은 하나님께서 만유를 통치하신다는 선포와 함께 이사야서의 마지막 부분을 연다. "보라 그에게는 열방이 통의 한 방울 물 같고 … 그는 둥근 땅 위에 앉으시나니 땅에 사는 사람들은 메뚜기 같으니라." 하나님은 자신이 자연과 역사의 주인이심을 보이신다. 참으로 그분은 온 우주의 주인이시다.

바벨론 침공에 살아남은 낙담한 유대인들은 하나님에 대해 이처럼 높은 견해를 볼 때에 하나님께서 사라지시지도 않으셨으며 그분의 택하신 백성들 가운데 남은 자들을 버리시지도 않으셨다는 사실을 깨닫는다.

⁝ "오직 여호와를 앙망하는 자는 새 힘을 얻으리니"라는 이사야의 말씀은 오늘날 당신에게 무엇을 의미하는가?

성경인물

고레스: 선한 목자?

하나님은 고레스를 '나의 목자'라 부르셨으며 그를 예루살렘과 성전 재건에 임명하셨다. 그리고 그를 지명하여 부르셨고 그에게 '명예로운 칭호'를 부여하셨다(사 45:4). 이 통치자는 누구기에 이처럼 하나님의 은총을 받았는가? 놀랍게도 고레스는 하나님의 신실한 추종자가 전혀 아니었다. 그는 외국인이었고 거대한 페르시아 제국의 창건자이며 황제였다. 정치, 군사의 천재인 고레스는 메데와 페르시아를 한 통일된 국가로 융합했으며 그의 힘을 사용하여 잔인한 바벨론을 전복시켰다.

고레스는 세계무대에서 완전히 새로운 개념을 도입했다. 그것은 관용이었다. 작은 나라들을 부수고 죽이고 사람들을 이주시키며 그들의 종교와 정체성을 파괴하는 대신에 고레스는 소수 민족들을 격려하는 정책을 시작했다. 그는 그들에게 자기 조국으로 돌아가도록 했으며 그들의 예배처소를 재건하는 일을 도왔다.

유대인들은 이런 정책으로 인해 큰 유익을 얻었다(에스라서는 이에 대해 자세히 설명한다). 고레스는 포로로 잡힌 유대인들이 예루살렘으로 돌아가 그들의 성전을 재건하도록 허락했다. 42,360명의 사람들이 고향으로 걸어서 갔다. 놀랍게도 고레스는 바벨론 사람들이 훔쳐간 성전 기명들을 유대인들에게 돌려주었고, 심지어 유대인들을 위해 재정적 지원도 했다.

고레스의 이야기에서 이사야는 하나님께서 인간 역사를 온전히 주관하신다는 강력한 교훈을 이끌어낸다. 하나님은 자신의 역사를 이루시기 위해 어느 누구든지 사용하실 수 있으며 심지어 그분을 인정하지 않는 황제도 사용하실 수 있다. 땅의 모든 사람은 하나님을 알든 모르든 그분의 소유이다.

⁑ 오늘날 하나님께서는 자신의 뜻을 이루시기 위해 강력한 지도자들을 사용하고 계신다고 생각하는가? 그렇다면 어떻게 사용하신다고 생각하는가?

고난의 종: 이 신비한 인물은 누구인가?

보라 내 종이 형통하리니 받들어 높이 들려서 지극히 존귀하게 되리라 사 52:13

'고난의 종'에 대해 부른 이사야의 네 가지 노래는 구약성경에서 가장 부요

하고 가장 세밀하게 연구되는 말씀이다(사 42:1-9; 49:1-13; 50:4-9; 52:13-53:12). 이사야서 52장은 왜 고난의 종의 노래가 이 노래를 이해하려고 했던 랍비들 가운데 불꽃 튀는 논쟁을 일으켰는지 그 이유를 설명해 준다. 첫 번째 부분은 영광스러운 시대에 대한 기대감을 일으킨다. 그때에 하나님은 거룩한 도성을 회복하시고 사람들은 예루살렘을 향하여 "너희 하나님이 통치하신다!"라고 외칠 것이다. 이는 마침내 이스라엘이 원수들에게 복수를 하게 될 것처럼 보인다.

그러나 저자는 계속해서 고난의 종이라는 신비한 인물을 소개함으로써 하나님이 예루살렘을 구속하실 것을 설명한다. 그 종의 외모는 "그 어느 누구보다도 보기 흉했다." 이 고난의 종은 누구인가? 이처럼 약한 사람이 어떻게 위대한 승리를 달성하고 열방에 빛을 전할 것인가?

유대 학자들은 수백 년 동안 이런 말씀들에 당황했다. 많은 이들이 이 말씀들이 히브리인의 모든 성경 중에서 가장 중요한 부분으로 여겼지만 선지자 이사야가 의미하는 바에 대해 정확히 일치하지 않았다.

한 나라인가 아니면 한 개인인가?

때로 어떤 구절들은 이 고난의 종을 이스라엘 국가 전체라고 말한다. "내게 이르시되 너는 나의 종이요 내 영광을 네 속에 나타낼 이스라엘이라"(사 49:3). 다른 곳에서 이 종은 심한 고통을 경험하는 한 구체적인 개인, 한 위대한 지도자를 가리키는 것처럼 보인다.

이사야는 이 고난의 종을 모든 인류의 구원자로 제시한다. 그러나 그는 그분을 영웅이기 보다는 비극적인 인물로 묘사한다. "그가 곤욕을 당하여 괴로울 때에도 그의 입을 열지 아니하였음이여 마치 도수장으로 끌려가는 어린 양과 털 깎는 자 앞에 잠잠한 양 같이 그의 입을 열지 아니하였도다"(사 53:7).

신약에서 답을 얻다

유대 국가 내에서 사람들은 고난의 종이라는 개념을 정말로 이해하지 못했다. 그들은 고난의 메시야가 아니라 승리의 메시야를 갈망했다. 말하자면 고난의 종의 이미지는 지하로 내려가서 수 세기 동안 잠을 잤다.

예수님의 사역 초기의 매우 드라마틱한 장면에서 예수님은 이사야에 나오는 종에 관한 말씀을 인용하신다. "책을 덮어 그 맡은 자에게 주시고 앉으시니 회당에 있는 자들이 다 주목하여 보더라 이에 예수께서 그들에게 말씀하시되 이 글이 오늘 너희 귀에 응하였느니라 하시니(눅 4:20-21).

예수님의 말씀을 듣는 이들 가운데 어떤 이들은 이 말씀을 깨달았지만 모든 사람이 그런 것은 아니었다. 메시야가 마침내 오셨다. 그러나 그분은 정복하는 장군이 아니라 나사렛의 목수의 아들로 오셨다.

⁑ 만일 당신이 예수님 시대의 유대인이었다면 메시야의 모습에 실망했겠는가? 예수님께서는 왜 승리의 군대 장군이 아니라 오히려 고난의 종으로 오시기로 택하셨는가?

상처 받은 치유자: 위대한 승리가 처음에는 실패처럼 보이다

그는 멸시를 받아 사람들에게 버림 받았으며 간고를 많이 겪었으며 질고를 아는 자라 사 53: 3

신약성경 기자들은 최소한 10군데에서 예수님을 고난의 종과 동일시한다. 한 예로 빌립은 고난의 종이 고대의 선지자를 말하는 것이 아닌지 의아하게 생각하는 에티오피아 내시의 오해를 고쳐준다(행 8:26-35). 이사야 49~55장은 고난의 종의 고통을 생생하게 보여준다. 이는 예수님이 십자가에 죽으실 때에 성취된 예언들이다.

참으로 이사야 53장은 그리스도께서 죽으시기 수 세기 전에 기록되었지만 예수님께서 지상에 계시던 마지막 날들을 거의 목격자처럼 말한다. 예수님의 외모에 대한 묘사는 충격적이다. 성경은 이곳 이외에 다른 곳에서 예수님의 외모에 대해 말하고 있지 않다. 고난의 종은 '고운 모양도 풍채도 없다.' 그는 '마치 사람들이 그에게서 그들의 얼굴을 가리는' 것 같았다.

이사야 53장이 미리 말해주듯이 예수님은 재판정에서 자기를 고소하는 자들에게 대답하기 위해 입을 열지 않으셨다. 그분은 후손도 남기지 않으셨다. 그분은 인생의 황금기에 끊어지셨으며, 은혜로운 친구 덕분에 부자의 묘에 묻히셨다. 그러나 그것이 끝이 아니었다. 사흘 후에 그분은 생명의 빛을 보셨다.

왜 고난의 종이 죽는가?

이사야의 말에 따르면 고난의 종은 매우 특별한 목적 때문에 죽는다. "그가 찔림은 우리의 허물 때문이요." 그분은 다른 사람들, 우리들을 위해 고통을 받으신다. 외견상 명백한 패배처럼 보이는 그분의 상처로 위대한 승리가 가능하다. 그분의 죽음으로 미래의 승리가 보장된다. 그때에 지구상의 잘못된 모든 것이 바르게 될 것이다.

이사야 53장은 많은 부분에서 신약 신학의 중요한 기초가 된다. 예를 들어 이 장의 5절은 고난의 종의 상처가 우리를 치유한다고 주장한다. 사도 베드로는 이를 다음과 같이 설명한다. 즉 예수님께서 십자가에 죽으셨을 때에 그분의 고통과 죽음이 우리를 죄에서 '고치셨으며,' 우리로 의를 위하여 살게 해주셨다고 말한다(벧전 2:24).

확신의 증거

또한 예수님이 태어나시기 오래 전에 기록된 이 상세한 예언은 하나님께서 고대의 선지자들을 통해 여러 세대에 대한 하나님의 계획을 미리 계시하신다는 확증을 제공한다. 하나님은 유대인들과 맺으신 언약을 영원히 끊으시지 않으셨다. 오히려 하나님은 유대의 뿌리인 다윗의 자손에게서 온 세계를 다시 찾으시기 위해 그 어떤 왕과도 다른 새로운 왕을 일으키실 예정이셨다.

⁑ 당신의 삶에서 여기 이사야서에 예언된 메시야이신 예수님에 대해 들어야만 하는 사람은 누구인가?

모든 것의 종말: 마침내 하나님과 평화를 누리다

산들과 언덕들이 너희 앞에서 노래를 발하고 들의 모든 나무가 손뼉을 칠 것이며

사 55:12

이사야 55장은 계시록과 같은 신약의 책들이 더이상 나은 언어로 개선할 수 없는 그런 웅변으로 미래를 묘사한다. 신약성경은 단지 이사야를 인용할 뿐이다. 이 땅에서 평화, 고통의 종말, 완벽한 지구에 대해 우리가 간절히 바라는 것이 무엇이든 간에 그것은 언젠가 이뤄질 것이다.

비록 이사야가 유대인들이 외국 권세아래 살아야만 하는 격동의 시대를 이야기하긴 하지만 그의 글에는 다른 선지자들의 메시지의 색깔을 보여주는 열정적인 불만은 들리지 않는다. 이사야는 미래에 대한 환상을 보았고, 그것은 장래에 좋은 소식이 있다는 확신에 차 있다. 어떤 침략군이나 어떤 무서운 재앙도 이 땅을 향한 하나님의 최종 목적을 방해할 순 없다.

이사야서는 하나님께서 이스라엘과 영혼이 이혼하지 않으실 것을 주장한다. 이 책은 파괴된 거룩한 도성이 새로이 재건되는 날에 유례없는 위대한 일들이 성취될 것을 예언한다. 그러나 이 장들에 나오는 약속은 예루살렘에서 지금까지 성취된 것을 훨씬 능가하는 것이다. 그것은 죄와 슬픔이 더이상 존재하지 않고 우리가 마침내 하나님과 평화를 누리며 사는 그러한 미래의 상태에 대한 환상으로 이어진다.

오랜 기다림

그 미래에 도달하기 전에 이 세상이 어떤 과정을 거칠지 우리는 모를 수 있다. 왜냐하면 "이는 내 생각이 너희 생각과 다르며 내 길은 너희의 길과 다름이니라"고 여호와께서 선언하시기 때문이다. 그러나 이사야 55장이 분명이 말하듯이 백성과 맺으신 하나님의 언약은 영존한다. 그 어느 것도 이를 취소할 수 없다.

수십 년, 수백 년 동안 제국들—바벨론, 페르시아, 이집트, 그리스, 시리아, 로마—이 부침을 거듭하면서 그들의 군대들은 이스라엘 평원을 가로질러 서로 추격했다. 새로운 제국이 부상할 때마다 그들은 쉽게 유대인들을 지배했다. 어떤 경우에 전체 민족이 멸종할 위기에 처하기도 했다. 구약 선지자의 마지막 말씀이 있은 후 신약성경의 첫 말씀이 있기까지 4백년의 공백기가 있었으며, 우리는 이를 종종 '400년의 침묵기' 라고 부른다.

하나님은 우리에게 관심이 있으신가? 절망 중에 일반 사람들은 메시야를 기다렸다. 그들에게 다른 소망은 없었다.

⁂ 당신이 세상에서 가장 변화된 모습을 보고 싶어 하는 것은 무엇인가? 이사야도 그런 변화에 대해 말할까?

국가적 간음: 유다의 이해할 수 없는 행동

너 하늘아 이 일로 말미암아 놀라지어다 심히 떨지어다 두려워할지어다 여호와의 말씀이니라 렘 2:12

예레미야 선지자의 기분은 조석으로 심하게 바뀐다. 그리고 그의 메시지는 그런 감정적 기질을 동일하게 잘 나타낸다. 예레미야서는 성경에서 가장 긴 책이며 가장 열정적이다. ('기나긴 불평' 이란 뜻을 의미하는 예레미아드Jeremiad란 단어에는 이 선지자의 애절한 뭔가가 담겨 있다.)

강한 이미지들과 수사학적인 폭발로 가득한 예레미야 2장은 예레미야가 지닌 문체의 전형적인 모습이다. 그는 유다가 하나님을 향해 벌이는 불륜의 패턴을 묘사하기 위해 성적 이미지를 사용한다. 유다는 잎이 무성한 모든 나무 아래에 눕는 창기와 같고, 발정한 암낙타와 같으며, 뙤약볕에 욕망으로 거칠어진 나귀와도 같다.

가장 당혹스러운 것은 유다가 갈망하는 대상이 무엇인가 하는 것이다. 예레미야는 이미지 위에 다른 이미지들을 쌓으면서, 이스라엘이 나무와 돌로 만든 무가치한 물건인 이웃 나라의 우상들과 살아계신 하나님을 맞교환한 경악스러운 사실을 표현하기 위한 방법을 찾는다. 그는 이런 거래를 생수가 솟아나는 샘을 밑 빠진 물통과 바꾸는 것에 비유한다.

치명적인 매력

예레미야는 유다에 대해 두 가지 불만이 있다. 유다는 우상숭배와 이방 국가들과의 동맹을 통해 자신을 창기처럼 더럽혔다. 군사적 위협이 다가오면 유다는 하나님 대신에 앗수르, 애굽, 바벨론과 같은 제국에게 도움을 청했다.

유다왕국에서 가장 훌륭한 왕 중 하나인 요시야는 최근에 이 나라에서 우상들을 제거하는 캠페인을 성공적으로 이끌었다(왕하 22-23장). 그러나 요시야도 두 번째 유혹에는 무릎을 꿇었다. 그것은 외국 군대와의 교전이었다. 예레미야의 조언과 반대로 그는 개인적으로 애굽 군대와 잘못된 전투를 벌이다가 전사한다. 슬퍼하는 예레미야는 이 위대한 왕을 기리기 위해 애가를 기록한다.

유다는 한 번도 그의 치명적인 잘못에서 회복되지 못했다. 처음에는 애굽이, 다음에는 바벨론이 유다에 꼭두각시 왕을 세우지만 어느 누구도 유다를 영적으로나 정치적으로 규합할 능력이 없었다. 요시야가 죽은 후에 예레미야는 요시야를 이은 네 명의 약골 왕의 치리를 예언한다. 이 책에 수집된 그들에 대한 메시지는 조소로 가득하다.

⁂ 당신은 누구에게 가장 일관된 충성심을 보이는가? 당신은 하나님께 대해서는 얼마나 충성하는가?

말 안 듣는 선지자: 그가 살 수도 안 살 수도 없는 역할

> 내게 재앙이로다 나의 어머니여 어머니께서 나를 온 세계에 다투는 자와 싸우는 자를 만날 자로 낳으셨도다 렘 15:10

자기 생애 대부분 동안에 예레미야는 심각한 메시지를 전해야만 했다. 어느 누구도 그보다 이 메시지의 무게를 느낀 사람은 없었다. "어찌하면 내 머리는 물이 되고 내 눈은 눈물 근원이 될꼬"라고 말하며 그는 울었고 감정에 압도되었다(렘 9:1). 이런 감정이 그의 글에 너무나 강하게 팽배해 있기 때문에 예레미야는 '눈물의 선지자'라는 명성을 얻었다.

처음부터 예레미야는 자신의 임무에 대해 하나님과 논쟁한다. 하나님께서 예레미야에게 가혹한 요구들을 하시면, 예레미야는 이런 요구에 대해 칭얼대고, 불평하고, 자신에 대해 연민을 느끼고 심지어 하나님이 잔인하시다고 생각하면서 하나님을 몰아세웠다. 예레미야는 자신이 어떻게 느끼는지를 정확히 하나님께 말했다. "오 주여, 주께서 나를 속이셨으니 내가 속았나이다"(우리말 성경에는 "여호와여 주께서 나를 권유하시므로 내가 그 권유를 받았사오며"라고 번역되어 있다-역주)라고 그는 비난한다(렘 20:7). 그는 하나님의 능력에 대해 의문을 제기한다. 그는 "어찌하여 놀란 자 같으시며 구원하지 못하는 용사 같으시니이까"라고 묻는다(렘 14:9).

하나님께 항의하다

예레미야 15장은 유다에 대한 심판의 선언으로 시작된다. 그러나 10절에서 예레미야는 자기 자신의 어젠다(안건)를 들이민다. 이와 같은 메시지를 전하는 선지자를 사람들은 어떻게 생각할 것인가? 그의 이름은 이미 전국적으로 저주의 대상이 되었다. 그는 차라리 태어나지 않았으면 좋았을 것이다. 하나님은 거룩한 선언을 다시 하시지만 예레미야의 자기 연민적인 불평을 다시 들어야만 하신다. 예레미야에게 하나님은 금방 말라버리는 시내처럼, 물이 나오지 않는 샘물처럼 미덥지 못한 분처럼 보인다.

예레미야의 발끈함과 항의에도 불구하고 하나님은 한 번도 예레미야를 포기하지 않으셨으며, 심지어 이 눈물의 선지자를 '놋쇠로 된 요새'로 만들어 온 땅에 대항하여 설 수 있도록 만드시겠다고 약속하신다. 마찬가지로 예레미야도 이 모든 비판에도 불구하고 한 번도 하나님을 포기한 적이 없다. 그가 "내가 다시는 여호와를 선포하지 아니하며 그의 이름으로 말하지 아니하리라"고 말했을 때에도 그는 잠잠히 있을 수가 없었다(렘 20:9). 하나님의 말씀이 그 안에서 불탔으며, 그는 이를 표현하는 것을 멈출 수가 없었다.

⁑ 당신은 어떤 '불평'을 하나님께 한 적이 있는가? 예레미야처럼 당신도 하나님께 소중히 여김을 받지 못한다는 느낌을 받은 적이 있는가?

이스라엘의 미래: 예레미야의 꿈이 질문의 답이 되다

> 내가 나의 법을 그들의 속에 두며 그들의 마음에 기록하여 나는 그들의 하나님이 되고 그들은 내 백성이 될 것이라 렘 31:33

제사장으로서 훈련받은 예레미야는 일찍이 하나님과 그분의 택하신 백성 사이에 맺은 언약에 관한 이야기를 알았다. 그러나 어른이 되어서 그는 또한 앗수르의 탄압을 받고 있는 북방 10지파의 최근 역사도 알게 되었다. 갑자기 그는 현재 유다에 살아남은 두 지파도 10지파와 비슷한 시련을 겪게 될 것이라는 예언을 하라는 명령을 받는다. 바벨론의 군대가 거룩한 도성 예루살렘을 황폐하게 하고 더 많은 이스라엘 사람들을 포로로 잡아갈 것이다.

하나님은 언약을 버리시고 자기의 택하신 백성을 저버리셨단 말인가? 예레미야 31장에서 예레미야는 이에 대한 답을 암시하는 일련의 꿈을 받는다. 그는 '남은 자들'이 바벨론의 침공에 살아남는 것을 본다. 하나님은 자기 백성을 영원히 버리지 않으셨고 그들이 깨끗함을 받기 위해 일정 기간 형벌을 받도록 허락하신다. 나아가 하나님은 이스라엘이 과거보다 더 위대한 미래를 맞게 될 것을 약속하신다.

속을 바꾸심

성경 해석자마다 이 약속의 온전한 의미에 대해 의견이 분분하지만 몇 가지는 분명하다. 하나님은 깨진 언약을 대체할 '새 언약' 즉 더 나은 언약을 약속하신다. 율법이 아무리 존경스럽다 할지라도—이스라엘의 역사가 이를 증명하듯이—거기에는 사람의 내면의 태도를 변화시킬 수 있는 능력이 없었다.

신약의 히브리서(히 8:8-12)는 예레미야 31장에 나오는 중요 구절을 인용하여 왜 그리스도인들이 더이상 구약의 규정에 따라 살지 말아야 하는지를 설명해 준다. 히브리서는 계속해서 예레미야의 예언을 예수님에게 적용한다. 예수님은 완전한 용서를 주시는 새로운 언약을 도입하신다. 하나님은 자기 백성을 속에서부터 바꾸실 계획을 가지시고 하나님의 법을 성령을 통해 그들의 마음에 두실 것이다.

예레미야가 하나님께로부터 받은 계시록에는 미래 역사에 대한 자세한 청사진은 없었다. 하지만 그는 하나님이 자기 백성을 사랑하시고 그들에게 신실하시다는 분명한 확신을 얻는다.

⁂ 당신의 삶에서 하나님은 어떤 약속들을 계속해서 새롭게 하고 계신가?

선지자의 위험: 이보다 더 나빠질 수 있는가?

이 성에 머무는 자는 칼과 기근과 전염병에 죽으리라 그러나 갈대아인에게 항복하는 자는 살리니 그는 노략물을 얻음 같이 자기의 목숨을 건지리라 렘 38:2

역설적인 유대인의 저주가 있다. 그 말은 다음과 같다. "흥미로운 시대에 살게 하소서." 시대가 '흥미로우면' 흥미로울수록 유대인들은 그 만큼 더 큰 고통을 받았다. 예레미야 38장이 말하듯이 예레미야는 분명 흥미로운 시대에 살았다. 예레미야는 망설이며 주저하는 눈물의 선지자가 될 이유가 분명했다.

예레미야는 요시야 왕부터 시작해 다섯 왕을 모시며 살았다. 요시야 왕 이후에 모든 왕들은 대제국의 꼭두각시 역할을 했으며 각 왕은 선지자 예레미야에게 고난을 주었다. 한 왕은 시간을 내어 자기의 겨울 궁전에서 예레미야의 예언의 말씀을 개인적으로 읽었다. 두루마리를 읽으면서 왕은 칼을 가지고 두루마리를 아무렇지도 않게 잘라 난로에 던져 넣었다(렘 36:23).

선지자 예레미야는 매를 맞고 칼stocks을 차고, 감옥에 감금되었다가 깊은 구덩이에 던져졌다. 그러나 이런 학대를 통해 예레미야의 결단은 더욱더 강해져 갔다. 심지어 자신을 고문한 자들의 칼에서 그를 풀어 줄 때에도 예레미야는 그들에게 저주를 퍼부었다. 분명 그는 자신의 두려움과 의심을 오직 하나님께만 말씀드렸다.

끝까지 무시당함

예레미야 38장의 사건들은 바벨론 군대가 예루살렘을 포위한 무시무시한 2년 동안에 일어났다. 도성의 굶주린 주민들은 겨우 생명을 부지하고 있었다. 정부 관료들은 백성의 사기를 진작시키려고 미친 듯이 발버둥쳤다. 그들이 예레미야가 한 다음의 기분 나쁜 조언에 반대한 것은 당연했다. "우리는 어쨌든 패배할 것입니다. 그러니까 성벽을 넘어 도망치든지 아니면 성문을 열고 바벨론 군대를 들여보내십시오."

다음 39장은 예레미야의 예언이 성취되는 것을 보여준다. 바벨론 군대는 성벽을 허물고서 힘없는 왕인 시드기야를 생포하여 고문을 가한다. 그러나 정복자들은 예레미야가 항복을 권했다는 이야기를 듣고 예를 갖춰 그를 대한다.

⁑ 모든 사람이 당신을 잡기 위해 총동원했다는 느낌을 언제 받았는가? 당신은 예레미야의 감정을 이해할 수 있는가?

충격에 빠진 시인: 말로 표현할 수 없는 슬픔

여호와의 인자와 긍휼이 무궁하시므로 우리가 진멸되지 아니함이니이다 렘 3:22

"여호와의 분노의 매로 말미암아 고난당한 자는 나로다"란 말로 예레미야애가 3장은 시작된다. 그리고 이 비통함은 이 책 전체의 분위기를 지배한다. 유다의 왕은 족쇄에 채워져 눈이 뽑혔고, 그의 아들들은 처형을 당했다. 수도이며 거룩한 도성 예루살렘은 적군의 손에 넘어갔다. 시인은 시체 더미가 즐비한 텅 빈 거리를 배회하며 이해할 수 없는 비극을 애써 이해하려 한다.

어떤 면에서 예레미야애가는 현대적인 책처럼 읽힌다. 왜냐하면 20세기에 거대한 비극으로 인한 '애가'가 많기 때문이다. 유대인들을 학살한 홀로코스트, 솔제니친이 고발한 포로수용소, 드레스덴과 히로시마의 증인들의 고백, 그리고 캄보디아와 르완다의 학살 등이 그것이다. 금세기에 이미 이런 비극들이 일어났다. 테러리스트들이 뉴욕과 워싱턴 D.C.를 공격한 2001년 9월 11일 사태에서부터 오늘의 최근 사건에 이르기까지 이런 사건들의 공포는 예레미야애가에 나오는 공포의 메아리처럼 들린다.

인간의 비극을 넘어 또 다른 종류의 고통이 저자를 괴롭힌다. 바벨론 군인들이 성전에서 가장 거룩한 지성소에 들어가 약탈하고 불태워 버린다. 역사가들은 바벨론 군인들이 성전에 들어갔을 때에 허공에 대고 창을 휘두르며, 보이지 않는 하나님을 찾으려했다고 기록한다. 그들은 아무것도 찾지 못했다. 하나님은 그곳을 떠나셨다.

갈 곳이 또 있는가?

작자 미상의 이 작품의 음색은 매우 친숙하게 들린다. 따라서 선지자 예레미야가 저자일 가능성이 높다. 그는 쪼글쪼글한 피부와 부러진 뼈를 지닌 늙은이였다. 사람들은 그를 추적했고 그를 투옥하고 고문했으며, 구덩이에 쳐 박았고 죽은 자들과 함께 두었다. 그러나 그가 자신의 상처가 아니라 예루살렘의 떡 벌어진 상처를 보았을 때에 그 어느 것도 그 슬픔에 비할 수가 없었다.

하나님은 우리의 원수가 되셨다고 선지자는 결론을 내린다. 그러나 이 어두운 장chapter 한 가운데서 저자는 일전에 행복했던 시절에 알았던 하나님을 회상한다. 그는 하나님의 선하심과 사랑과 긍휼을 기억했다.

이 삭막한 책 한 가운데 한 줄기 소망의 말씀이 비친다. 훗날에 한 찬송가 작가는 이 말씀을 가지고 '오 신실하신 주' 라는 찬송을 지었다. 참혹한 비극의 순간에 하나님은 매우 멀어 보일지 모른다. 그러나 우리가 갈 곳이 어디 또 있는가? 예레미야애가가 보여주듯이 하나님을 떠나서는 아무런 소망이 없다.

⁑ 당신의 가장 어두운 시절에 당신의 생각은 하나님을 향했는가? 당신이 안도의 숨을 쉬도록 하나님이 도와준 것은 무엇인가?

포로생활: 거기 계시다

이는 여호와의 영광의 형상의 모양이라 겔 1:28

예레미야, 하박국, 오바댜가 유다에서 예언 사역을 하고 있을 무렵에 에스겔이라 불리는 사람이 포로로 잡혀간 동포들에게 사역하라는 극적인 부르심을 받는다. 에스겔은 500마일 떨어진 바벨론으로 1차 포로로 잡혀간 사람들과 동행했다. 거기서 그는 다른 이스라엘 사람들과 강가에 있는 난민 정착촌에 살았다.

모든 난민들이 그렇듯이 바벨론에 있는 자들도 자기들의 고향으로 돌아갈 기회를 간절히 사모했다. 그들은 예루살렘에 남아 있던 예레미야 선지자의 조언과 위로가 담긴 편지를 받았다. 그들은 유다의 왕들이 반역을 일으켰다는 소식을 듣고 움찔했다. 왜냐하면 반란으로 인해 바벨론이 진노하지 않을까 두려웠기 때문이었다. 그들은 포위된 예루살렘이 살아남을지 걱정스러웠다. 바벨론이 인내심을 잃고 거룩한 도성 예루살렘을 파괴하지는 않을까? 하나님께서는 그런 일을 과연 허락하실까?

뿌리가 뽑히고 의기소침한 사람들에게 강력하고 권위 있는 소리가 필요했다. 그들은 에스겔에게서 그 소리를 들었다. 제사장으로 훈련을 받은 이 젊은이는 외국으로 추방되면서 자신의 계획이 틀어졌다고 생각했다. 성전이 예루살렘에 있는데 바벨론에서 제사장이 무슨 소용이 있단 말인가?라고 그는 생각했을 것이다. 하나님은 에스겔을 부르셔서 새로운 역할을 맡기셨다. 그것은 포로로 잡혀간 유대인들을 위한 예언자였다.

경계가 없음

에스겔 시대에 대부분의 종교들은 부족 신들을 예배하는 수준이었다. 그리고 그 신들의 통치는 부족의 영토를 넘지 못했다. 포로가 된 에스겔은 아마도 이스라엘의 하나님이 고국에서 그렇게 멀리 떨어진 곳에서 말씀하실 것인가에 대해 의문을 품었을지 모른다. 그러나 하나님은 바벨론에서도 어김없이 그에게 나타나셨다. 에스겔이 폭풍 가운데 본 무시무시한 환상은 온 세상을 통치하시는 장엄하고 두렵고, 높은 곳에 계신 하나님이셨다. 그 하나님은 바벨론 군대보다 훨씬 더 강력하셨다.

이처럼 장엄한 광경 앞에서 에스겔은 땅에 쓰러진다. 그러나 하나님의 영이 그를 일으키어 그에게 과업을 주신다. 이 환상을 본 후에 에스겔은 결코 다시는 다른 포로들의 마음을 괴롭혔던 질문, 즉 하나님이 우리를 버리셨는가? 라는 질문에 대해 의문을 품지 않는다. 에스겔은 하나님과의 초자연적인 만남을 통해 하나님이 여전히 자기 백성을 돌보신다는 것을 영원히 확신했다. 심지어 하나님은 바벨론에서 포로된 자들에게도 그렇게 하셨다.

⁝ 당신은 하나님께 버림 받았다고 느낀 적이 있는가? 이런 감정을 극복하는데 어떤 것이 도움을 주었는가?

완전히 강해지다: 에스겔이 다가올 어려운 임무를 위해 담대해지다

너는 비록 가시와 찔레와 함께 있으며 전갈 가운데에 거주할지라도 그들을 두려워하지 말고 그들의 말을 두려워하지 말지어다 겔 2:6

정통 유대 랍비들은 30세 이하의 사람들이 에스겔서의 첫 3장을 읽는 것을 금한다. 그들이 생각하기에 어느 젊은이라도 주의 영광을 이처럼 직접적으로 만나는 것을 견딜 수 없기 때문이다. 실제로 에스겔 자신도 이 경험을 하고 겨우 살아남았다. 그는 계속해서 쓰러졌으며, 일주일 동안 말을 하지 못했다.

하나님은 에스겔을 훈련시키기 위한 일환으로써 이처럼 강력한 계시를 허락하셨다. 이는 요구되는 임무를 완수하기 위해 선지자를 강화시키기 위함이었다. 이사야는 톱으로 켬을 당하고 예레미야는 우물에 던져진 상황이었으므로 유다의 선지자들은 당연히 걱정할 이유가 많았다. 적국의 심장부에 있는 성미 고약한 사람들에게 하나님의 말씀을 전하는 에스겔에 무슨 일이 일어날 수 있겠는가? 따라서 처음부터 하나님은 에스겔이 아무리 큰 어려움을 당하더라도 에스겔에게 결코 잊거나 의심할 수 없는 경험을 시키신다.

용감하지만 외로운 자

에스겔은 자신이 선포할 대상인 회중의 고집을 감당할 수 있어야 했다. 그 결과 그는 외로운 인생을 살았다. 사람들은 그를 꿈꾸는 이야기꾼으로 여겼다. 그들은 그의 말을 진지하게 듣지 않았고 그의 비관적인 예언을 경멸했다. 그러나 에스겔은 여전히 소망을 잃지 않았다. 그는 현재의 비극을 통해 하나님께서 하나님의 백성과 성전을 회복시킬 미래를 보았다.

에스겔의 믿음은 흔들리지 않았다. 왜냐하면 그는 주의 영광에 관한 환상을 받았기 때문이다. 그것도 그의 사역을 시작하면서 한 번이 아니라 두 번씩이나 받았다. 이런 경험으로 인해 그는 적군과 싸우는 데 필요한 용기를 얻었다. 그의 적들은 그를 둘러싸고 있는 '가시와 찔레와 전갈'이었다.

⁑ 사람들에게 하나님에 대해 말하려 할 때에 어떤 장애들을 만나는가?

큰 글씨로 쓰고 외치라: 에스겔은 모든 노력을 기울일 것이다

들을 자는 들을 것이요 듣기 싫은 자는 듣지 아니하리니 그들은 반역하는 족속임이니라 겔 3:27

일전에 누군가가 플래너리 오코너Flannery O'Connor에게 왜 그녀는 소설 속에 그렇게 과장되고 기괴한 등장인물들을 많이 사용하느냐고 물었다. 그녀가 대답했다. "잘 알아듣지 못하는 사람들에게는 소리를 지르고, 장님처럼 거의 보지 못하는 사람들에게는 소스라치게 놀랄만한 인물들을 크게 그려야 합니다."

에스겔의 기괴한 행동을 설명하는 데 그녀의 대답이 도움이 될지 모르겠다. 에스겔도 고집불통의 미련한 청중을 대했고, 그들은 그의 메시지를 거의 참지 못했다. 그래서 하나님은 메시지를 이해시키기 위해 다소 기괴한 방법들을 사용하라고 에스겔에게 명하셨다. (결국 하나님께서 주신 다른 메시지들을 무시하고 조롱했던 사람들도 바로 이 사람들이다.)

에스겔 4장에 나온 것처럼 에스겔은 첫 번째 실물 교훈에는 순종한다. 그는 1년 이상을 예루살렘 모형 도시 앞에 날마다 누워 있었다. 그러나 인분을 연료로 사용해서 음식을 지으라는 다음 명령을 듣고 그는 충격에 빠진다. 자비롭게도 하나님은 이 명령을 수정하셔서 에스겔은 사람의 인분 대신에 소똥을 사용하도록 허락받았다.

멸망의 메시지

거짓 선지자들은 포로로 잡혀온 이스라엘 백성에게 하나님께서 성전과 거룩한 도성이 파괴되는 것을 결코 허락지 않을 것이라고 자신 있게 말했다. 에스겔은 이런 거짓 낙관주의자들을 강한 말로 날려버렸고 공개적인 항변으로 심판에 대한 하나님의 계획을 널리 알렸다. 그는 이스라엘이 무시할 수 없는 방식으로 하나님께 받은 메시지를 희석하지 않고 그대로 전했다.

에스겔의 과장된 스타일은 그에게 명령하신 하나님에 대해 많은 것을 말해 준다. 그분은 말을 듣지 않는 이스라엘에게 뜻을 전달하기 위해 모든 방편을 다 동원하셨다. 하나님은 그들에게 외치셨다. "나의 삶을 두고 맹세하노니 나는 악인이 죽는 것을 기뻐하지 아니하고 악인이 그의 길에서 돌이켜 떠나 사는 것을 기뻐하노라 이스라엘 족속아 돌이키고 돌이키라 너희 악한 길에서 떠나라 어찌 죽고자 하느냐"(겔 33:11).

⁑ 하나님은 당신의 관심을 어떻게 끄시는가?

성경인물

에스겔: 급진적인 제사장

역사적으로 위대한 인물들 중 어떤 이들은 그들이 이룩한 업적만으로 알려져 있다. 예를 들어 유럽의 위대한 성당들을 만든 예술가들의 이름을 우리는 모른다. 그들은 아름다운 건축물을 자신들이 아닌 하나님께 지어 드렸다.

어떤 면에서 에스겔이 바로 이와 같다. 그는 성경에서 중요한 책을 썼고 역사의 중요한 순간에 하나님의 메신저로 활동했다. 하지만 우리는 그가 한 행동은 알지만 그에 관한 것, 즉 그의 성품, 그의 배경, 그의 가정사 등에 대해서는 아는 것이 거의 없다. 에스겔은 자신이 선지자로서 부르심을 받은 것을 자세히 설명하고 제사장으로서의 자신의 사역을 언급하고 있다. 하지만 그의 책은 자신의 사적인 정보(그가 기혼자라는 사실 정도)에 대해서는 아주 조금만 말하고 있다. 그의 사역이 그의 삶을 삼켜 버렸다.

에스겔의 이야기는 그를 예루살렘에서 바벨론으로 잡아간 느부갓네살 왕에서 시작한다. 외국이라는 환경에서 그가 외로움과 향수를 느꼈음은 당연하다. 그는 하나님의 성전에서 멀리 떠나온 제사장이었다. 이는 마치 체육관이 없는 농부 코치와 같은 꼴이다. 에스겔이 무엇을 할 수 있단 말인가?

설상가상으로 하나님은 에스겔에게 전혀 인기가 없는 메시지를 전하라고 말씀하신다. 그것은 하나님께서 계속해서 자기 백성을 벌하실 것이라는 메시지였다. 왜냐하면 그들이 그들의 죄에서 돌이키지 않았기 때문이다. 게다가 하나님은 에스겔에게 기괴한 방식으로 그 메시지를 드라마화해서 전하라고 지시하신다. 그는 책을 먹었고, 머리를 빡빡 밀었고, 소똥으로 요리를 했으며 예루살렘 도성의 모형을 만들어 밖에서 그 옆에 누워 있었다. 돌이켜 보면 에스겔의 '실물 교훈' 은 정말 기괴하기 짝이 없어 보인다.

얼마 후에 그의 예언이 성취되었을 때에 에스겔은 인기를 누렸고 사람들은 그를 받아들였다(겔 33:30-32). 하지만 그런 경우를 제외하고 더 많은 경우에 그는 하나님의 자극과 격려가 필요했다. "너는 비록 가시와 찔레와 함께 처하며 전갈 가운데 거할지라도 그들을 두려워 말고 그 말을 두려워 말지어다"(겔 2:6). 하나님께서는 그가 해야 할 중요할 일을 가지고 계셨다. 에스겔의 경우에 그 일은 그가 아무리 큰 대가를 치르더라도 생명을 걸만한 그런 것이었다.

⁑ 만일 당신이 오늘 죽는다면 당신은 어떤 '기념비' 를 남기겠는가?

부활의 때: 이스라엘의 새 생명에 관한 환상

그가 내게 이르시되 인자야 이 뼈들이 능히 살 수 있겠느냐 겔 37:3

장차 왜 예루살렘은 멸망하고 모든 유다의 원수들은 격렬한 종말을 맞이하는가? 이에 대한 하나님의 말씀은 다음과 같다. "그러므로 그들이 나를 여호와인 줄 알리라." 이 문구는 에스겔서에서 50회 이상이나 울려 퍼진다. 이제 갑자기 음색을 바꿔 하나님은 동일한 문구를 사용하여 왜 그분께서 장차 행복한 때를 가져다주실 것인지 그 이유를 설명하신다. 모든 침울한 예언 후에 에스겔은 마침내 낙관과 기쁨의 말씀을 선포한다.

그가 멸망을 예언했을 때에 어느 누구도 그의 말을 듣지 않았다. 하지만 예루살렘의 재앙에 대한 에스겔의 예언은 성취되었다. 7년의 침묵의 시간이 흐른 뒤에 그는 다시 입을 연다. 그리고 이번에는 소망의 밝은 말씀이 쏟아져 나온다.

에스겔서의 어느 부분도 골짜기의 마른 뼈에 관한 놀라운 환상보다 더 극적인 소망의 메시지를 주는 것은 없다. 마치 흩어져 말라비틀어진 뼈들이 영광스럽게 다시 붙는 것처럼 죽은 자들이 살아서 일어설 것이다.

하나님의 귀환

에스겔의 말을 들었던 최초의 청중들은 성전이 파괴되었고 하나님이 분명 떠나셨다는 충격적인 소식을 여전히 흡수하고 있었다. 그러나 에스겔은 그들에게 하나님께서 자기 백성을 포기하지 않으셨다는 사실을 설득했다. 하나님은 그들과 함께 사시기 위해 집으로 돌아오실 것이다.

이스라엘과 유다가 다시 연합할 것이라는 예언은 포로로 잡혀간 사람들에게 전율을 일으켰음에 틀림없다. 그들은 솔로몬 왕 이래로 300년 이상 두 나라로 갈라져 있었으며 때로는 서로 전쟁을 했다. 비록 12지파 중에 10지파는 먼저 100년 동안 다른 나라에 흩어져 포로 생활을 하고 있지만 하나님은 12지파가 다시 재결합할 것을 약속하신다.

이 책은 새로 건설된 예루살렘의 찬란한 환상으로 끝난다. 학자들은 에스겔서의 말씀이 문자 그대로 혹은 상징적으로 현대의 이스라엘 국가에 적용되는지 아닌지에 대해 서로 의견이 분분하다. 그러나 복음이 온 세상에 영향을 줄 것이라는 점은 분명하다. 새로운 도성의 승리의 이름은 "여호와께서 거기 계시다"(여호와 삼마)이다.

⁑ 영적으로 지금 당신은 어디 있는가? 마른 뼈들과 함께 있는가? 거의 감동이 없는가? 살아서

약동하는가? 당신의 교회는 어떤가?

원수의 일꾼: 다니엘이 이방 권력의 중심에서 섬기다

왕이 그들에게 모든 일을 묻는 중에 그 지혜와 총명이 온 나라 박수와 술객보다 십배나 나은 줄을 아니라 단 1:20

다니엘과 에스겔은 어린 시절부터 일찍이 지도자로서의 가능성 때문에 사람들의 관심을 끌었다는 점에서 시작이 비슷하다. 불행하게도 두 사람 모두 바벨론의 침공으로 인해 그들의 계획이 가차 없이 무산되었다. 두 사람은 죄수로 잡혀가고 적국의 수도로 이송되었다. 거기서 두 사람의 유사성은 끝이 난다.

에스겔은 포로가 된 유대인들에게 설교를 하는 데 그의 생을 보내는 반면 다니엘은 왕궁에서 일하게 된다. 권좌의 회랑에서 보내는 다니엘의 생애는 오래 전의 인물인 요셉을 떠올린다. 그 또한 외국 정부에서 탁월한 지위에 올랐다. 다니엘 1장이 강조하고 있듯이 다니엘도 자신의 신실함을 저버리지 않으면서 성공을 이룬다. 그는 자신의 종교적 이상을 붙들면서 동시에 야망과 모함으로 얼룩진 환경 속에서 성공한다.

외줄을 타다

바벨론 사람들은 어떻게 해서든지 유대 전통을 가진 유대인 정예 청년들을 쫓아내려 한다. 그들은 유대 청년들에게 술과 우상에게 바친 음식과 더불어 새로운 이방 이름을 억지로 강요한다. 심지어 외교관 훈련 과정 자체는 점성술과 이방종교를 강조하기 때문에 그 자체가 유대법에 위배된 다니엘과 그의 세 친구는 이런 장애를 극복하고 왕에게 감동을 줄 정도로 뛰어났다. 왕은 이 네 명의 청년이 다른 모든 사람들보다 훨씬 뛰어나다는 것을 알았다.

성경에 나오는 예언자들은 하나님과 국가 모두를 어떻게 섬길 수 있는지에 대해 여러가지 많은 모델들을 보여준다. 스펙트럼의 한 극단에서 아모스와 같은 자들은 외부인으로서 사회악과 대항하였다. 예레미야나 나단과 같은 선지자들은 왕에게 가끔 조언을 하기도 했지만 그와 거리를 두었다. 그러나 이사야와 사무엘은 공식적으로 왕의 참모가 되었다. 성경은 선지자 다니엘이 폭군과 함께 일하면서도 순전함을 지킬 수 있다는 것을 보여준다.

⁂ 신실함의 문제에 있어서 당신은 언제 곤란하거나 인기가 없는 입장을 취한 적이 있는가?

불같은 시련: 다니엘의 세 친구가 잔혹한 믿음의 시험을 당하다

즉시 너희를 극렬히 타는 풀무불 가운데 던져 넣을 것이니 능히 너희를 내 손에서 건져낼 신이 누구이겠느냐 단 3:15

다니엘서에 나오는 이야기들은 어린이와 어른 모두가 가장 좋아하는 이야기가 되었다. 3장은 너무나 교만해서 거대한 자신의 신상을 세우라고 한 바벨론의 통치자 자기중심적인 칙령으로 시작한다.

다니엘(아마도 그는 외교관의 사명을 띠고 여행을 했던 것 같다)은 이 이야기에 등장하지 않는다. 분명히 그가 있었더라면 그도 그의 세 친구와 같은 길을 택했을 것이다. 세 친구는 느부갓네살 왕의 칙령을 영적인 신실함을 시험하는 것으로 보았다. 이 도전으로 인해 그들의 이중적인 충성심은 곧바로 갈등에 직면한다. 그들은 하나님의 나라와 바벨론 나라를 동시에 섬길 수 없었다. 우상숭배와 관련이 있는 이 문제에 있어서 그들은 타협할 수가 없었다.

실제로 이스라엘이 포로로 잡혀오게 된 것은 바로 이 우상숭배 때문이었다. 만일 그들이 느부갓네살과 그의 황금신상에게 절하기로 택한다면 그들은 결코 하나님의 축복을 기대할 수 없다. 다니엘의 친구들의 타협하지 않는 태도는 바벨론 포로 사건이 유대 포로 세대 전체에게 정결하게 하는 효과가 있다는 것을 보여준다.

목숨을 걸 정도로 소중한 가치

풍전등화와 같은 이스라엘 역사의 시간에 하나님께서 초자연적인 꿈, 벽에 쓴 글씨, 불가마와 사자 굴에서의 구조와 같은 기적을 베푸셨다는 점에서 다니엘서는 무척 흥미롭다. 엘리사 시대 이래로 이스라엘은 이와 같은 표적과 기사를 본 적이 없었다.

다니엘의 친구들은 어떤 대가를 치르더라도 믿음을 지키겠다는 모습을 완벽하게 보여준다. 나중에 히브리서 11장은 이런 믿음을 칭찬한다. 하나님께 대한 충성심 때문에 그들은 정권에 불복종하고, 하나님이 그들을 구원하시든 안 하시든 상관없이, 그 결과를 달게 받으려 했다. 다니엘 자신도 후에 혹독한 믿음의 시험에 직면하지만 친구들과 유사한 해피엔딩으로 끝난다(단 6장).

풀무불의 시련을 통해 세 명의 용맹한 유대인들은 바랄 수 없던 결과를 달성한다. 그들은 살아남았을 뿐만 아니라 이 사건을 통해 느부갓네살 왕은 그의 통치 기간 내내 유대인의 종교에 대해 관용을 베풀었다.

⁝ 다니엘의 친구들의 대답에서 당신은 믿음에 대해 무엇을 배우는가? (단 3:15-18)

성경인물

느부갓네살: 권력과 교만

세계에서 가장 강한 사람인 느부갓네살은 교만할 이유가 있었다. 그는 강력한 바벨론 군대의 수장으로서 종동을 휘젓고 다녔으며, 모든 반대 세력을 진멸하고 조공을 요구하였다. 어느 누구도 그를 대항할 수 없었다.

유다왕국은 이전의 전쟁들을 통해 영토가 확연하게 축소되었으며 이제는 이 폭군의 마음을 달래기 위해 돈과 포로들을 보내는 약소국에 불과했다. 결국 느부갓네살은 예루살렘과 그 성전을 멸망시켰고 남아 있는 시민들을 포로로 끌고 갔다. 유대인들은 유대 역사의 가장 어두운 시절 중 하나였던 그 시절을 여전히 회상하고 있었다.

국내에서 느부갓네살은 화려한 건설 캠페인을 벌이고 있었다. 그는 1.6킬로미터나 되는 거룩한 행진의 길 양편을 사자 조각상으로 장식했다. 그는 575마리의 용과 황소가 새겨진 에메랄드 벽돌로 이슈타르(앗시리아 · 바빌로니아의 사랑 · 풍요 · 전쟁의 여신-역주)의 문을 꾸몄다. 또한 그는 웅장한 궁궐들과 성전들 그리고 '바벨론의 공중공원' 을 건설했다. 이 공중정원은 고대세계 7대 불가사의 중 하나이다.

그러나 다니엘서는 느부갓네살을 다른 시각에서 보여준다. 그는 만왕의 왕인 하나님을 인정해야만 하는 연약한 사람으로 묘사된다. 느부갓네살이 포로로 잡아온 불운한 유대인들 중 어떤 이들은 그가 신뢰하는 관료들이 되었다. 그들을 통해, 그리고 굴욕적인 한 차례의 정신이상을 통해 느부갓네살은 자신의 교만의 죄를 받아들인다. 그는 짐승처럼 들에서 풀을 먹고 살면서 교훈을 얻었다.

결국 강력한 느부갓네살은 다니엘의 하나님에 대해 다음과 같이 썼다. "교만하게 행하는 자를 그가 능히 낮추심이라"(단 4:37).

⁝ 당신이 아는 자 중에 가장 권력이 큰 사람은 하나님의 '더 크신' 권력을 인정하는가? 그들이 이를 알 수 있도록 하기 위해 당신이 할 수 있는 것은 무엇인가?

그 아버지의 그 아들: 폭군의 아들이 벽에 쓰인 글을 무시하다

이에 왕의 즐기던 얼굴 빛이 변하고 그 생각이 번민하여 넓적다리 마디가 녹는 듯 하고 그의 무릎이 서로 부딪친지라 단 5:6

기적을 보면 우리는 바르게 앉고 주목하게 된다. 하지만 그렇다고 기적이 장기적 변화를 보장하지는 못한다. 풀무불 사건 이후에 느부갓네살은, 새로이 발견한 히브리인의 하나님에 대해 열정을 가졌지만 얼마 시간이 지나자 그는 그의 종교적 열정을 모두 망각한 것 같았다.

기적의 흔적을 보며 성장했던 벨사살 왕도 이를 기억하지 못했다. 다니엘서 5장은 수천의 귀족과 다양한 여인들과 함께 흥청망청 술판을 벌이는 새 왕을 소개한다. 그들은 수도를 향해 진군해 오는 적군에 대한 보고를 무시하기 위해 일종의 '허리케인 파티' 를 열고 있었다. 이 파티에는 어느 정도 종교적 요소가 들어 있었다. 그들은 우상들을 섬기고 술을 따르기 위해 예루살렘 성전에서 훔쳐온 성물들을 사용했다.

방해받은 파티

벨사살의 시끌벅적한 파티는 공포영화에 나오는 장면을 연출한다. 무시무시하게도 사람의 손에서 분리된 손가락이 벽에 글을 썼다. 왕은 떨었고, 창백해졌으며, 할 말을 잃었다. 이때에 왕비는 늙은 유대 선지자가 초자연적 은사가 있는 것을 기억한다.

다니엘은 세월이 지나도 조금도 변하지 않았다. 그는 정중하게 왕의 뇌물을 거부했지만 즉석 설교를 한 후에 그 글을 해석해 주었다. 보상으로 다니엘은 고관직을 받았지만 오래 가지 못했다. 바로 그날 밤 바벨론은 비밀 공격의 희생이 되었고, 메데인인 다리우스가 왕국을 접수했다.

오늘날에도 여전히 사용되고 있는 한 문구는 이 이야기에서 나온 것이다.

'벽에 쓴 글씨' 라는 문구는 종말 이전에 마지막으로 하는 경고를 뜻한다. 이스라엘과 유다의 선지자들은 자기 나라를 향한 하나님의 마지막 경고를 해석하려 했지만 성공하지 못했다. 이제 다니엘과 같은 영적 거인의 경고를 무시한 바벨론은 벽에 쓴 글씨가 분명히 말한 것처럼 심판을 자초했다.

⁑ 당신의 삶에서 하나님께서 '벽에 쓴 글씨' 를 사용하신 적이 있는가?

사랑의 비유: 불륜의 아내를 향한 호세아의 급진적인 감정

너는 또 가서 타인의 사랑을 받아 음녀가 된 그 여자를 사랑하라 호 3:1

이 말씀은 이스라엘이 붕괴될 때에 하나님이 호세아에게 주신 말씀이다. 고통 받는 백성들은 더 부드러운 음성을 들어야만 했고 호세아는 소망 가득한 은혜와 용서의 메시지를 전달했다.

대다수의 선지자들이 청중과 그들의 과오에 대해 초점을 맞췄지만 반대로 호세아는 하나님께 초점을 맞춘다. 하나님의 택한 백성들이 그분을 거절하고 거짓 신들을 좇아 갈 때에 그분의 감정은 어떠하셨을까?

말로는 하나님의 열정을 전달하기에 너무 약했기 때문에 하나님은 용감한 호세아에게 비유를 몸으로 살아내라는 요구를 하신다. 그는 고멜이라 하는 방탕한 여인과 결혼했지만 예상대로 그녀는 곧 도망을 쳐서 간음을 범했다. 이 드라마를 몸으로 살아냄으로써 호세아는 이스라엘이 하나님의 사랑을 거절했을 때에 하나님께서 어떻게 느끼셨는지를 이해하고 이를 표현했다.

불쌍한 호세아는 일일연속극 같은 삶을 살았다. 고멜은 너무나 타락하여 자신을 노예로 팔았지만 호세아는 그녀를 다시 사 와서 용서하고 그녀를 아내로 다시 세운다. 이런 패턴이 계속해서 반복된다. 고멜은 두 자녀를 낳았지만 호세아가 정말 그들의 아버지인가? 율법에 따르면 그는 자기의 간음한 아내를 거리로 데리고 나가 법정에 세울 수 있다. 호세아의 행동—그것은 하나님의 행동이었다—은 유례가 없는 것이었다.

깨어진 마음, 깨어진 언약

고멜을 향한 호세아의 급진적인 사랑은 자기 백성을 변함없이 사랑하시는 하나님의 사랑의 상징이다. 비록 이스라엘이 하나님의 이름을 땅에 추락시켰지만 하나님은 여전히 그들을 다시 환영하신다. 사실 호세아서는 이스라엘과 하나님의 언약을 결혼이라는 용어로 기록한 첫 번째 작품이다. 이는 하나님께서 자기 백성을 부드럽게 사모하시며 신부의 사랑에 굶주리셨음을 보여준다.

언약을 통해 이스라엘은 '죽음이 갈라놓을 때까지' 하나님을 사랑하고 순종하기로 합의했다. 그러나 호세아 시대에 그 사랑의 불꽃은 죽어 버렸다. 하나님의 마음은 무너지셨다. 그러나 하나님은 그들에게 새 언약을 통해 미래에 또 다른 기회를 주시겠다고 약속하신다. "여호와께서 이르시되 그 날에 네가 나를 내 남편이라 일컫고 다시는 내 바알(영어 성경에는 '주인' 이라 번역되어 있다-역주)이라 일컫지 아니하리라"(호 2:16).

⁝ 호세아서는 하나님과 이스라엘의 관계의 여러 단계-연애, 약혼, 신혼, 불륜, 이별-를 보여준다. 당신은 하나님과 어떤 단계에 있는가?

상처받은 연인: 하나님의 능력으로 이룰 수 없는 것

에브라임이여 내가 어찌 너를 놓겠느냐 이스라엘이여 내가 어찌 너를 버리겠느냐

호 11:8

많은 사람들은 하나님을 비인격적인 힘, 예를 들어 중력의 법칙과 같은 것

으로 생각한다. 이와 대조적으로 호세아는 하나님을 열정, 분노, 눈물, 사랑을 지니신 인격으로 묘사한다. 하나님은 자기 백성이 자기를 배척하는 것을 슬퍼하신다.

하나님은 호세아의 불행한 이야기를 사용하여 자신의 격한 감정을 표현하신다. 하나님은 이스라엘을 찾는 첫 번째 사랑의 열정을 사막에서 포도를 찾는 것으로 말씀하신다(호 9:10). 그러나 이스라엘이 그분의 신뢰를 계속해서 저버리자 하나님은 상처 받은 연인의 끔찍한 수치심을 참아 내신다. 하나님의 말씀에는 놀랍게도 자기 연민과 같은 음색이 담겨 있다. "그러므로 내가 에브라임에게는 좀 같으며 유다 족속에게는 썩이는 것 같도다"(호 5:12).

사랑의 힘과 무능력

버림받은 연인의 강한 이미지는 호세아서 11장에서 나와 있는 것처럼 왜 하나님의 감정이 흔들리는 것처럼 보이는지 그 이유를 설명해 준다. 하나님은 이스라엘을 없애버릴 준비를 하신다. 잠깐, 지금 하나님은 팔을 벌리신 채 울고 계시다. 아니다. 그분은 엄격한 어조로 심판을 다시 선포하고 계신다. 이처럼 기분이 바뀌는 것은 비합리적으로 보인다. 하지만 이는 사랑하는 자에게 버림받은 경험이 있는 바로 그런 자의 모습이다.

배신감보다 더 강한 인간의 감정이 있는가? 예쁘게 생긴 치어리더 때문에 방금 남자친구에게 버림 받은 고등학교 소녀에게 물어보라. 컨트리나 웨스턴 노래를 틀어주는 라디오 방송국에 주파수를 맞추고 부정을 저지른 애인 때문에 가슴아파하는 가사를 들어보라. 일간 신문에 보도된 살인 사건들을 읽어보라. 상당한 경우가 배신한 애인과 싸우다 생긴 사건들이다.

호세아와 하나님은 누군가를 필사적으로 사랑했지만 대가로 아무것도 받지 못했을 때에 그 느낌이 어떠한지를 생생하게 보여준다. 전능자이신 하나님조차도 인간으로 하여금 자기를 사랑하게 만들 수는 없다.

⁝ 배신당했을 때에 가장 강한 기억은 무엇인가?

말씀의 능력: 새로운 선지자들

여호와의 날이 크고 심히 두렵도다 당할 자가 누구이랴 욜 2:11

엘리야와 엘리사와 같은 몇몇 경우를 제외하고 하나님의 선지자들은 초자연적인 능력보다는 하나님의 말씀의 능력을 더 의지했다. 요엘 선지자는 '말씀의 선지자'의 전형적인 모습을 보여준다.

어느 누구도 요엘이 이 메시지를 언제 전했는지, 이스라엘(북왕국)에 살았는지 아니면 유다(남왕국)에 살았는지 모른다. 이 신비의 남자는 눈을 떼지 못하게 하는 산문체로 백성들에게 다가올 무서운 재앙에 대해 경고한다.

세 부분으로 구성된 메시지

요엘서 2장은 모든 구약 선지자의 핵심 메시지를 잘 요약해 준다.

심판의 날. 거의 모든 선지자들은 두려움을 가져다주는 말씀으로 시작한다. 어떤 이들은 공격해오는 적군에 대해 경고하고 어떤 이들은 자연 재해를 경고한다. 예를 들어 요엘은 메뚜기 떼를 생생하게 묘사한다. 이는 상징적으로 인간 군대를 나타낼 수도 있다. 메뚜기 떼의 공격을 경험해본 사람들은 결코 그 두려움을 잊지 못할 것이다.

회개의 자리로의 부름. 선지자들은 타당한 이유를 가지고 경종을 울린다. 왜냐하면 그들은 이 나라들이 하나님에 대해 신실하지 않았기 때문에 이런 재앙들이 오는 것을 보기 때문이다. 그들은 백성들에게 악한 길에서 돌아서라고 급박하게 촉구한다. 요엘 2장 13절은 모든 선지자들이 전한 메시지의 핵심을 간략하면서도 웅변적으로 요약해 준다.

소망의 미래. 모든 성경의 선지자들은 아무리 시무룩했다 하더라도 소망의 말씀으로 돌아간다. 이런 모든 메시지들은 하나님이 땅의 잘못된 모든 것을 바르게 고치시고, 현재의 세상이 마침내 하나님이 원하시는 세상으로 바뀔 때를 말해준다.

⁂ 당신이 한 일에 대해 회개한 적이 있는가? 그것은 언제이며 그 결과는 무엇이었는가?

거리의 선지자: 시골 소년이 도시의 모습에 놀라다

> 또 내가 너희 모든 성읍에서 너희 이를 깨끗하게 하며 너희의 각 처소에서 양식이 떨어지게 하였으나 너희가 내게로 돌아오지 아니하였느니라 여호와의 말씀이니라
>
> 암 4:6

성경에 나오는 선지자들의 사회적 배경과 성격 타입은 매우 다양하지만 현대의 만화가들은 단지 하나의 진부한 이미지만을 묘사하는 경향이 있다. 사실 아모스는 이런 진부한 이미지에 딱 맞는다. 그는 불행한 세상 모두를 배경으로 서 있는 간판과 함께 거리에 서 있는 그런 종류의 선지자이다.

역설적이게도 아모스는 북왕국 이스라엘이 흥할 때 나타난다. 정부는 안정되어 변화를 구하지 않으며, 사람들은 풍요로운 생활을 즐기기에 너무 바빠서 선지자의 외침을 들을 여유가 없다. 이런 이유 때문에 아모스는 힘주어 감탄사를 연발하며 말한다.

다른 선지자들과 달리 아모스는 농부 출신이다. 남왕국에서 북왕국으로 이민 온 그는 시골 억양으로 말했으며, 아마도 도시의 세련된 자들의 놀림감이 되었을 것이다. 농부인 아모스는 북방 도시들의 호사로움—멋진 소파, 조각한 상아로 만든 침대, 여름 별장, 최상급 고기와 포도주—을 극복할 수 없었다.

아모스는 이와 같은 호화로움이 부정을 기초로 세워졌음을 보았으며, 그는 이를 비난했다. 자신을 종교적이라고 생각하는 사람들도 안식일이 끝날 때까지 기다릴 수가 없었다. 왜냐하면 빨리 다시 돌아가 일을 하며 다른 사람들을 속이기 위해서이다. 그들이 가지고 있는 강력한 군대가 주는 안정감에 빠져 이스라엘 백성들은 자신들이 여러 세대 동안 안전할 것이라고 생각한다.

거짓 안전감

아모스가 경고한 대로 하나님의 백성들은 하나님을 그들의 좁은 구석 공간에 집어넣었다가 필요할 때마다 요술처럼 불러낼 수 없었다. 하나님께서 사자처럼 고함치셨다.

아모스는 "이스라엘아 네 하나님 만나기를 준비하라"고 거리에서 외친다(암 4:12). 이 말은 우리 시대만큼이나 그의 시대에도 동일한 영향을 미쳤다. 그럼에도 불구하고 선지자의 경고는 사실로 입증되었다. 아주 짧은 시간 안에 이스라엘이 떨어져 나갔다. 아모스가 죽은 지 30년도 채 못 되어 이스라엘의 북왕국은 사라졌다.

아모스는 읽기에 편안한 책이 아니다. 이 책의 메시지는 우리 시대를 강타한다. 우리 시대에 나라들은 국민총생산과 군사력으로 성공을 판단한다. 이 이유 하나만으로 이 책은 자세히 살펴볼만한 가치가 있다.

⁑ 아모스 시대와 우리 시대 사이에 어떤 유사점이 있는가?

흡족할 여지가 없음: 오래된 경쟁자의 무정한 반응

네가 형제의 날 곧 그 재앙의 날에 방관할 것이 아니며 옵 1:12

"여호와여 예루살렘이 멸망하던 날을 기억하시고 에돔 자손을 치소서 그들의 말이 헐어 버리라 헐어 버리라 그 기초까지 헐어 버리라 하였나이다"(시 137:7). 예루살렘 약탈에서 살아남은 생존자들은 예루살렘의 경쟁자이면서 동시에 이웃인 에돔인들의 반응을 결코 잊지 못할 것이다. 그들은 대학살을 노골적으로 고소하게 바라보았다. 에돔인들은 바벨론 군대에게 환호를 보냈고 예루살렘을 떠나는 난민들을 약탈했다. 아리게 다가오는 시편 137편은 이 범죄에 대한 이스라엘의 비통함을 잘 말해준다.

이스라엘의 재앙을 기뻐하는 에돔의 태도는 예레미야애가에서 희생자들이 표현한 슬픔과는 극한 대조를 보인다. 이 작은 책인 오바댜서는 에돔이 자신의 무정함과 잔혹함에 대해 분명히 대가를 지불할 것을 말한다.

⁑ 에돔은 자신의 안정감을 '높은 곳'과 '바위 틈'에 위치한 도시의 전략적 위치에 두었다(옵 1:3). 당신의 안정감의 기초는 무엇인가?

사랑해야 할 원수: 니느웨를 돌아간 요나

하나님이 그들이 행한 것 곧 그 악한 길에서 돌이켜 떠난 것을 보시고 하나님이 뜻을 돌이키사 그들에게 내리리라고 말씀하신 재앙을 내리지 아니하시니라 욘 3:10

'요나'란 말을 하면 대다수의 사람들은 바다의 폭풍우와 고래 뱃속에 있었던 선지자를 떠올린다. 이처럼 흥분되는 요나서의 전개 때문에 독자들은 쉽게 이 이야기의 중심내용, 요나가 어려움을 겪게 된 이유를 놓칠 수 있다. 즉 그는 침략군을 사랑하시는 하나님의 자비에 반역했다.

이스라엘 전 역사에 걸쳐 그들은 애굽, 앗수르, 바벨론과 같은 대제국들을 두려워하면서 살았다. 요나는 "네 원수를 사랑하라"(마 5:44)고 하는 신약성경의 어려운 명령을 실감나게 보여준다. 많은 사람들이 이 명령을 칭송하지만 이를 실행하기란 여간 어렵지가 않다.

니느웨 성에 가서 말씀을 전파하라는 하나님의 명령을 받은 요나는 충격에 싸인다. 역사의 이 시점에 니느웨는 잔혹함으로 악명 높은 제국인 앗수르의 수도이다. (요나의 관점을 이해하기 위해 최근에 인권 유린으로 유명한 나라들인 나치 독일, 캄보디아, 중국, 르완다, 이라크, 유고슬라비아를 생각해 보라.)

앗수르의 병사들은 '초토화' 군사전략을 감행하고서도 아무런 거리낌이 없었다. 전형적으로 적군의 토지와 도시들을 파괴한 후에 그들은 피정복민들을 학살하거나 쇠막대를 포로들의 코나 아랫입술에 꿰어 노예로 끌고 갔다. 요나는 이처럼 약자를 괴롭히는 자들에게 회개할 기회를 전혀 주고 싶지 않았다.

왜 요나는 도망갔는가?

대다수의 사람들은 요나가 도망가다가 거대한 물고기를 만났다고 알고 있다. 하지만 3장과 4장에는 잘 알려지지 않은 사실들이 있다. 이 내키지 않는 선지자는 하나님께서 철천지원수를 용서하실까봐 도망했다. 그의 불길한 예감대로 요나가 단순히 멸망을 선포하자 이방인 도시인 니느웨에 영적 각성이 일어났다. 도시 전체는 하나님의 백성들도 전에 볼 수 없었던 열심을 가지고 회개했다.(마 12:41, 나중에 예수님은 당시에 회개하지 않는 유대인들에 대해 회개의 모범으로 니느웨를 예로 드셨다.)

대다수의 선지자들은 이런 반응을 보면 기뻐하겠지만 요나는 그렇지 않았다. 그는 부루퉁해서 하나님께서 니느웨에 부드러운 마음을 보이실까 내내 노심초사 했다고 시인한다. 즉 그는 하나님께서 니느웨를 엄히 대하시고 가차 없이 대하시지 않을 거라는 생각이 들었기 때문에, 40일후에 니느웨가 무너지리라(욘 3:4)고 선포하라 명령하신 하나님을 신뢰할 수 없었다. 시인 로버트 프로스트는 "요나서 이후에 당신은 하나님께서 다시는 자비를 베풀지 않으실 것이라는 점을 결코 믿지 않을 것이다"라고 말했다.

요나서는 날카로운 질문으로 끝난다. 즉 하나님의 자비와 용서를 제한할 수 있는 사람이 있는가? 하는 것이다. 이 책은 또한 하나님이 자기의 택하신 백성들을 향한 궁극적인 목적이 무엇인지를 보여준다. 그것은 하나님께서 자기 백성이 요나처럼 다른 민족에게로 나아가 사랑과 용서를 보여주길 원하신다는 것이다.

⁝ 당신은 삶 가운데 '원수'를 의식적으로 사랑하려고 시도한 적이 있는가?

공해가 퍼져가다: 위험 표지판이 남왕국에도 나타나다

> 여호와께서 네게 구하시는 것이 오직 정의를 행하며 인자를 사랑하며 겸손하게 네 하나님과 함께 행하는 것이 아니냐 미 6:8

한 나라의 공해가 국경을 넘어 이웃 나라들에게 번져 공기를 오염시킬 수 있듯이 도덕적 공해도 국경을 넘어 퍼질 수 있다. 선지자들은 앞서 이스라엘 북왕국의 악행을 비난했다. 세월이 지나면서 동일한 타락이 마치 전염병처럼 남왕국 유다에 퍼졌다. 우상숭배와 성적 타락이 창궐했다. 하나님의 성전은 황폐하게 되었다. 악명 높은 왕 아하스는 극기야 자기 자녀를 제물로 드렸다.

미가는 아모스가 북왕국에서 이스라엘을 맹비난하고 있을 때에 유다의 무대에 나타났다. 시골 전도자였던 미가는 신랄하게 경고했다. 그는 자기가 전해야만 하는 메시지를 기뻐하지 않았다. 그는 "이러므로 내가 애통하며 애곡하고 벌거벗은 몸으로 행하며 들개같이 애곡하고 타조같이 애통하리니"라고 말했다(미 1:8).

미가는 아주 위험한 시대에 살았기 때문에 자신의 메시지에 대해 감정적이 되었다. 유다는 당시 강대국이었던 앗수르가 북왕국을 훼손하는 것을 두려움 가운데 지켜보았다. 유다가 이와 같은 운명을 맞지 않으려면 어떻게 해야 하는가? 미가가 자칼jackal처럼 부르짖었던 것이 바로 이에 대한 것이었다.

베들레헴에서 나온 해결책

"내 백성아 내가 무엇을 네게 행하였느냐?"라고 하나님이 미가를 통해 물으신다(미 6:3). 하나님은 택하신 백성의 역사를 되돌아보시면서 그들을 위해 행하신 하나님의 위대한 역사를 그들에게 상기시키신다. 미가는 하나님께서 단지 종교적인 겉치레가 아닌 진실하고 진심 어린 변화를 원하신다는 것을 분명히 말했다.

미가는 암울한 어조로 그들의 친척인 북왕국과 동일한 질병에 걸린 그분의 백성들이 같은 운명을 맞이할 것이라는 결론을 내린다. 그의 심판의 예언 중에 미가는 메시야에 대한 암시를 한다. 그분은 베들레헴 작은 마을에서 태어나실 미래의 지도자이시며, 이 땅에 새로운 소망을 주실 분이셨다(미 5:2).

세월이 지나 동방박사들이 새로 탄생하신 '유대인의 왕'을 찾아뵈러 왔을 때에 헤롯 왕은 성경학자들에게 어디를 수색해야 하는지를 물었다(마 2:1-6). 그들은 미가서의 이 말씀을 언급했다. 그 말씀은 메시야가 베들레헴에서 태어나실 것을 예언했다.

⁝ 미가서에 나오는 말씀 "오직 공의를 행하며 인자를 사랑하며 겸손히 네 하나님과 함께 행하는 것"을 인생 모토로 삼는 것에 대해 어떻게 생각하는가?

적군에 대한 공의: 왜 하나님은 유다의 적군을 형벌하셔야만 하시는가?

여호와는 노하기를 더디하시며 권능이 크시며 벌 받을 자를 결코 내버려두지 아니하시느니라 나 1:3

나훔은 성경의 대다수의 선지자보다 한 가지 유리한 점이 분명히 있었다. 즉 그는 적군에 대해 예언했다. 미가나 이사야와 같은 선지자들은 그들이 자기 동포에게 임할 심판을 설명할 때에 슬픔에 무너졌다. 그러나 나훔은 방금 이스라엘 북왕국을 진멸한 앗수르를 벌할 참이었다. 만일 히스기야 시대에 하나님이 기적적으로 개입하지 않으셨으면 나훔의 조국인 유다도 동일한 운명에 처했을 것이다.

앗수르는 미워하기가 쉬운 적이다. 그 군사들은 도시들을 파괴하고 포로들을 사슬에 묶어 데려갔으며 비옥한 농토를 못 쓰게 만들었다. 이처럼 앗수르의 잔혹함을 모두 경험한 유다 시민들의 마음에 한 가지 질문이 그들을 괴롭혔다. 앗수르는 현대의 터키에서 시작해서 페르시아만과 애굽에 이르기까지 광대한 지역을 파괴하고 짓밟았다. 그런데 왜 하나님은 앗수르는 벌하지 않고 지나치시면서 작은 유다에게는 그 죄를 물으시는 것일까?

앗수르를 위해 예비된 것

나훔은 이처럼 강력한 앗수르라 할지라도 곧 멸망할 것이라고 담대하게 예언한다. 누가 그의 말을 믿을 수 있단 말인가? 거의 삼백 년 동안 세계를 지배한 강력한 제국 앗수르가 곧 사라질 것이라니 말이다. 나훔은 이 예언의 말씀을 약 주전 700년에 전했다. 수십 년이 지나 주전 612년에 앗수르의 마지막 요새가 바벨론과 페르시아 군에게 무너졌다.

나훔은 앗수르와 그의 수도 니느웨에 대해 예언한 최초의 선지자가 아니다. 오래 전에 요나가 이 동일한 원수에게 회개할 기회를 주었다. 요나 시대에 니느웨 사람들은 그의 말에 반응하였고 하나님은 그 도성을 구하셨다. 그러나 그들의 마음의 변화는 오래가지 못했다. 나훔 시대에 니느웨는 다시 악한 길로 돌아섰다.

모든 성경의 선지자들이 그렇듯이 나훔도 위협적인 역사의 강대국들의 뒤를 보았다. 그는 제국의 흥망성쇠 뒤에는 더 위대한 힘이 작용한다는 것을 알았다. 아무리 시간이 오래 걸린다 할지라도 궁극적으로는 그 힘이 모든 것을 결정했다.

⁑ 오늘날에 자행되는 불의 중에 형벌 받기를 원하는 것은 무엇인가?

토론하시는 하나님: 선지자가 모든 사람이 하는 질문을 하다

어찌하여 내게 죄악을 보게 하시며 패역을 눈으로 보게 하시나이까 합 1:3

많은 경우에 인생은 불공평해 보인다. 캘커타, 리우데자네이루, 뉴욕의 이스트 브롱크스의 슬럼가에서 자라나는 아이들은 무슨 죄가 있는가? 아돌프 히틀러, 조셉 스탈린, 사담 후세인과 같이 수많은 사람들에게 죽음과 고통을 준 폭군 독재자들이 왜 권력을 가져야만 하는가? 왜 친절하고 부드러운 사람들이 인생의 황금기에 사라지는 반면에 비열한 사람들은 늙어 죽을 때까지 사는가?

우리 모두는 모양은 다르지만 이런 질문을 한다. 하박국 선지자도 하나님께 직접 이런 질문을 했지만 아무런 대답도 얻지 못한다. 하박국은 강한 어조로 말한다. 그는 자신이 주변에서 명백하게 볼 수 있는 불공평한 일에 대해 왜 하나님께서 대답하지 않으시는지 그 이유를 설명해 달라고 요구한다.

여전히 장악하고 계신 하나님

하나님은 징계를 위해 바벨론 군대를 보내시겠다고 하박국에게 말씀하심으로써 응답하신다. 이런 말에 하박국은 망연자실한다. 왜냐하면 바벨론은 그가 보기에 유다보다 훨씬 악한 적군이기 때문이다. 비록 바벨론 사람들이 자신의 신들을 가지고 있지만 하박국은 실제로 그들이 그들의 '그물' 즉 그들의 군사력을 숭배한다고 주장한다. 분명히 하나님도 이에 동의하신다. 왜냐하면 그분은 그들을 "자기들의 힘을 자기들의 신으로 삼는 자들"이라고 묘사하셨기 때문이다(합 1:11-16).

하박국서는 악의 문제를 해결해주지 않는다. 그러나 하박국은 하나님과의 대화를 통해 한 가지 사실을 확신했다. 그것은 하나님이 통제권을 잃지 않았다는 점이다. 하나님은 바벨론 사람들을 그들의 조건에 맞게 처리하시겠다고 약속하신다. 공의의 하나님이신 그분은 악이 승리하도록 허락하실 수 없으며, 결국에는 강력한 힘으로 개입하셔서 어떤 부정도 남아나지 않을 때까지 땅의 기초를 흔드실 것이다.

하나님과 토론을 벌이면서 하박국은 믿음에 대해 새로운 교훈들을 배운다. 그리고 그 교훈은 하박국 3장에 아름답게 표현되어 있다. 대화를 통해 하박국은 하나님에 대한 불평에서 점차 그분에 대한 감사의 기도의 노래로 옮겨간다.

⁑ 당신의 인생에서 하나님께서 공의를 이루시는 것을 목도한 적이 있는가?

부패한 지도층: 본데 있게 자란 선지자가 유다의 패망을 멈추려 하다

여호와를 의뢰하지 아니하며 자기 하나님에게 가까이 나아가지 아니하였도다

습 3:2

미가와 이사야와 같은 선지자들의 영향 때문에 선한 왕인 히스기야는 유다 땅이 회복되도록 도왔다. 그러나 히스기야와 같은 훌륭한 왕은 드물었고 그 뒤를 이은 두 왕은 정말 들어본 적이 없는 그런 왕들이었다. 히스기야가 죽은 후 유다 전 역사 중에 가장 악한 왕 중의 하나인 므낫세가 왕좌에 오른다. 이스라엘과 유다 역사 중에서 가장 오랜 기간인 반세기 동안 므낫세는 히스기야가 이뤄놓은 모든 선한 것을 뒤집는다.

부끄러운 줄 모르는 폭군 므낫세는 예루살렘 거리를 피로 채운다. (전통에 따르면 그는 이사야 선지자를 톱으로 반 토막을 낸 자이다.) 므낫세가 죽을 즈음에 유다 땅에 하나님과 언약을 기억나게 하는 것들은 거의 없었다. 산당은 넘치고 예루살렘의 상점들은 가정에 모실 우상들과 박수와 무당을 광고했다. 하나님의 택하신 백성들은 이방인들을 뺨쳤다.

다음 왕인 므낫세의 아들 아몬은 자기 아버지의 발자취를 따르기 시작했다. 하지만 이번에는 그의 신하들이 반란을 일으켜 2년 후에 그를 살해한다. 고삐 풀린 유다 나라는 무정부 상태를 향해 나아갔다. 아몬의 지지자들에 의해 왕관을 쓴 어린 왕자 요시아는 장래가 촉망되어 보이지 않았다.

잘못된 방향을 가리키다

요시아의 초기 통치 시절에 스바냐 선지자는 유다 전역에 퍼져가고 있는 타락에 대해 말했다. 다른 선지자들은 소농출신이었지만 스바냐는 자랑스럽게도 히스기야 왕의 후손이었다. 그러나 높은 사회적 지위에 있는 사람들과 달리 그는 상류층을 변호하려 하지 않았다. 관료, 제사장, 통치자, 재판관, 심지어 동료 선지자들도 스바냐의 분노의 대상이 되었다.

유다의 지도자들은 온 나라를 자멸의 길로 이끌어가고 있었다. 만일 백성이 이를 돌려놓지 않으면 예루살렘은 멸망한 이웃 나라와 같은 운명에 처할 것이다.

⁑ 무엇이 당신을 하나님에게서 더 멀어져 가게 하는가?

필요한 격려: 학개가 부드럽게 말하지만 큰 충격을 주다

그러므로 이제 만군의 여호와가 이같이 말하노니 너희는 너희의 행위를 살필지니라

학 1:5

바벨론에서 오랜 포로생활을 마치고 첫 번째 난민들이 고향 예루살렘으로 돌아왔을 때에 폭발한 에너지는 오래가지 못했다. 얼마 안 되어 이스라엘 국경지대의 부족들 사이에 반대가 일었고, 이 부족들은 전통적인 적이 다시 일어나는 것에 고운 시선을 보내지 않았다. 특히 성전 재건 문제는 기적을 행한 이스라엘 하나님의 능력에 대한 이야기를 들었던 터라 그들에게는 위협적인 경종이 되었다.

이처럼 강한 반대에 직면하면서 유대인들은 열정을 잃어버리거나 그 열정을 다른 프로젝트로 돌렸다. 성전 재건의 역사는 중단되었다. 대신에 유대인들은 안주하여 이전의 번영을 다시 찾기 위해 일했다.

처음 예루살렘으로 돌아온 지 약 20년이 지난 후에 학개라 불리는 선지자가 예루살렘에 나타나 점차 퍼져가는 무관심과 혼동을 대적했다. 부드러우면서도 예의바른 그는 조용히 물었다. "이 성전이 황폐하였거늘 너희가 이 때에 판벽한 집에 거주하는 것이 옳으냐"라고 그가 물었다(학 1:4).

최우선 순위의 일

학개는 정착민들로 하여금 그들의 우선순위를 재검토하도록 만들었다. 후에 예수님께서 하신 말씀은 학개의 메시지를 잘 요약해 준다. "그러므로 염려하여 이르기를 무엇을 먹을까 무엇을 마실까 무엇을 입을까 하지 말라 … 너희는 먼저 그의 나라와 그의 의를 구하라 그리하면 이 모든 것을 너희에게 더하시리라"(마 6:31,33).

놀랍게도 학개는 자신의 청중에게서 즉각적인 반응을 얻어냈다. 20년 동안 성전 재건을 방치했던 이스라엘 백성들은 다시 일하기 시작했다. 하나님의 엄하심은 즉각 녹아내리셨다. 하나님은 "내가 너와 함께 하느니라"고 말씀하셨다. 마지막 선지자 중 한 사람인 학개는 자비로 응답하시는 하나님의 열심을 보여주었다.

⁝ 오늘날 당신의 영적 우선순위를 산만하게 하는 것은 무엇인가?

시야 넓히기: 스가랴가 더 밝은 미래를 가리키다

이 일이 그 날에 남은 백성의 눈에는 기이하려니와 내 눈에야 어찌 기이하겠느냐 만군의 여호와의 말이니라 슥 8:6

학개 선지자가 사역을 시작한지 두 달이 지나자 스가랴라 불리는 한 젊은 선지자가 그의 캠페인에 동참하여 예루살렘 거민들의 사기를 높였다. 학개는 유대인들에게 그들의 현재 상태를 살펴보고 필요한 변화를 이루라고 부탁한 반면에 스가랴는 그들에게 현재를 넘어 '진리의 성읍' 인 새 예루살렘을 바라보라고 청했다.

당시에 개척자들은 임박한 목표에 초점을 맞추었다. 즉 그들은 다음 절기의 곡식을 심고, 가족들을 위한 거처를 마련하며 버려진 도시에 사람들이 다시 살도록 하는 것에 초점을 맞췄다. 스가랴는 그들의 눈을 들어 훨씬 더 영광스러운 미래를 보게 했다. 그 때에 예루살렘은 세상의 빛이 되고, 열방의 사람들은 이 성읍으로 와서 유대인들에게 "하나님이 너희와 함께 하심을 들었나니 우리가 너희와 함께 가려 하노라"고 말할 것이다(슥 8:23). 선지자는 그런 상태에 이르기 위한 처방을 내린다. 즉 새로운 사회는 공의와 정직, 성실과 평화에 근거해 지어져야만 한다.

이게 전부인가?

무너진 도성을 재건하는 데 열심이었던 유대인들은 서로에게 "하나님이 우리를 위해 마음에 가지고 계신 계획이 이게 전부인가?"라는 질문을 자주 했을 것이다. 스가랴는 큰 소리로 "아니오!"라고 분명하게 대답했다. 지금은 작은 난민 공동체에 불과한 그들이 온 세상의 구세주이신 메시야가 오는 길을 예비할 것이다.

학개의 인도를 따라 스가랴는 첫 번째 단계로 성전을 재건할 필요성을 역설한다. 두 사람은 힘을 합쳐 그들의 동포들에게 큰 영향력을 발휘한다. 4년이 안 되어 새로운 성전이 자랑스럽게 세워지고 다시 한 번 이 나라는 하나님과 처음 맺었던 언약을 상기시키는 중심지가 되었다.

⁝ '하나님이 나를 위해 마음에 가지고 계신 계획이 이게 전부인가' 라는 질문을 마지막으로 한 것이 언제인가?

저급한 실망감: 하나님을 섬기는 것이 무슨 소용인가?

정의의 하나님이 어디 계시냐? 말 2:17

구약의 마지막 책인 말라기서는 다음 400년의 침묵 기간의 서주 역할을 한다. 이스라엘의 관점에서 볼 때 이 400년은 '기대가 사라진 시대' 이라 명명할 수 있다. 그들은 약속의 땅으로 돌아왔지만 그 땅은 그리스와 로마와 같은 제국의 변방으로 남아 있었다. 선지자들이 말한 승리와 세계평화의 미래는 요원해 보였다.

심지어 재건된 성전도 향수의 아픔을 자아냈다. 왜냐하면 새 건물은 솔로몬 성전의 장엄함에 거의 비할 수 없었기 때문이었다. 일반적인 불만감이 유대인들 사이에 들어왔고 하나님에 대해 저급한 실망감이 생겨났다.

기념책

말라기는 자녀인 이스라엘이 그들의 아버지인 하나님께 불만을 말하는 대화 형식으로 책을 지었다. 그들은 하나님의 사랑과 공평성에 질문을 한다. 한 가지 불만이 다른 불만보다 그들을 더 괴롭힌다. 즉 하나님을 따랐지만 예상한 보상을 받지 못했다. 2장 17절과 3장 14절과 같은 구절에서 사람들은 특별한 상급도 받지 못하면서 하나님을 섬기는 것은 아무런 소용이 없다고 심하게 불평한다.

이에 대해 하나님은 의인이 지금 당장 더 잘 된다고 그들을 설득하려 하지 않으신다. 오히려 하나님은 신실한 자들을 '기념책'(말 3:16)에 기록하시고 하나님께서 미래에 반드시 공의의 심판을 행하실 것이라는 사실을 그들에게 상기시키신다. 하나님을 섬기는 것의 가치는 그것이 오늘 당장은 아닐지라도 어느 날 분명해질 것이다. 말라기는 백성들에게 그들의 이기심을 넘어 그분의 소중한 소유를 버리지 않으시는 언약의 하나님을 믿을 것을 촉구한다.

최소한 말라기의 메시지 중에 어떤 것들은 계속 유효하다. 다음 4세기 동안 개혁 운동들이 일어나 율법을 지키고자 하는 관심에 다시 불을 붙였으며, 이런 운동들은 예수님의 시대까지 계속 살아남았다.

⁝ 하나님의 사랑과 공평하심에 대해 마지막으로 의문을 가졌던 때가 언제였는가? 하나님께서는 자신을 당신에게 입증해 보이셨는가?

그 후 400년이 지나다

Story 6

하나님 나라의 이야기

성경인물

요셉: 계부

계부는 인생에서 가장 어려운 임무 중 하나를 맡는다. 그것은 자신이 낳지 않은 아이를 양육하는 것이다. 요셉이 처음에 자기 약혼녀 마리아가 다른 사람의 아이를 임신했다는 사실을 알았을 때에 깊은 마음의 상처를 받았을 것이다. 율법에 따르면 그는 마리아를 간음죄로 고소해서 처형할 권리가 있었다. 그런데 한 천사가 꿈에 나타나 그에게 아기에 대해서 이야기해주었다. 요셉은 이에 순종하여 마리아를 데려왔다. 그녀의 아이는 하나님에게서 왔기 때문이었다(마 1:18-25).

요셉은 세 번이나 꿈을 통해 천사의 메시지를 받았으며, 그때마다 요셉은 그가 계획하거나 바라지 않은 조치를 취해야 했다. 첫 번째로 그는 그가 한 번도 자지 않은 아내와 그의 아이가 아닌 아이를 보살피라는 부르심을 받았다. 그리고 나중에는 멀리 애굽으로 도망하라는 명령을 받았으며 다시 고향으로 돌아가라는 명령도 받았다. 그곳의 의심 많은 이웃들은 아마 마리아가 결혼 전에 임신했다는 사실을 여전히 기억하고 있을지 모르겠다.

우리는 요셉에 대해 한 가지를 알고 있다. 그는 순종했으며 어려운 상황에서 천사의 명령을 따랐다. 충성스러운 계부인 그는 그 아들을 마치 자기 아들인 것처럼 대우했고, 유대 율법을 따라 그를 양육했다. 목수였던 그는 예수님에게 망치질과 톱질하는 법을 가르쳤다. 의인인 그는 순종의 삶의 모범을 보여주었다.

예수님이 12살 때의 사건을 통해 우리는 마지막으로 요셉에 대한 이야기를 듣는다. 그 이후로 성경은 오직 예수님의 어머니인 마리아와 형제들에 관해서만 언급한다.(요 19:25~27, 아마도 요셉은 예수님이 공생애를 시작하기 전에 죽었던 것 같다. 십자가에서 예수님은 자기 어머니를 그의 제자에게 부탁하셨다.) 그러나 계부로서 충성을 다한 요셉은 세상에 영원한 공헌을 했다.

선동적인 말: 예수님의 청중이 알아듣지 못하다

심령이 가난한 자는 복이 있나니 천국이 저희 것임이요 마 5:3

감정 충만한 한 단어, 즉 하나님의 나라라는 단어가 주는 이미지들—밝은 색깔의 깃발들, 빛나는 군대, 솔로몬 성전의 황금과 상아, 영광스럽게 회복된 이스라엘 나라—은 예수님의 말씀을 듣는 청중들 마음에서 춤을 춘다. 예수님은 유대인의 가슴을 뛰게 하는 이 단어를 자주 사용하셨다. 그분의 첫 메시지도 "회개하라. 천국이 가까이 왔느니라"였다(마 4:17).

예수님이 말씀하시면서 변화의 바람이 이스라엘 전체에 불고 있었다. 열심당원이라 불리던 게릴라 전사들도 군중의 가장자리에 서 있었다. 무기로 무장하고 조직이 잘된 이들은 예수님이 압제하는 로마제국과 싸움을 벌이길 기대했다. 그러나 반역의 조짐은 결코 나타나지 않았다. 실망스럽게도 예수님은 정치나 군사적 왕국에 대해서는 말씀하시지 않으셨다. 예수님의 말씀에 기대를 가졌던 그들은 혼동에 빠졌고 결국 분노하며 그분을 거절했다. 예수님이 오래 동안 기다렸던 하나님 나라의 회복이 이루어 지지 않자 예수님의 기적에 대한 초기의 흥분은 실망으로 변했다. 우리가 보는 것처럼 군중이 아는 하나님의 나라라는 단어는 예수님이 말씀하시는 그것과는 너무나 다른 의미를 지녔다.

두 가지 종류의 역사

예수님은 두 가지 종류의 역사가 동시에 진행되고 있다고 가르치셨다. 우리는 가족, 사람, 도시, 국가처럼 보이는 세계, 즉 '이 세상 나라' 에서 살고 있다. 그러나 예수님은 사람들에게 보이지 않는 나라, 즉 '천국' 에 그들의 삶을 드릴 것을 촉구하셨다. 그 나라는 보이는 나라의 그 어떤 것보다 더 중요하고 소중했다. 그것은 마치 세상에서 가장 좋은 진주와 같다고 주님은 말씀하신다. 그래서 우리가 여기에 모든 것을 투자할 만한 가치가 있다.

산상수훈의 중요한 설교에서 보듯이 천국에서의 성공은 세상의 가치관과는 완전히 반대이다. 예수님은 "심령이 가난한 자가 복이 있다"고 말씀하신다. 그리고 또한 천국은 애통하는 자, 온유한 자, 의에 주리고 목마른 자, 핍박 받는 자의 것이라고 말씀하신다. 이 세상에서의 지위는 천국에서의 지위를 보장해 주지 않는다.

⁑ 당신은 이 세상 나라에서 성공하려고 하는가 아니면 하나님 나라에서 성공하려고 하는가?

산상수훈: 기도의 모범과 당혹스러운 조언들

너희는 먼저 그의 나라와 그의 의를 구하라 그리하면 이 모든 것을 너희에게 더하시리라 마 6:33

계속되는 산상수훈인 마태복음 6장은 주님의 기도를 담고 있다. 아마도 이 기도는 모든 시대에 걸쳐 가장 유명한 기도일 것이다. 예수님이 보여주신 이 기도의 모델은 하나님 나라의 메시지를 잘 보여준다. "나라이 임하옵시며, 뜻이 하늘에서 이룬 것같이 땅에서도 이루어지이다." 예수님은 두 세상을 하나로 통합하려 하시며 산상수훈을 어떻게 이룰 수 있는지를 설명해 준다.

얼핏 보면 예수님의 조언 중에 어떤 것들은 정말 어리석어 보인다. 구하는 자에게 주라. 네 원수를 사랑하라. 다른 뺨도 돌려대라. 거저 빌려 주어라. 입을 것과 먹을 것을 염려하지 말라. 이런 이상주의가 '보이는 현실' 세상에서 작동하겠는가? 이것이 바로 예수님이 말씀하시는 핵심이다. 안정감, 인색함, 자의적인 태도에 대한 너의 집착을 깨라. 대신에 아버지 하나님을 의지하라. 하나님께서 너의 길에 찾아오는 개인적인 불의들을 처리하시도록 허락하라. 하나님께서 너의 날마다의 필요들을 돌보실 것을 신뢰하라. 한 마디로 천국의 메시지는 다음과 같다. "너 자신을 위해 살지 말고 오히려 하나님을 위해 살라."

이 메시지는 상급에도 적용된다. 우리 중 대다수는 찬사, 치켜세우기, 박수, 관대한 칭찬과 같은 상급을 얻기 위해 친구나 동료를 바라본다. 예수님의 말씀에 따르면 훨씬 더 중요한 상급이 하나님의 천국에서 주어진다. 따라서 가장 중요한 행동은 은밀히 해야 하며, 하나님 이외에 어느 누구도 보지 못하도록 해야 한다. 오직 하나님만이 이를 보상하시기 때문이다.

미래의 저축 통장

예수님께서 설명하신 대로 우리는 일종의 저축 통장에 '보물을 쌓고' 있는 중이다. 그 통장은 이 땅에 있지 않고 하늘에 있으며, 이생에 겪은 모든 고난을 보상해주시기에 충분한 보물을 가지고 있다. 구약성경은 내세에 대하여 희미한 그림자만 비추지만 예수님은 "의인들은 자기 아버지 나라에서 해와 같이 빛나는" 그곳에 대해 명백하게 말씀하신다(마 13:43).

하나님 나라를 추구함에 있어서 예수님 당시의 유대인들은 주로 번영이나 정치적 권력을 통해 이생에서 하나님의 인정하시는 표적을 구했다. 이 말씀을 기두起頭로 예수님은 초점을 내세로 바꾸신다. 주님은 보이는 이 세상에서의 성공을 무가치한 것으로 치부하신다. 미래의 삶에 투자하라고 주님은 경고하신다. 왜냐하면 동록이나 강도나 심지어 곤충이 이 세상에 쌓아 놓은 모든 것을 파괴할 수 있기 때문이다.

⁝ 당신이 알고 있는 사람들 가운데 이런 원리들을 실제로 실행하는 자들은 누구인가?

성경인물

침(세)례 요한: 새로운 것

패션에는 오직 한 가지 목적만이 있을 뿐이다. 그것은 사람들의 관심을 끄는 것이다. 처음에 새로운 모습은 충격적이다. 많은 사람들이 "와!"하고 감탄을 한다. 어떤 이들은 "웩!"하고 불쾌감을 나타낸다. 그것이 짧은 치마이든 긴 치마이든, 코 거리든 귀 거리든 페이즐리 무늬이든 파스텔 풍이든 새로운 것은 이목을 끌기 위해 튀어야만 한다.

침(세)례 요한은 새로운 것이었다. 그는 분명 주위에서 두드러진 존재였다. 그는 자기 아버지처럼 제사장이 될 수도 있었지만 세마포 대신에 거친 낙타털로 된 옷을 입었다. 그는 예루살렘으로 가는 대신에 광야로 가서 메뚜기와 석청을 먹었다. 예루살렘에 있었으면 그는 백성들이 하나님께 드린 제물의 일부를 풍미할 수 있었을 것이다.

요한의 범상치 않은 스타일은 그의 불타는 메시지에 사람들의 관심을 돌리는 데 도움이 되었다. 그것은 메시야께서 곧 나타나실 것이며 사람들은 자신의 사는 방식을 바꿔야 한다는 메시지였다. 요한의 말을 들으려고 군중들이 그에게 몰려들었고, 그는 요단 강에서 회개의 표시로 침(세)례를 주었으며 이로 인해 '침(세)례 요한' 이란 별명을 얻었다.

예수님과 같은 권위자가 말씀하시길 지금까지 살았던 사람 중에 요한보다 위대한 사람은 없었다고 하셨다(마 11:11). 그러나 숨도 쉬지 않고 바로 예수님은 하나님의 나라에서 지극히 작은 자도 요한보다 크다고 말씀하셨다. 요한은 구

시대 질서에서 최고의 사람이었지만 하나님 나라라는 새로운 질서는 그의 위대함보다 훨씬 더 빛날 것이다.

요한은 이런 비교의 말씀을 어려움 없이 받아들였다. 요한이 예수님을 보았을 때에 그는 "세상 죄를 지고 가는 하나님의 어린 양"을 알아보았다(요 1:29). 그는 자신을 예수님의 신발끈 풀기도 감당치 못할 존재로 여겼다. 침(세)례요한은 자신에게 이목을 끌려하지 않았다. 오히려 그는 예수님을 가리켰다.

헤롯 안티파스가 요한을 체포하여 처형했을 때에(마 14:1-12), 대다수의 요한의 제자들은 예수님을 따랐다. 그러나 먼 곳에 사는 사람들이 예수님에 대해 온전한 메시지를 듣는 데에는 오랜 시간이 걸렸다(행 18:24-26;19:1-7). 그들도 역시 곧 그리스도의 길을 택했다. 요한의 위대한 영향력에도 불구하고 그가 자신의 '교회'를 명백하게 남기지 않은 것은 그가 성공한 표식이었다. 그의 추종자들은 예수님을 영접할 준비가 되어 있었다.

⁂ 어떻게 하면 당신의 라이프스타일을 통해 사람들이 예수님을 영접하도록 도울 수 있겠는가?

하나님 나라의 이야기: 왜 예수님은 그렇게 많은 이야기를 하시는가?

제자들이 예수께 나아와 이르되 어찌하여 그들에게 비유로 말씀하시나이까

마 13:10

작가들은 비유를 통해 심오한 진리를 전하시는 예수님의 기술에 놀란다. 그분이 든 비유들은 짧고 단순한 일상의 이야기지만 핵심을 담고 있었다. 이야기는 개념이나 논리적인 개요보다 기억하기가 쉽기 때문에 모든 사람들은 이야기를 좋아한다. 예수님은 글을 모르는 농부나 어부들도 알아들을 수 있는 용어로 말씀하셨다. 예수님의 명작 비유 중에 약 30개 정도가 복음서에 남아 있다.

예수님은 마태복음 13장에 기록된 이야기를 하실 때에 배를 타고 해변에 둥둥 떠 계셨다. 그래서 그분의 목소리는 모여 있던 수많은 군중에게 잘 전달되었다. 이 이야기들은 농사에 관한 일, 빵을 만들기 위한 반죽, 감춰진 보물찾기, 고기잡이와 같은 일상에 관한 것이어서 예수님은 군중의 관심을 지속적으로 끄셨다. 그리고 후에 주님은 제자들에게 이 이야기들의 더 깊은 의미들을 드러내셨다.

예수님께서 제자들에게 비유로 말씀하셨을 때에 이는 청중을 키질하는 효과가 있었다. 재미 삼아 온 구경꾼들은 즐거운 이야기 몇 편을 듣고 집으로 돌아갔지만 보다 진지한 탐구자들은 더 깊은 해석을 듣기 위해 예수님께 돌아와야만 했다.

세상 나라와 다른 나라

마태복음 3장은 예수님이 '천국'에 대해 말씀하신 이야기를 담고 있다. 마태복음에서만 천국이란 말이 32번 나온다. 예수님은 이 용어에 대해 정확한 정의를 한 번도 내리시지 않았지만 천국의 성격에 대해 많은 단서를 제공해 주셨다. 그 나라는 그리스, 중국, 스페인과 달리 지리적 국경이 없어서 지도상에 그릴 수가 없다. 그 나라 시민들은 원수들과 함께 살았고 무장한 국경선으로 분리되지도 않았다. 예수님은 천국이 놀라운 속도로 자랄 것이며, 심지어 멸망할 수밖에 없는 악한 세상에서 그렇게 될 것이라고 예언하신다.

요약해 말하면 '천국'은 이 세상에 존재하는 하나님의 통치이다. 그 나라는 하나님의 뜻을 충성스럽게 따른 열방의 모든 민족들로 구성되어 있다. 예수님은 이 새로운 나라가 하나님의 섭리 가운데 크게 전진할 것을 강조하신다. 주님은 그 나라에서 가장 작은 자가 위대한 침(세)례 요한보다 위대하다고 말씀하신다(마 11:11).

보다 더 전통적인 권력과 리더십의 이미지에 익숙한 제자들은 결코 예수님이 말씀하신 나라의 개념을 이해하지 못한다. 그들은 그분의 비유를 설명해달라고 계속 요구하면서도 헛된 마음을 품고 높은 지위를 얻기 위해 다툰다. 예수님께서 죽으시고 다시 부활하시기 전에 그들은 이 땅에서의 그분의 사명을 이해하지 못했다.

⁂ 당신은 언제 가라지 가운데 있는 알곡—복음을 말살하려는 세력들 가운데 사는 예수님의 제자—과 같은 느낌이 가장 많이 드는가?

성경인물

헤롯 가문: 낮은 권세

헤롯 가문은 마치 연극에 등장하는 조연들처럼 신약의 배경을 수놓는다. 이상하게도 그들 생각과 당시 대다수의 사람들 생각에 그들은 주연이었다.

현대 미국의 케네디가나 유럽 역사의 왕족들처럼 헤롯가도 왕가였다. 그들은 거의 절대 권력을 가진 로마제국을 대신해 이스라엘을 통치했다. 그러나 그런 권력은 초대 교인들에게 인상을 주지 못했다. 왜냐하면 교인들은 더 높은 권세를 경배했기 때문이다. 헤롯가 사람들은 영적으로 너무 무지해서 그 권세를 알아차리지 못했다.

신약성경에서 헤롯이라 불리는 왕은 세 명이었다. (네 번째 왕인 아그립바도 같은 헤롯가의 후손이다.) 이 세 사람들은 모두 예수님과 그의 제자들과 부딪혔다.

헤롯 대왕은 예수님이 탄생하셨을 때에 통치했다. 그는 동방박사들을 만났으며 그들에게 베들레헴을 가리켰고, 그런 뒤에 그들이 어린 왕을 가르쳐주지 않고 사라지자 그 지역의 사내아이들을 다 죽였다(마 2장). 다른 역사 자료를 보면 이런 행동이 이 헤롯에게는 너무나 당연한 행동이었음을 암시한다. 그는 자기 아들들이 자신의 권좌를 위협한다고 생각했을 때에 아들들도 살해했다.

헤롯 안티파스로 알려진 분봉 왕 헤롯은 헤롯 대왕의 아들 가운데 하나였으며, 아버지의 폭정에서도 살아남았다. 아버지가 죽자 그는 예수님의 고향인 갈릴리 지역을 통치했다. 침(세)례요한이 헤롯과 그의 애인의 도덕성을 비난하여 그들의 기분을 건드리자 헤롯은 요한을 투옥하고 나중에 그를 참수했다. 예수님도 재판을 받으실 때에 헤롯의 손에 넘어가셨다. 헤롯은 예수님에 대한 소문을 듣고 그분이 기적을 행하는 모습을 보고 싶어 했다. 그러나 예수님께서 협조하지 않자 헤롯은 주님을 조롱하고 다시 빌라도에게 보냈다(눅 23:6-12).

헤롯 대왕의 손자인 헤롯 아그립바 1세도 다음 세대에 이러한 패턴을 계속 이어갔다. 그는 교회가 처음 성장하기 시작할 때에 예루살렘을 통치했다. 그는 초대 교인들을 핍박했고 야고보를 처형했으며 베드로를 포함해 많은 그리스도인들을 체포했다. 베드로가 하나님의 도우심으로 탈출했을 때에 헤롯은 파수꾼들을 처형했다. 사도행전은 헤롯 아그립바가 갑작스럽게 죽었다고 말한다. 왜냐하면 그는 군중이 그를 신으로 환호했을 때에 "하나님께 영광을 돌리지 않았기" 때문이었다(행 12:23).

현대인들은 헤롯의 잔혹한 행동에 초점을 맞추는 경향이 있지만 당시 통치자들은 대다수 잔혹했다. 성경은 헤롯 왕가가 이 땅의 진정한 권세를 인식하지 못했음을 보여준다. 그것은 하나님께 속한 권세였다.

⁝ 당신은 복음 때문에 세상의 정치인이나 통치자들에게 위협을 받은 적이 있는가?

속박에서 벗어남: 율법주의는 뭐가 그리 나쁜가?

너희가 각각 마음으로부터 형제를 용서하지 아니하면 나의 하늘 아버지께서도 너희에게 이와 같이 하시리라 마 18:35

행위를 규정하는 법들을 엄격하게 따르는 율법주의자들은 처음에 얼핏 보면

의로워 보인다. 그러나 예수님은 교묘한 율법주의를 경고하신다. 이상하게 율법주의는 하나님에 대한 견해를 낮추는 경향이 있다. 엄격한 규정집의 모든 요구를 충족시키려 할 때에 나는 나의 선함에 대해 안정감을 느끼기 시작할지 모른다. 실제로 나는 나의 노력을 통해 하나님의 인정을 획득했다고 생각할 수 있다.

예수님의 적(바리새인들)과 그분의 친구(제자)들은 하나님께 대한 의무를 다했다고 느끼기 위해 모든 규정들을 정확하게 지키려했다. 그리고 이는 그들에게 일종의 만족감을 주었다. 그러나 예수님은 이런 사람들에게 큰소리로 "그렇지 않다"고 외치신다. 우리는 결코 하나님의 필요를 완전히 채우지 못한다. 우리는 결코 그리스도인다운 삶에 도달하지 못한다. 우리는 자비와 힘을 얻기 위해 계속해서 하나님을 의지해야만 영적으로 생존할 수 있는 존재이다.

용서의 수학

예수님의 제자인 베드로는 터무니없게도 용서를 수학공식으로 풀어 보려 했다. 이제 누군가를 정확히 몇 번이나 용서해야만 하는지 보자. 여섯 번? 일곱 번?(마 18:21). 예수님은 이 질문을 슬쩍 피하시면서 하나님의 용서에 대해 심오한 이야기를 해주신다. 즉 용서는 너무나 크고 모두를 아우르기 때문에 어떤 수학 공식도 거부한다.

바리새인들은 마태복음 19장에서도 계속해서 이혼에 대한 공식을 고정시키려고 한다. 이에 예수님은 다시 한 번 그들이 듣고 싶어 하는 대답을 회피하면서 대신에 모든 결혼의 기초가 되는 원리들을 말씀하신다. 나중에 19장에서 예수님은 부자 청년에게 그의 전 재산의 18.5퍼센트만을 다른 사람들에게 주라고 말씀하지 않으신다. 주님은 그들에게 모든 것을 주라고 말씀하신다. 주님은 간음을 성교에만 국한시키지 않으신다. 주님은 그것을 마음의 간음인 음욕과 연결시키신다. 살인? 원칙적으로 분노는 살인과 다름이 없다.

요약하면 예수님은 언제나 시각을 낮추는 것을 거절하셨다. 주님은 모든 형태의 율법주의와 공로를 쌓으려고 하는 어떤 인간의 시도도 반대하셨다. 공로는 하나님의 몫이지 우리들의 몫이 아니다. 율법주의자들이 직면한 문제 중 심각한 것은 그들이 하나님의 은혜의 복음을 놓칠 수 있다는 것이다. 복음은 그럴 만한 가치가 없는 사람들에게 하나님께서 거저 주시는 선물이다.

⁝ 같은 일을 반복해서 행하는 사람을 용서하는 것이 당신은 어려웠는가?

운명적인 약속: 조용한 동산에서 일어난 배신

내 아버지여 만일 할 만하시거든 이 잔을 내게서 지나가게 하옵소서 그러나 나의 원대로 마시옵고 아버지의 원대로 하옵소서 마 26:39

쓰디 쓴 역설의 터치 가운데 최후의 만찬의 친밀한 장면은 겟세마네의 잔혹한 장면과 큰 대조를 이룬다. 시련은 조용하고, 시원한 감람나무 동산에서 기도하시는 예수님과, 밖에서 예수님을 기다리다 졸고 있던 세 명의 제자들로부터 시작된다. 동산 안에서는 모든 것이 평화롭지만 밖에서는 지옥의 모든 세력들이 다가오고 있다.

무장한 폭도들이 예수님을 생포하여 고문하기 위해 동산으로 오고 있다. 주님은 두려움을 느끼시고 버림받았다고 느끼신다. 얼굴을 땅에 대고 엎드리셔서 주님은 돌파구를 위해 기도하신다. 인류의 미래, 나아가 우주의 미래가 "땀이 땅에 떨어지는 핏방울 같이 되도록"(눅 22:44) 기도하시는 한 분으로 좁혀진다.

억센 베드로는 전통적인 방법으로 ? 무력으로 ? 악과 싸울 준비를 하고 있다. 그가 그중 한 사람의 귀를 자르자 예수님은 베드로의 폭력을 멈추시고, 그분의 마지막 기적을 베푸신다(눅 22:50-51).

구조 계획이 없음

예수님은 자신을 방어할 능력이 있으시지만—원하시기만 하면 주님은 군대를 이룬 천사들을 파송하여 전투를 하실 수 있다—주님은 이를 사용하지 않으신다. 보이지 않는 세계에서 마지막 순간의 구조 계획이 없다는 것을 알아차린 제자들은 모두가 줄행랑을 친다. 두려움이 그들의 마지막 깜빡거리는 소망의 빛을 꺼버렸다. 만일 예수님이 자신을 보호하지 않으신다면 어떻게 그분이 자신들을 보호해 주시겠는가?

마태는 겟세마네 동산에 계신 주님과 산헤드린에 서시기 전까지의 주님의 모습을 묘사했는데, 여기서 주님은 '희생자'의 이미지가 강하다. 진실로 통제권을 가지신 분은 유다와 폭도 그리고 대제사장이 아니라 예수님이시다. 대제사장은 "네가 하나님의 아들 그리스도인지 우리에게 말하라"고 요구한다. 이에 예수님은 "그렇다. 네가 말한 대로 내가 그로라"고 간단하게 대답하신다.

이 단순한 인정으로 인해 예수님은 사형 언도를 받는다. 산헤드린의 의원들은 메시야에 대해 다른 기대를 가지고 있었다. 그들은 그들을 무력으로 해방시켜줄 정복자를 원했다. 예수님은 오직 한 가지, 자신의 죽음을 통해 그들을 진실로 자유롭게 할 것을 아셨다. 주님은 바로 이를 위해 이 땅에 오셨다.

⁝ 당신이 그리스도의 제자이기 때문에 삶이 위협을 받는다면 어떻게 반응하겠는가?

무정의: 예수님이 재판관들과 성난 군중을 직면하시다

그러면 그리스도라 하는 예수를 내가 어떻게 하랴 마 27:22

유대인들은 로마제국이라는 점령국의 권세 아래 살았기 때문에 예수님은 여러 단계의 재판을 통과하셔야만 했다. 로마제국은 유대인에게 그들의 법정인 산헤드린을 허용했다. 예수님은 먼저 산헤드린 앞에 서셨다. 주님께서 자신이 메시야임을 밝히셨을 때에 산헤드린 의원들은 주님을 유대인 법에서 사형에 해

당하는 범죄인 신성모독 죄로 유죄판결을 내렸다.

로마제국은 산헤드린에게 사형 선고를 내릴 수 있도록 허락하지 않았기 때문에 종교 법정은 이제 로마 정부의 승인을 구해야만 했다. 그래서 예수님의 반대자들은 그를 로마의 총독인 빌라도에게 보냈다. 신성모독의 죄가 불신자인 빌라도에게 별로 인상적이지 않을 것을 안 고소인들은 대신에 예수님이 정치적으로 로마에 위협을 주는 인물임을 강조하며 예수님이 로마법을 무시하고 자신을 유대인의 왕으로 선포하셨다고 말했다.

빌라도의 의문

빌라도는 이 고소에 대해 예사롭지 않은 불안감이 들었다. 그리고 그의 아내의 예감은 그에게 불안감을 더해주었다. 그는 이 사건을 마침 절기 축제를 위해 왔던 예수님의 고향 지역 통치자인 헤롯에게 이관하여 이 사건에서 빠져나오려 했다. 그러나 헤롯은 자신이 요구한 기적을 예수님이 보여주시지 않자 이에 실망하여 다시 빌라도에게 예수님을 돌려보냈다.

빌라도가 종교 지도자들을 통해 그들의 죄수를 풀어주려고 하자 군중이 분노했다. 마침내 폭도에 직면한 약삭빠른 총독은 무고한 피에 대해 서서히 자기 손을 씻은 뒤에 그들에게 항복해 버렸다. 이 모든 법적 과정 중에 예수님은 계속 침묵을 지키셨다.

빌라도는 자신이 허락한 엄청난 불의뿐만 아니라 그 가운데 행한 자신의 역할을 어느 정도 알아차린 듯 보였다. (누가복음 23장 4절은 빌라도가 처음에는 군중의 압력에도 불구하고 예수님의 무죄를 선언했다고 기록한다.) 그리고 그는 예수님의 '죄목'을 십자가에 달게 한다. 그는 '나사렛 예수 유대인의 왕'이라는 패를 세 가지 언어로 기록했다. 대제사장이 '자칭 유대인의 왕 예수'라고 해야 한다고 항의했지만 빌라도는 "나의 쓸 것을 썼다"고 대답했다(요 19:22).

⁑ 받지 않아야 할 벌을 받은 적이 있는가? 그때에 당신은 어떻게 반응했는가?

부활의 소문: 위대한 기적에 어떤 사람들은 변화하지만 모든 사람이 그런 것은 아니다

그가 여기 계시지 않고 그의 말씀 하시던 대로 살아나셨느니라 마 28:6

역사상 가장 위대한 기적인 부활이 일어났을 때에 이를 직접 목격한 증인들은 예수님의 무덤 밖에서 보초를 섰던 병사들이었다. 땅이 진동하고, 천사가 나타나고, 밝은 빛이 비치자 보초들은 벌벌 떨며 혼이 나간 사람 같았다. 얼마 후 정신이 들자, 그들은 당국자에게 달려가 자신들이 목격한 바를 보고했다.

그러나 여기 놀라운 사실이 있다. 그날 오후에 부활의 강력한 증거를 목도한 그 병사들은 그들의 이야기를 바꾼다. 그들이 이야기하는 하나님 아들의 부활 사건은 반짝이는 은화보다도 더 의미가 없어 보인다.

무서움과 기쁨

예수님의 죽음을 슬퍼하던 몇몇 여인들은 기적 중의 기적을 두 번째로 안 자들이다. 마태는 그들이 '무서움과 큰 기쁨으로' 무덤을 급히 떠났다고 보고한다. 무서움은 초자연적인 현상을 보았을 때에 반사적으로 보이는 인간의 반응이다. 그러나 그들은 또한 기쁨에 가득 찼다. 그들이 들은 소식은 모든 소식 중 최고의 소식이었으며, 너무 좋아서 사실 같지 않은 소식이었고 너무 좋아서 반드시 사실이어야만 하는 소식이었다.

예수님이 다시 살아나셨다! 주님은 약속한 대로 돌아오셨다. 여인들이 제자들에게 이를 알리기 위해 무서움과 기쁨으로 달려갔을 때에 메시야에 대한 꿈이 다시 살아 요동쳤다.

여인들이 달려갈 때에 병사들은 알리바이를 맞추고 있었다. 예수님의 생애의 다른 모든 경우와 마찬가지로 그분의 부활은 두 가지 서로 상반되는 반응을 불러 일으켰다. 믿는 자들은 변화되었다. 반면에 믿지 않기로 작정한 자들은 그들이 두 눈으로 목격한 증거를 무시할 방법들을 찾았다.

⁑ 왜 당신은 예수님을 믿는가?

즉각적인 영향력: 청하지도 않았는데 예수님이 유명해지시다

예수의 소문이 곧 온 갈릴리 사방에 퍼지더라 막 1:28

마태복음, 마가복음, 누가복음, 요한복음 모두는 기본적으로 같은 내용을 다루지만 각 복음서는 독특한 관점에서 예수님의 생애를 바라본다. 예를 들어 마태와 누가는 역사적 배경으로 시작되며, 예수님이 구약과 연결되신 분임을 입증한다. 그리고 마가는 곧바로 예수님의 활동을 보고한다.

침(세)례 요한이 예수님에 대한 열정에 불을 붙인 후에—실제로 그 열정이 너무나 뜨거워 요한은 감옥에 갇혔다—예수님은 공개적으로 요한의 사역을 인정하셨다. 주님은 열심 있는 청중을 위해 놀라운 것들을 몇 가지 예비하셨다. 그 중 하나는 예수님께서 야망이 있는 지도자들이 자신들의 활동 무대로 자연스럽게 택하는 예루살렘으로 가지 않으시고 대신에 갈릴리 시골의 작은 마을로 가셨다는 것이다.

새로운 스타일의 선지자

예수님은 어린 시절을 갈릴리의 외진 나사렛이란 동네에서 보내셨다. 교양 있는 사람들은 나사렛에 대해 "나사렛에서 무슨 선한 것이 날 수 있느냐"고 무시했다(요 1:46). 예루살렘으로 가야하는 절기 때를 제외하고 예수님은 작은 동네와 시골 지역들을 눈에 띄게 선호하셨으며, 특히 갈릴리 북부의 외진 곳을 선호하셨다.

다른 말로 하면, 예수님은 선지자에 대한 사람들의 기대 이미지와 맞지 않으셨다. 주님의 사촌인 침(세)례 요한은 아주 강한 금욕주의자의 이미지를 보였다. 그는 광야에 살면서 곤충을 먹었고 심판에 대한 거친 메시지를 전했다. 그러나 예수님은 사람들 가운데 사시면서 그들의 집에서 식사하시고 '하나님의 기쁜 소식'에 관한 메시지를 전하셨다.

비록 예수님은 전통적인 지도자는 아니었을지 모르지만 사람들을 고치자마자 그분의 명성은 하루아침에 유명해졌다. 주님은 자신이 행하는 기적에 대한 소문을 잠재우려고 하셨지만 그 소문은 더 퍼져갔다. 전통적이지 않은 놀라운 선지자에 대한 말이 세상으로 흘러갔다.

⁝ 지금까지 예수님에 대해 읽은 것을 생각할 때에 그분의 어떤 성품이 가장 당신을 놀라게 하는가?

반대의 조짐: 비판이 예수님의 뒤를 따르다

어떤 서기관들이 거기 앉아서 마음에 생각하기를 이 사람이 어찌 이렇게 말하는가 신성 모독이로다 오직 하나님 한 분 외에는 누가 능히 죄를 사하겠느냐 막 2:6-7

예수님은 자신이 하나님의 보내심을 받은 메시야라고 주장하신다. 그러나 종교 지도자들이 생각하는 메시야에 대해 이미지와 맞지 않자 질풍노도와 같은 주님의 인기에 맞서 반대 세력이 일어난다. 마가복음 2장은 예수님을 향한 세 가지의 서로 다른 비난들에 대해 말해준다.

예수님은 신성모독자이다. 율법사들은 예수님께서 죄를 용서하신다는 사실에 화가 났다. "하나님 한 분 이외에 누가 죄를 사할 수 있단 말인가?"라고 그들은 투덜거렸다. 예수님은 오직 하나님만이 죄를 용서하실 수 있다는 말에 쉽게 동의하셨다. 그리고 그것이 바로 주님의 핵심이었다. 바리새인들이 예수님에게 격하게 반응하는 대개의 경우는 그들이 주님의 말씀을 제대로 들었지만 단순히 그분 믿기를 거부했기 때문이었다.

예수님은 평판이 안 좋은 자들과 사귄다. 예수님은 가장 꼴사나운 종류의 사람들을 선호하셨다. 주님은 유명해 지신 후에도 따돌림 받는 세리들과 밑바닥 인생들과 식사를 하셨다. 그리고 동시에 정치가들과 종교 지도자들을 저주하심으로써 그들의 기분을 상하게 하셨다. 주님의 이러한 이상한 행동에 대한 사람들의 불만을 들으시면서 예수님은 다음과 같이 대답하셨다. "건강한 자에게는 의원이 쓸데없고 병든 자에게라야 쓸데 있느니라. 내가 의인을 부르러 온 것이 아니요 죄인을 부르러 왔노라."

예수님은 전통을 거스른다. 바리새인들의 눈에 예수님의 제자들은 거룩한 안식일을 아무렇게나 대하는 것처럼 보였다. 이에 대해 예수님은 새 술은 새 부대에 담아야 하는 것처럼 새로운 시대에는 다른 접근법이 필요하다고 말씀하신다. 하나님은 인류를 위해 중요한 변화를 준비하셨다. 이것은 오래된 전통에 담을 수가 없다.

⁑ 예수님은 자신이 누구인지에 대해 솔직하셨고 소외된 자들과 시간을 보내셨으며, 전통을 거슬러 행동하셨다. 이런 행동 중에서 당신이 예수님에게 가장 많이 끌리는 것은 어떤 것인가? 이 중에서 어떤 것이 당신에게 위협적인가?

기적과 마술: 예수님이 능력을 차별해서 사용하시다

이는 많은 사람을 고치셨으므로 병에 고생하는 자들이 예수를 만지고자 하여 몰려 왔음이더라 막 3:10

복음서에는 예수님이 행하신 기적이 약 36가지가 기록되어 있다. 그리고 예수님은 기적의 유익에 대해 한 가지 분명히 말씀하신다. “내가 아버지 안에 있고 아버지께서 내 안에 계심을 믿으라 그렇지 못하겠거든 행하는 그 일을 인하여 나를 믿으라”(요 14:11). 기적은 예수님이 메시야, 즉 하나님의 아들이라는 확실한 증거를 제공해 준다.

예수님의 능력에 대한 소문이 퍼지자 많은 사람들이 멀리서 몰려왔다. 어떤 사람들은 병 고침을 받으러 왔으며, 어떤 이들은 단순히 비범한 현상을 보러 왔다. 하지만 하나님께서 보내신 메신저가 아니면 누가 그런 역사를 행할 수 있단 말인가? 그러나 예수님 자신은 기적에 대해 이상하게도 이중적인 태도를 취하셨다. 마술사처럼 사람들이 요구하면 ‘마술’ 을 보여주는 것을 거절하셨다.

예수님은 당신께서 관심이 있었던 그런 종류의 믿음을 만들어내기 위해 기적을 신뢰하지 않으신 것처럼 보인다. 마가는 일곱 번이나 예수님께서 방금 고침을 받은 자에게 “아무에게도 말하지 말라!”고 경고하셨다고 기록한다. 주님은 자신의 기적에 대한 소문이 퍼졌을 때에 그분께 구름처럼 몰려드는 군중에 치이지 않기 위해 자신을 보호하셨고 또한 자기 뒤를 언제나 좇아다니는 반대세력으로부터 자신을 보호하셨다.

나아가 예수님은 기적을 통해 생겨난 대중의 칭찬에 대해서도 언제나 의문을 품으셨다. 기적으로 인해 구경꾼과 흥밋거리를 찾아다니는 자들이 몰려들었지만 반대로 주님은 순종과 희생을 요구하셨다. 기적이 낳은 흥분이 주님이 원하셨던 삶을 변화시키는 믿음으로 저절로 바뀌지는 않았다.

자발적인 긍휼

예수님은 사람들을 긍휼히 여기셔서 그들의 필요를 채워주셨다. 누군가가 병을 고쳐달라고 요구할 때면 늘 주님은 고쳐주셨다. 제자들이 폭풍이 이는 호수에서 무서워할 때에도 주님은 물 위로 그들에게 걸어가셔서 폭풍을 잠잠하게 하셨다. 주님의 청중이 굶주렸을 때에 주님은 그들에게 먹을 것을 주셨고, 결혼식에 포도주가 떨어졌을 때에도 주님은 포도주를 만들어 주셨다.

오늘날 현대인처럼 예수님 당시의 사람들도 그분의 능력 행함에 대해 설명을 요구했다. 마가복음 3장에서 바리새인들은 예수님의 기적을 사탄의 힘과 연관 지으려 했다. 또 다른 경우에 그들은 예수님이 고쳐주신 한 남자를 검증하기 위해 재판관들과 증인들로 구성된 정식 법정을 준비했다. 그 남자와 부모는 다음과 같이 분명히 말했다. "내가 한 가지 아는 것은 내가 소경으로 있다가 지금 보는 그것이니이다." 그러나 여전히 의심 많은 자들은 그를 모욕하고 법정에서 그를 쫓아냈다(요 9장).

요약하면 군중이 보이는 여러 반응은 기적의 효과가 제한적이라고 생각하시는 예수님의 생각을 입증해 준다. 기적이 믿음을 만들어내기는 힘들다. 오히려 기적은 참된 구도자의 믿음을 확증해 준다.

⁝ 오늘날 예수님에게 한 가지 기적을 일으켜 달라고한다면 그것은 무엇인가?

딱딱한 땅: 왜 더 많은 사람들이 메시야를 알아보지 못했는가?

> 그들이 심히 두려워하여 서로 말하되 그가 누구이기에 바람과 바다도 순종하는가 하였더라
> 막 4:41

씨 뿌리는 자의 비유는 예수님께서 이 땅에 계시는 동안 그분이 얻으신 결과가 여러 가지임을 요약해 준다. 2000년이 지난 지금 크리스마스와 부활절이 달력에 명기된 시대에 살고 있는 우리도 육체로 오신 예수님이 받았던 의심을 쉽게 놓칠 수 있다.

이웃들. 그들은 예수님이 자기 아이들과 함께 거리에서 놀면서 성장해 가는 것을 지켜보았다. 그들에게 주님은 너무나 친숙한 분이어서 주님을 하나님의

보내심을 받은 분으로 믿기가 어려웠다. 그들은 "이 사람이 목수가 아니냐?"라고 물었다. "그가 야고보와 요셉과 유다와 시몬의 형제가 아니냐? 이 사람의 받은 지혜와 그 손으로 이루어지는 이런 권능이 어찌됨이냐?"(막 6:2-3).

가족들. 심지어 예수님의 가족들도 기적을 행하지만 평범하게 보이는 주님을 쉽게 인정할 수가 없었다. 마가는 예수님의 어머니와 형제들이 주님을 잡으러 온 사실을 언급한다. 왜냐하면 그들은 "예수님이 미쳤다"고 결론지었기 때문이다(막 3:21).

종교 전문가들. 선지자들의 글을 꿰고 있는 서기관들과 바리새인들은 메시야를 어떻게 알아봐야 할지 누구보다도 분명한 개념을 가지고 있어야만 했다. 그러나 예수님에게 고통을 준 자들 중에 이들 학자들보다 더 많은 고통을 준 자는 없었다. 그들은 주님의 신학, 라이프스타일, 그리고 주님이 사귀는 친구들을 비난했다. 주님께서 기적을 행하셨을 때에 그들은 주님의 능력이 사탄과 귀신에게서 나온 것이라고 했다.

무리들. 일반 대중은 예수님에 대해 마음에 결정을 내릴 수 없어 보인다. 어떤 때에 그들은 주님을 "귀신들려 미쳤다"(요 10:20)고 했다가 어떤 때에는 억지로 왕을 삼으려 했다(요 6:15).

폭풍을 말씀으로 잠잠하게 하시다

하나님의 아들이신 예수님이 백주 대낮에 놀라운 기적을 행하시면서 어떻게 다른 사람의 눈에 띄지 않을 수 있단 말인가? 마가복음 4장의 마지막 사건은 이에 대한 힌트를 준다. 폭풍 때문에 예수님이 타고 있던 배가 거의 뒤집힐 뻔했을 때 주님은 바람을 향해 소리치신다. "잠잠하라." 제자들은 두려움 가운데 뒤로 물러선다. 도대체 이가 어떤 분이기에 말 안 듣는 어린아이를 다루듯이 폭풍을 말씀으로 잠잠하게 한단 말인가?

이 장면을 통해 제자들은 예수님이 지구상의 그 어느 누구와도 같지 않다는 것을 확신했다. 그러나 또한 이로 인해 그들은 예수님에 대해 혼돈한다. 왜냐하면 주님은 인간적인 모습도 제자들에게 보이셨기 때문이다. 피곤하셔서 잠에 곯아떨어지기도 하셨고, 날씨를 창조하신 하나님의 아들이 어떤 때는 비를 맞아야 했고, 어떤 때는 중동의 뜨거운 태양 빛에 땀을 흘려야 했다.

초대교회는 하나님이 사람이 되셨을 때에 어떤 일이 일어났는지에 대해 3세기 동안 논쟁했다. 그러나 그들의 신조들은 신비감을 없애는 데 전혀 도움이 안 된다. 어떤 면에서 예수님은 다른 사람들과 같다. 그분도 종족, 직업, 가족 배경, 체형을 가지고 계시다. 그러나 다른 면에서 그분은 우주 역사상 완전히 새로운 분이시다. 그분의 신비는 이 양극단 어디엔가 존재하지만 말로는 결코 설명이 되질 않는다.

⁂ 씨 뿌리는 비유에서 복음에 대한 당신의 반응은 어떤 종류의 '흙'을 나타내는가?

예수님과 질병: 예수님은 일반적인 믿음을 거부하시다

딸아 네 믿음이 너를 구원하였으니 평안히 가라 네 병에서 놓여 건강할지어다

막 5:34

예수님이 병을 고쳐주심으로써 하나님이 병자를 어떻게 보시는지에 대한 일반적인 개념이 전복되었다. 예수님이 이 땅에 계실 때에 바리새인들은 모든 고통은 죄에서 온다고 엄격하게 가르쳤다. 다른 말로 하면 만일 당신이 아프면 당신은 마땅히 아파야만 한다는 것이다.

바리새인들은 미친 사람이나 귀신들린 자를 하나님의 영원한 저주를 받은 자로 심판했다. 그들은 소경된 자, 중풍병자처럼 장기간의 병을 앓는 자나 기형아 그리고 자연 재해를 하나님의 형벌로 보았다. 구약의 율법을 따라 그들은 나병과 같은 질병을 앓는 자를 '부정하게' 여겨 예배에 참여하지 못하게 했다.

예수님은 담대하게도 이런 가르침에 도전을 하셨다. 마가복음 5장은 예수님께서 귀신들린 자를 고치시고, '부정한' 여인을 만지셔서 고치시고, 죽은 아이를 다시 살리는 모습을 보여준다.

대세를 거스름

또한 예수님은 죄와 고통에 대한 전통 교리를 직접 반박하셨다. 주님은 사람의 소경됨이 자기 자신이나 부모의 죄 때문이라는 것을 부인하셨으며, 비극은 마땅히 이를 받아야만 하는 사람들에게 일어난다는 일반적인 의견도 물리치셨다(눅 13장, 요 9장).

예수님은 지구상에 있는 모든 사람을 고치지 않으셨고, 심지어 고향에서도 그렇게 하지 않으셨다. 그러나 주님께서 병자와 고통에 처한 자를 예우하시는 모습은 그들이 하나님의 저주를 받은 자들이 아니라 그분의 특별한 사랑을 입은 자들임을 보여준다. 또한 주님이 치유하시는 모습은 미래에 어떤 일이 일어날지를 보여주는 '표적'이었다. 그때에 모든 질병과 심지어 사망까지도 다 멸망을 당할 것이다.

⁝ 아프거나 고통을 당할 때에 당신은 그것이 당연한 것이라고 느낀 적이 있는가?

완전히 다른 두 권력: 예수님과 헤롯

헤롯은 듣고 이르되 내가 목 벤 요한 그가 살아났다 하더라 막 6:16

마가복음 6장에는 매우 다른 두 종류의 권력이 등장한다. 한 사람은 갈릴리의 통치자인 헤롯이다. 그는 부자이면서 잔혹한 자로서 그의 모든 명령을 수행할 로마군대를 가지고 있다. 그는 자신이 통치하는 지역 전체에 자신의 기념비를 세운다.

마가는 헤롯이 자신의 군력을 어떻게 남용하는지를 보여준다. 그는 자기 형제의 아내를 훔쳤고, 침(세)례 요한을 감옥에 가뒀으며, 파티에 참석한 자들의 비유를 맞추기 위해 선지자의 목을 베었다. 헤롯은 요한을 죽인 것에 대해 약간의 가책을 느끼지만 부주의하게 내뱉은 맹세를 지킴으로써 자기의 이미지를 보호해야만 했다.

또 한 사람은 바로 예수님이시다. 예수님은 완전히 반대 방식으로 권력을 사용하신다. 주님은 약한 자들과 고통 받는 자들과 배고픈 자들에게 다가가셨다. 광야에서 세상 권력에 대한 제안을 거절하신 후에(마 4장) 주님은 더이상 권력자나 중요한 사람이라는 이미지를 만들 생각을 하지 않으셨다. 주님은 사람들의 잘못된 기대감에 부응하기 보다는 하나님을 섬기려 하셨다.

사치와 폭력

헤롯은 예수님의 고향인 갈릴리에 사치스러운 궁전을 지었다. 하지만 예수님은 그 멋진 곳을 떠나셨다. 헤롯이 유명 인사들과 함께 술과 음식을 먹는 때에 예수님은 오합지졸과 같은 제자들과 함께 시골을 다니셨다.

예수님은 헤롯을 '저 여우'라고 경멸하시면서 물리치신다(눅 13:32). 그러나 예수님에 대한 소문이 퍼지자 헤롯은 주님을 만날 기회를 갖길 원한다. (결국 그는 예수님을 재판하면서 그 기회를 얻는다.)

침(세)례 요한의 참수 당함으로 말미암아 한 가지 유익이 생겼다. 그것은 침(세)례 요한을 따르던 자들 가운데 이미 예수님의 제자가 된 자들이 이미 있었지만 요한이 처형을 당한 후에 더 많은 그의 제자들이 예수님의 제자가 되었다는 것이다.

⁑ 사람들에게 가장 많이 끌리는 권력은 어떤 종류의 것인가? 또 당신이 끌리는 권력은 어떤 것인가?

정반대: 예수님 때문에 백성들은 흥분하지만 바리새인들은 화가 나다

예수께서 이르시되 너희도 이렇게 깨달음이 없느냐 무엇이든지 밖에서 들어가는 것 이 능히 사람을 더럽게 하지 못함을 알지 못하느냐 막 7:18

때로 군중들은 예수님의 메시지를 받아들이는 데 어려움이 있었지만 주님께서 사람들을 계속해서 고쳐주시는 한 그분을 따라 다녔다. 반대로 종교 지도자, 정치 지도자, 지식인들은 모두가 예수님께 강하게 반대했지만 일반 대중을 장악하신 주님의 손을 풀 수가 없었다. 특히 바리새인들은 백성들과 정부가 주님에게 등을 돌리도록 계속해서 주님께서 큰 실수를 범하도록 함정을 놓았다.

다방면으로 바리새인들은 예수님의 천적이었다. 왜냐하면 대다수의 사람들은 그들을 엄격하고 경건하다고 생각했다. 비록 바리새인들이 구약의 율법을 따르려고 열심히 노력했지만 예수님은 그들의 경건한 행동을 꿰뚫어 보실 수 있었다. 주님은 그들이 내면의 더 위험한 것들을 무시하고 외면에 초점을 맞추는 것에 대해 그들을 맹비난하셨다.

핵심을 놓치다

바리새인들은 엄격한 율법주의자들이었고 예수님은 그들을 놀라울 정도로 심하게 대하셨다. 모든 규정에 집중함으로써 바리새인들은 복음의 온전함을 놓칠 위험이 있었다. 현란한 율법주의의 형식으로는 어느 누구도 하나님께 가까이 올 수 없다. 실제로 그들은 사람들을 스스로 교만하게 만들고, 파벌 의식을 갖게 하고, 자의적인 존재로 만들었다.

예수님께서 바리새인들의 위선을 드러낸 방법 중 하나는 거룩한 안식일에 공개적으로 사람들을 고치신 것이었다. 그런 행동이 엄격한 바리새인들을 화나게 할 것이라는 것을 너무나 잘 아신 주님은 계속해서 이 일을 행하셨고 곤경에 처한 자에 대한 긍휼함이 전통보다 앞서야만 한다는 것을 주장하셨다. 당연히 그들은 병자를 고치는 것보다 규정을 지키는 것에 더 관심이 많았다.

⁑ 사소한 규정과 하나님이 정말로 관심을 가지고 요구하시는 것을 당신은 어떻게 구분하는가?

전환점: 다른 메시야를 기다리다

인자가 많은 고난을 받고 … 것을 비로소 그들에게 가르치시되 막 8:31

예수님께서는 제자들에게 책망조로 물으신다. "너희 눈은 보아도 보지 못하고 들어도 듣지 못하느냐?" 주님이 5천명을 먹이신 후에 4천명을 더 먹이신 것을 보고 나서도 저들은 아직도 다음 먹을거리를 걱정했다.

제자들의 우둔함에도 불구하고 그들은 예수님에 대해 중요한 것을 알아차렸다. 군중은 예수님을 선지자 엘리야나 침(세)례 요한이 다시 살아난 것으로 보았다. 하지만 베드로는 담대하게도 예수님을 '그리스도', 즉 선지자들이 오랫동안 예언했던 그 메시야로 선언했다(막 8:29).

1세기의 유대인들에게 그리스도란 단어의 중요성은 아무리 강조해도 지나치지 않았다. 수 세기 동안 외세에 시달린 그들은 그들의 나라를 다시 영광스럽게 이끌 메시야에 대한 소망에 모든 것을 걸었다. 마태복음 16장 17~19절에서 베드로의 충동적인 선언에 기뻐하신 예수님은 베드로에게 칭찬을 아끼지 않으신다.

그러나 베드로의 가장 빛나는 순간도 잠깐, 곧 이어 예수님은 베드로를 사탄이라고 말씀하신다. 이 두 장면에서 일어난 일은 예수님의 생애에 중요한 전환점을 이룬다.

죽으러 오신 사명

베드로와 다른 제자들에게 메시야란 부와 명예 그리고 정치적 권력을 의미했다. 이는 바로 예수님께서 이 땅에서 사역하시는 동안 계속해서 저항했던 것이다. 참된 메시야는 조롱과 치욕, 고통과 심지어 죽음을 견뎌야만 한다는 것을 예수님은 아셨다. 주님은 이사야가 예언한 고난의 종이셨다. 주님은 예루살렘에서 십자가 위에서 끝나실 예정이었으며, 그것은 명예보다는 수치의 상징이었다.

베드로는 예수님의 정체를 파악했을지 모르지만 예수님의 사명에 대해서는 배워야 할 것이 많았다. 메시야의 궁극적인 목표를 이해하지 못한 그는 예수님이 고난을 피해가시길 원했다. 예수님은 이에 대해 다르게 알고 계셨다. 이 순간부터 예수님은 전략적으로 방향을 돌리신다. 주님은 갈릴리를 떠나 수도 예루살렘을 향하신다. 그리고 그곳에서 주님은 자신의 운명을 맞이하실 것이다.

⁝ 누군가가 단도직입적으로 '예수님이 누구신지' 묻는다면 당신은 뭐라 말하겠는가?

더디게 배움: 가장 가망 없는 자들을 택하심

내가 얼마나 너희와 함께 있으며 얼마나 너희에게 참으리요 막 9:19

예수님의 제자들은 뛰어난 자들이 아니었다. 그들의 가장 두드러진 특성은 우둔함이었다. 예수님은 "너희도 이렇게 깨달음이 없느냐"(막 7:18)라고 물으셨다. 마가복음 9장은 치유 사역을 엉망으로 하고, 자신의 다가올 죽으심과 부활에 대한 예수님의 암시를 오해하고, 높은 자리에 대해 다투며, 다른 제자의 사역을 막으려 한 제자들의 모습을 보여준다. 분명히 제자들은 예수님의 사역의 많은 부분을 이해하지 못했다.

제자들의 기괴한 행태에도 불구하고 예수님은 많은 시간을 그들에게 헌신하셨다. 외부인들이 여전히 예수님을 보고 그분의 말씀을 듣기 위해 모여들었지만 주님은 12제자를 훈련하는 데 집중하셨고 자신이 떠난 후에 그들이 자신의 사역을 계속할 수 있도록 준비시키셨다.

제자들은 예수님에 대한 사람들의 주목에 어떻게 처리했는가? 그들은 자신들이 더욱더 형편없는 존재임을 드러냈다. 예수님께서 다가올 죽음에 대해 언급하셨을 때에 그들은 핵심을 놓치거나 아니면 어리석게도 그분의 계획에 항의했다. 때로 그들은 누가 가장 좋은 지위를 얻게 될 것인지에 대해 다투기도 했다. 분명히 그들은 그들 주변에서 일어나는 엄청난 사건들을 이해하지 못했다. 간략히 말해 제자들은 우리 모두 안에 있는 선한 것과 악한 것을 풍성하게 드러냈다.

예수님이 체포되시자 충성을 다짐했던 12제자들은 주님이 그들을 가장 절실하게 필요로 하는 때에 부끄럽게도 몰래 주님에게서 도망쳤다.

확실한 변화

그러나 한 사건을 통해 제자들은 극적으로 달라질 것이다. 뭔가가 불꽃처럼 그들의 삶을 관통했다. 예수님이 부활하신 것이다. 이 믿을 수 없는 사건 후에 예수님이 인내하며 그들을 훈련시키신 것이 마침내 열매를 맺는 것 같다.

제자들의 태도 변화는 정말 놀랍다. 예수님의 부활에 대한 증거 중에 가장 설득력이 있는 것 중 하나는 마가복음에 묘사된 비겁한 제자들과 사도행전에 나오는 담대하고 자신만만한 제자들의 대비된 모습이다. 참 아이러니하게도 예수님께 가장 책망을 많이 받았던 두 제자, 요한과 베드로가 지도자가 되어 초대교회를 놀라운 속도로 진군시키는 모습을 우리는 보게 된다.

⁂ 제자들은 듬직하지 않고 변화가 심했다. 당신의 영적 여정의 그래프는 어떤 모습인가?

인자의 온 것은 섬김을 받으려 함이 아니라 도리어 섬기려 하고 자기 목숨을 많은 사람의 대속물로 주려 함이니라 막 10:45

예수님은 제자들을 끌어 모으기 위해 거짓 광고를 하지 않으신다. 주님은 가장 직설적인 말로 자신을 따를 때에 치러야 할 희생에 대해 말씀하신다.

예수님의 인기가 절정에 이르고 수많은 군중이 그분을 따를 때에 주님은 다가오는 자신의 고난과 죽음에 대해 말씀하신다. 이런 말을 들은 제자들은 당황한다. 그들이 가지고 있는 메시야에 대한 이미지에는 그런 어두운 개념들이 포함되어 있지 않았기 때문이다. 믿을 수 없는 무감각을 보이면서 제자들은 지위에 대한 사소한 언쟁에 빠진다. 이에 예수님께서 그 나라에서 가장 큰 자는 섬기는 자라는 것을 가르쳐주셨지만, 그들은 예수님의 이 메시지를 이해할 수가 없다.

이상한 선발 정책

예수님께서 십자가의 도를 아무리 많이 설명한다 하더라도 그것은 결코 우리 마음에 이해가 되지 않을 것 같다. 주님은 자신의 나라를 위한 지원자들을 얻으실 때에 이상하게도 신기한 방법을 사용하신다. 전쟁에서 팔다리가 잘린 사진이나 죽은 병사의 사진을 보여주는 현대의 해병대 징병관처럼 십자가, 종과 같은 단어들을 사용하신다. 사형 집행관의 십자가의 추한 이미지가 새로운 나라를 꿈꾸는 이스라엘 나라와 어떻게 맞겠는가?

예수님의 제자들—감탄하는 군중들은 차치하고라도—은 이런 종류의 나라에 대해 전혀 준비가 되어 있지 않았다. 그런 요구는 너무 어려웠고, 그 상급은 너무 애매모호했다.

비록 예수님께 자신의 죽음에 대해 말씀하실 때마다 그분의 부활을 언급하긴 하셨지만 제자들은 주님이 죽으시고 부활하시기까지 이 개념을 이해하지 못했다.

⁑ 당신의 경우에 '자기 십자가를 지고 예수님을 따르라'는 말은 무엇을 의미하는가?

성경인물

야고보: 예수님의 측근

당신 친구들을 일련의 원형으로 구분해서 생각해 보라. 가장 밖에 있는 원에는 상점 점원, 자동차를 타고 지나갈 때에 손을 흔드는 이웃처럼 그저 그렇게 아는 사람들이 들어 있다. 한 단계 더 중심으로 가면 친한 친구들, 당신이 신뢰하고 사랑하는 사람들이 그곳에 속한다. 아마도 반 친구들이나 직장 동료들이 여기에 속할 것이다. 그리고 가장 중심에 있는 원 안에는 오직 몇 사람—인생의 가장 중요한 때에 당신이 찾는 그런 사람들—만이 있다.

예수님의 바깥 원은 무척 넓었다. 주님은 가시는 곳마다 자기 주변에 몰려드는 수많은 사람들을 대하셨다. 그 안 원에는 자신의 제자들이 있었다. 그들은 자신을 진지하게 따르는 그룹이었다. 12제자는 그중에서도 더 작고 더 헌신된 그룹을 형성했다. 그리고 원 중앙에는 핵심 멤버인 베드로, 야고보, 요한이 있었다.

야고보와 그의 형제 요한은 아버지와 함께 일했고 다른 형제인 베드로와 안드레는 갈릴리 바다에서 근근이 고기를 잡으며 살았다. 이들은 예수님이 부르신 첫 번째 제자들이었으며 주님은 이들을 가장 가까운 측근으로 삼으셨다. 주님의 생애에서 가장 중요한 때에 주님은 이 측근들을 찾으셨다. 야이로의 집에서 오직 베드로와 야고보와 요한만이 죽은 아이를 볼 수 있었고(막 5:37), 변화 산상에서도 이 세 사람만이 택함을 받아 예수님과 함께 산에 올랐다(마 17:1). 그리고 겟세마네 동산에서 예수님은 이들과 함께 하셨고 고통의 시간에 그들에게 기도를 부탁하셨다(막 14:33).

예수님의 측근이 된다는 것은 특권이었지만 또한 유혹도 있었다. 예수님의 가장 친한 친구들은 교만해지기 쉬웠다. 야고보와 그의 형제 요한은 최소한 두 번 이 덫에 걸렸다. 한 번은 사람들이 예수님을 환영하지 않자 하늘에서 불을 내리려고 했고(눅 9:51-56), 예수님께서 권좌에 오르실 때에 특별대우를 해달라고 구했다(마10장). 이에 대하여 예수님께서는 측근이 된다는 것은 왕이 아니라 종으로 사는 것을 의미한다고 말씀하셨다.

⁝ 당신의 측근에는 누가 있는가? 당신의 측근은 외부인들을 어떻게 대하는가?

들끓는 반대: 찬사 뒤에 등 돌리는 군중

대제사장들과 서기관들이 듣고 예수를 어떻게 죽일까 하고 꾀하니 이는 무리가 다 그의 교훈을 놀랍게 여기므로 그를 두려워함일러라 막 11:18

이전에 항상 자신의 정체를 드러내지 않으셨고 자기를 왕 삼으려던 군중에게서 물러나셨지만 종려주일에 승리의 개선을 하시는 주님은 사람들이 자신을 참 메시야로 존경하도록 허락하신다.

승리의 입성

로마인들의 화려한 행렬에 비하면 어떤 면에서 이 행렬은 익살스럽다. 예수님은 번쩍이는 전차가 아니라 나귀를 타고 입성하신다. 그러나 선지자들이 예언한 이 사건은 유대인들에게 깊은 의미가 있다. 예수님은 지금 공개적으로 자신이 메시야임을 선언하고 계신 것이다. 승리의 입성은 온 예루살렘을 소동하게 만들었다.

종교 지도자들은 경종을 울리고, 로마인들은 자신이 왕이라고 주장하는 자를 주시한다. 마가복음은 이런 군중의 환영이 얼마나 빨리 변하는지를 보여준다.

예수님 생애의 마지막 몇 주간은 성전에서의 극적 대립처럼 긴박감이 그 절정에 이르렀다는 것을 보여준다. 구약 선지자들의 정신으로 예수님은 탐욕스러운 성전의 장사꾼들을 '강도'라고 부르시고 그들을 강제 추방하신다.

예수님은 자신의 거친 메시지를 조금도 완화하지 않으신다. 그리고 사람들이 무슨 권리로 그렇게 행동하는지 그 이유를 설명해 달라고 요구했을 때에 이를 슬쩍 피하신다. 그리고 주님은 계속해서 고의로 자극하는 것처럼 보이는 비유를 말씀하신다(막 12:1-12). 주님은 자신을 인간의 고집스러운 저항을 깨부수는 하나님의 마지막 시도, 마지막 보루로 제시하신다.

이에 전선이 형성된다. 한 편에는 널리 퍼진 명성으로 자신을 지키고 계신 예수님이 계신다. 그리고 다른 편에는 종교 지도자들과 정치 지도자들이 있다. 회개와 개혁을 촉구하는 예수님의 과격한 메시지에 위협을 느낀 그들은 예수님을 함정에 빠뜨려 군중이 주님께 등을 돌릴 수 있는 방법을 모색하기로 결정한다.

⁝ 이 이야기에서 당신은 예수님의 감정을 어떻게 알 수 있는가?

미끼를 던지다: 예수님을 함정에 빠뜨리려 하다

많은 사람들이 즐겁게 듣더라 막 12:37

마가는 예수님의 적들에 대해 다음과 같이 묘사한다. "그들이 예수의 이 비유가 자기들을 가리켜 말씀하심인 줄 알고 잡고자 하되 … "(막 12:12). 예수님과 예수님을 함정에 빠뜨려 그의 명성을 갉아먹으려고 하는 사람들 간에 충돌이 일어난다.

제일 먼저 정치 집단의 대표들이 냉소적으로 예수님을 칭찬하는 척 하며 그분께 달려들어 세금에 대해 질문 공세를 편다. 만일 예수님이 유대인들이 세금을 내야한다고 말하면 대중의 지지를 잃게 되실 것이다. 왜냐하면 유대인들은 정부를 조정하는 로마제국의 점령군을 무시하기 때문이다. 그리고 만일 "세금을 내지 말라"고 말하면 주님은 법을 어기도록 조장했기 때문에 체포의 위험이 있게 된다.

그리고 강력한 종교 집단인 사두개인들이 예수님을 신학적으로 넘어뜨리려 한다. 이들은 내세를 믿지 않기 때문에 사후에 대한 복잡한 수수께끼를 낸다.

공격을 물리치심

마지막으로 예수님의 영원한 적인 바리새인들의 차례다. 당시 랍비들은 모세의 율법에서 613가지의 명령을 상세히 열거했으며, 여러 분파들이 어느 것이 가장 중요한지에 대해 다투었다. 한 율법사가 예수님께 가장 큰 계명 하나를 뽑아달라고 했다. 그는 주님의 선택이 다른 분파들을 분명히 화나게 할 것을 알았다.

예수님은 이러한 공격들을 너무나 인상적인 방법으로 물리치셔서 마가는 "그 후에 감히 묻는 자가 없더라"는 결론을 내린다(막 12:34). 주님의 대답에는 명석함과 재치 그리고 상식이 결합되어 있으며 그분의 대답은 비방자들에 대해 형세를 역전시키고 그들의 말문을 막았다.

이 모든 충돌 가운데 예수님은 자기 대적들을 달래려고 하지 않으신다. 대신에 주님은 이런 갈등을 사용하셔서 제자들과 구경꾼들에게 이런 대적들에 대해 경고하신다. 대적들의 분노는 그저 치솟을 뿐이었다.

⁝ 적들을 다루시는 예수님의 스타일에서 무엇을 배울 수 있는가?

주의하라 깨어 있으라 그 때가 언제인지 알지 못함이라 막 13:33

로마 병사들이 주님을 처형장으로 이끌고 가는 때로 화면을 빨리 돌려보라(막 13장). 일단의 여인들이 슬픔에 젖어 그분의 뒤를 따른다. 갑자기 예수님은 뒤로 돌아서셔서 그들을 진정시키고 다음과 같은 말씀을 하신다. "예루살렘의 딸들아 나를 위하여 울지 말고 너희와 너희 자녀를 위하여 울라 … 푸른 나무에도 이같이 하거든 마른 나무에는 어떻게 되리요"(눅 23:28, 31).

예수님은 하나님 나라에 대항하는 전쟁이 그분의 죽음으로 끝나지 않을 것을 예견하신다. 주님은 악이 더욱더 극성을 부릴 것이며 마침내 마지막 반역의 발악을 한 후에야 땅은 하나님의 온전한 회복을 경험하게 될 것을 예언하신다.

마가복음 13장은 구약의 선지자들을 인용하고 그들의 음성은 메아리처럼 들린다. 마지막 때에 하나님은 모든 것을 공개하실 것이다. 그리고 예수님이 재림하실 때에 그분은 새로운 형체로 나타나실 것이다. 그분은 구유에 누워있는 힘없는 아기도 아니고, 십자가 나무틀에 못 박힌 분도 아니며 '큰 권능과 영광 가운데 구름을 타고 오시는 인자'로 나타나실 것이다.

끝은 언제인가?

예수님의 엄청난 예언 중 일부는 로마군대가 예루살렘 성벽을 뚫고 헤롯의 성전을 허물었을 때에 성취된다. 이 성전은 예수님의 제자들이 감탄했던 바로 그 성전이며, 이때에 예수님은 처음으로 이 예언의 말씀을 하셨다. 다른 예언들은 아직 성취되지 않은 것처럼 보인다.

예수님이 죽으시고 부활하신 후에 몇 십 년이 지나자 비웃는 자들은 그리스도의 재림의 개념을 조롱했다. "주께서 강림하신다는 약속이 어디 있느냐 조상들이 잔 후로부터 만물이 처음 창조될 때와 같이 그냥 있다"(벧후 3:4). 이처럼 비웃는 자들에 대해 예수님과 선지자들은 불길한 조언 한 마디를 하신다. 기다려라. 하나님께서는 계속해서 이들이 영원히 비웃도록 허락하지 않으실 것이다. 어느 날 땅과 하늘이 그분의 임재 앞에서 도망칠 것이다.

⁝ 예수님은 이 말씀을 듣는 자들에게서 어떤 반응을 원하시는가?

멸망의 냄새: 밖에서는 절기 축제가, 안에서는 엄숙한 의식이

또 잔을 가지사 감사 기도 하시고 그들에게 주시니 다 이를 마시매 막 14:23

이스라엘 백성이 애굽에서 구원받은 것을 매년 기념하는 날인 유월절은 유대인의 달력 중에서 중요한 날이다. 예수님 당시에 12세 이상의 모든 남자들은 이 절기를 지키기 위해 예루살렘으로 여행했으며, 도시는 수많은 순례자들로 가득했다.

유월절 축제의 백미는 엄숙한 식사이다. 이때에 가족들과 친한 친구들은 해방의 때인 출애굽을 기억한다. 그들은 음식을 먹었고, 포도주를 마셨으며, 히브리어로 된 성경의 이야기들을 큰소리로 읽었다. 또한 그들은 양 한 마리를 선정하여 성전까지 끌고가 하나님께 희생제물로 드렸다.

예수님은 종려 주일에 예루살렘으로 승리의 입성을 하셨다. 그러나 멸망의 감각이 몰래 들어왔다. 예수님은 죽음을 생각하셨다. 한 여인이 비싼 향유를 주님께 부었으며, 주님은 이를 장사를 준비한 것이라고 하셨다.

꿈이 죽다

예수님이 유월절을 지키는 동안 원수들은 주님의 뒤를 밟으며 집 밖에서 체포할 순간만을 노렸다. 집 안에서 제자들은 자신들의 지도자에게 충성을 맹세했지만 주님은 그들 모두 곧 자기를 버릴 것이라고 주장하셨다. 예수님께서 심오한 선언을 하신 것은 바로 이 엄숙한 식사 때였다. 주님은 포도주를 따르시면서 "이는 내 언약의 피니라"고 말씀하셨다. 주님은 떡을 떼시면서 "받아 먹으라. 이는 내 몸이니라"고 말씀하셨다.

비록 제자들은 이를 다 이해하지 못했지만 한 꿈이 죽어가고 있었다. 그들은 강력한 국가를 꿈꿨었다. 이제 예수님은 어린 양의 피가 아니라 자기 자신의 피로 봉인한 새로운 언약을 선포하셨다. 새로운 나라, 즉 하나님 나라의 지도자들은 유대의 장군이나 왕이 아니라 오히려 식탁 주변에 모인 이 겁에 질린 제자들이 될 것이다.

오늘날 사실상 모든 그리스도인들이 성찬식(주의 만찬)을 행하고 있다. 이 엄숙한 의식의 기원은 유월절 식사로 거슬러 올라가며 그때에 예수님은 이 제도를 세우셨다.

⁂ 주의 만찬은 당신에게 어떤 의미가 있는가?

장애물 제거: 왜 예수님은 죽으셔야만 했는가?

그가 남은 구원하였으되 자기는 구원할 수 없도다 막 15:31

모든 사람들은 기적을 요구하는 것처럼 보인다. 재판장인 산헤드린 앞에서 제사장들은 예수님의 뺨을 때리면서 "그리스도여, 우리에게 예언하라. 누가 너를 때렸느냐?"라고 말한다(마 26:68). 예수님의 능력에 대해 소문만 들었던 빌라도와 헤롯도 쇼를 보여 달라고 청한다. 갈릴리에서 내내 예수님을 따랐던 여인들만이 슬퍼하면서 주님이 구출되는 기적이 일어나길 갈망한다. 겁을 먹고 웅크린 제자들도 기적이 일어나길 간절히 원한다.

십자가에서 예수님과 함께 못 박힌 강도는 "네가 그리스도가 아니냐 너와 우리를 구원하라"고 말한다(눅 23:39). 그곳에 몰려든 무리들도 소리친다. "지금 십자가에서 내려올지어다 그리하면 우리가 믿겠노라 … 하나님이 원하시면 이제 그를 구원하실지라"(마 27:42-43).

그러나 구원도 기적도 없다. 단지 침묵만이 존재한다. 아버지 하나님은 등을 돌리셨거나 역사가 흘러가는 대로 내버려두시는 것처럼 보이며, 세상의 악한 모든 것이 선한 모든 것을 이기도록 허락하시는 것처럼 보인다. 다른 사람을 구원하신 예수님이 지금 자신을 구원하지 못하고 계시기 때문이다.

찢어진 휘장

왜 예수님은 죽으셔야만 했는가? 이러한 문제를 숙고하는 신학자들은 수 세기 동안 '구속'에 대해 여러 가지 이론들을 토론했지만 합의점을 거의 찾지 못했다. 왜 그런지 모르지만 힘으로 얻을 수 없는 것을 얻기 위해서는 사랑, 희생적인 사랑이 필요한 것 같다.

마가복음에 나오는 한 가지 세부사항이 실마리를 제공해줄지 모르겠다. 예수님은 큰소리로 "나의 하나님, 나의 하나님, 어찌하여 저를 버리셨나이까?"라고 외치셨다. 하나님의 아들이신 그분은 인간과 너무나 동일시 하셔서—그분은 그들의 죄를 짊어 지셨다!—아버지 하나님은 고개를 돌리셔야만 했다. 그 간격은 이처럼 크다. 그러나 예수님께서 마지막 숨을 거두실 때에 성전의 휘장이 "위에서부터 아래로 둘로 찢어졌다"(막 15:38).

그 크고 두꺼운 휘장은 하나님의 임재가 거하시는 지성소를 가리기 위해 사용되었다. 히브리서 저자가 나중에 말한 대로(히 10장), 이 휘장이 찢어진 것은 의심할 것도 없이 예수님이 십자가에서 죽으심으로 이루신 것이 무엇인지를 정확히 보여준다. 이제 더이상의 희생제사가 요구되지 않을 것이다. 예수님은 제사장이 아닌 평범한 사람들인 우리 모두를 위해 하나님의 임재 가운데로 마음껏 나갈 수 있는 길을 얻으셨다. 인간의 죄의 짐을 지시고 그 형벌을 받으심으로써 예수님은 하나님과 우리 사이에 존재하는 장애물을 영원히 제거하셨다.

⁂ 당신의 삶 가운데서 기적을 원했는데 실망한 적은 언제인가? 이 경험을 통해 당신은 무엇을 배웠는가?

성경인물 엘리사벳과 스가랴: 한 시대를 마감하다

은퇴하는 코치가 클립보드를 젊은 조수에게 넘겨줄 때에 사람들은 "한 시대가 마감되었다"고 말한다. 마찬가지로 새 대통령이나 새로운 목회자 혹은 교장 선생님이 오시면 한 시대가 끝나고 새로운 시대가 시작된다. 새로운 얼굴이 취임하면 새로운 방식들이 분명히 그 뒤를 잇는다.

엘리사벳과 스가랴도 예수님과 함께 올 변화를 감지한 최초의 인물들이다. 제사장 가문 출신의 경건한 신자인 이들은 구질서의 최고를 대표했다. 그들은 구약성경 아래에서 여러 해 동안 하나님을 섬기는 데 헌신했다. 그러나 슬픔의 그림자가 그들 삶 가운데 드리워져 있었다. 왜냐하면 나이는 자꾸 들어가는데 그들이 상상할 수 있는 최고의 축복은 그들을 거절했다. 자식이 없는 그들은 자신들이 죽으면 그들의 가계가 끊어질 것을 알았다.

그런데 새 시대가 갑자기 도래했다. 어느 날 스가랴가 성전에서 자기의 직무를 하고 있는데 천사가 놀라운 소식을 전해주었다. 그에게 아들이 있을 거라는 말이었다. 부모가 될 나이가 훨씬 지난 스가랴는 이에 증거를 요구했고 그는 자신이 원했던 것보다 훨씬 더 큰 증거를 얻었다(눅 1:20).

얼마 후에 엘리사벳의 친척인 마리아가 더 큰 소식을 알려왔다. 유대인들이 그렇게 갈망하던 구세주, 메시야가 오신다는 것이었다! 하나님은 엘리사벳과 스가랴의 개인 기도에 응답하셨을 뿐만 아니라 온 민족이 오랫동안 기다리던 소망이 곧 이루어질 예정이었다.

곧 이어 늙은 제사장 스가랴와 그의 늙은 아내인 엘리사벳은 침(세)례 요한을 낳고 기르게 될 것이다. 그는 예수님의 길을 준비할 참된 선구자였다. 범상치 않은 미래를 미리보고 이 늙은 부부는 새로운 시대를 기쁨으로 맞이했다. 그 비전 가운데 그들은 자신들의 옛 질서가 사라지는 것이 아니라 자신들이 꿈꾸던 바가 성취되는 것을 보았다.

⁝ 당신은 당신의 삶에서 기적을 바랬던 적이 있는가?

마지막 한 가지 소망: 한 천사가 나타나다

큰 소리로 불러 이르되 여자 중에 네가 복이 있으며 네 태중의 아이도 복이 있도다

누 1:42

소망만큼 인간의 감정 속에 깊이 들어가는 것이 있는가? 보편적으로 동화는 나쁜 사람은 싸움에서 지고 용감하고 착한 사람이 결국 이긴다는 거부할 수 없는 느낌을 한 세대에서 다음 세대로 전해준다.

누가가 소개하고 있는 사람들의 모든 소망이 마치 그런 동화의 이야기처럼 보인다. 중동지방에서 제국들이 일어나고 망하는 와중에 이스라엘이라는 작은 나라는 강대국의 통치에서 결코 벗어날 수가 없었다. 그리고 4백 년 동안 한 사람의 선지자도 백성들에게 대언하지 않았다. 하나님은 얼굴을 숨기시는 것 같았고, 참으로 어두운 그림자가 지구위에 드리워졌다.

한 시인은 이런 시대의 분위기를 다음과 같이 묘사했다.

우리의 표적은 보이지 아니하며
선지자도 더이상 없으며
이런 일이 얼마나 오랠는지 우리 중에 아는 자도 없나이다
하나님이여 대적이 언제까지 비방하리이까

(시 74:9-10)

기쁨의 소문

4세기 동안 하나님은 침묵을 지키시는 동안 유대인들은 의아함 가운데 기다렸다. 그러나 한 가닥 희망이 남아 있었다. 그것은 오래 전에 하신 메시야에 대한 약속이었다. 이 약속에 유대인들은 모든 것을 걸었다. 갑자기 그 누구와도 다른 한 아이의 탄생 이야기에 대한 소문이 퍼져갔다.

누가는 이런 이야기들을 구약 시대의 선지자들이 한 메시야에 대한 예언과 공을 들여 연관시킨다. 이런 소망을 최초로 일으킨 자는 이 선지자들이었다. 그는 침(세)례 요한을 주의 길을 예비하기 위해 보내심을 받은 '엘리야'로 그린다.

훌륭한 역사가인 누가는 그가 묘사하고 있는 사건에 개인적으로 관여한 사람들, 즉 믿을만한 출처를 찾는다. 누가는 자신이 목격자라고 주장하지 않지만 이 사건들을 목격한 많은 사람들과 세밀한 인터뷰를 갖는다. 누가는 다른 복음서에서는 찾아볼 수 없는 예수님의 탄생 이야기를 아주 자세히 설명한다. 어떤 학자들은 누가가 예수님의 생애를 조사하면서 예수님의 어머니인 마리아와 인터뷰를 했음에 틀림없다고 믿는다. 그 결과 크리스마스 야외극은 거의 모두가 누가복음에 의지하고 있으며 이 복음서의 말씀은 사람들에게 친숙하게 되었다.

⁑ 만일 천사가 당신에게 나타난다면 당신은 스가랴처럼 반응하겠는가? 아니면 마리아처럼 반응하겠는가?

두려움이 없다: 평범한 사람들도 이제 하나님과 대화를 할 수 있다

예수는 지혜와 키가 자라가며 하나님과 사람에게 더욱 사랑스러워 가시더라

누 2:52

성경에서 천사가 나타날 때마다 거의 모든 경우에 그의 첫 마디는 "두려워 말라!"는 것이었다. 이는 그리 놀랄만한 일은 아니다. 초자연적 존재가 지구와 접촉하면 인간은 보통 두려움 가운데 얼굴을 땅에 대고 바짝 엎드린다.

그러나 누가는 전혀 두렵지 않은 형태로 하나님이 나타나시는 모습을 말해 준다. 마구간에서 태어나시고 구유에 누우신 예수님을 통해 하나님은 어떤 두려움도 일으키지 않는 그런 접근 모드를 사용하신다. 갓 태어난 아기보다 무섭지 않은 것이 무엇이 있단 말인가?

아기가 되는 것을 다시 상상해 보라. 아기가 되면 언어와 근육 조절 기능과 단단한 음식을 먹고 방광을 조절하는 능력을 포기해야만 한다. 이는 예수님이 경험하기로 택하신 '비움'이 무엇을 의미하는지 조금은 알 수 있다.

하나님이시면서 동시에 사람이신 분

성경에 따르면 예수님은 하나님이시면서 동시에 사람이시다. 하나님으로서 그분은 기적을 행하시고, 죄를 용서하시고, 죽음을 정복하시며, 미래를 예언하신다. 이 모든 일을 행하실 때에 그분은 주변 사람들에게서 경외감을 일으키신다. 그러나 밝은 구름이나 불기둥 가운데 나타나신 하나님께 익숙한 유대인들에게는 예수님이 매우 혼돈스럽다. 베들레헴에서 태어난 아기, 목수의 아들, 나사렛 출신의 남자가 어떻게 하나님이 될 수 있단 말인가? 예수님의 이런 외적인 것들이 방해가 된다.

주님은 이 땅에 사시는 동안 내내—심지어 오늘날에도—회의론자들에게는 수수께끼와 같은 인물이시다. 하나님은 그분의 정체를 보다 더 분명하게 하실

수 있었지만 그러지 않기로 작정하셨다.

하나님께서 '위장' 하시고 오심으로써 얻으신 것은 무엇인가? 왜 하나님은 자신을 비우시고 인간의 모양을 하셨는가? 성경은 이에 대한 많은 이유를 제시하는데 어떤 것은 무척 신학적이고 어떤 것은 상당히 실용적이다. 누가가 묘사한 예수님의 이야기, 즉 주님이 청소년 시절에 성전에 가셨던 이야기에 그 실마리가 있다(눅 2:41-50). 평범한 사람들은 처음으로 보이는 형태로 오신 하나님과 이야기와 토론을 할 수 있었다. 예수님은 모든 사람들—그분의 부모님, 랍비, 가난한 과부—과 이야기를 나눌 수 있었고 처음으로 "두려워 말라!"는 말을 할 필요가 없었다. 예수님 안에서 하나님은 우리에게 가까이 다가오셨다.

⁝ 만일 예수님께서 오늘 개인적으로 당신을 방문하러 오신다면 그분과 무엇에 관해 이야기하겠는가?

성경인물

예수님의 어머니 마리아: "예"라고 대답하다

마리아는 하나님이 주실 수 있는 명예 중에서 가장 큰 명예를 받았다. 즉 하나님은 자기 아들의 어머니로 그녀를 택하셨다. 아마도 당시 청소년이었던 마리아는 이런 은총을 받을 만한 일을 한 적이 없을 것이다. 그러나 그녀가 보여준 단순한 반응은 그녀의 겸손한 믿음을 깊이 말해준다. "주의 여종이오니 말씀대로 내게 이루어지이다"(눅 1:38). 마리아는 망설이지 않고 하나님의 계획이 그녀의 인생을 장악하는 것에 대해 "예"라고 대답했다.

하나님께 "예"라고 답하려면 언제나 희생이 따른다. 마리아의 경우도 그랬다. 그녀는 자기 약혼자의 의심과, 결혼하기 전에 임신한 것을 알게 된 이웃의 조소를 참아내야 했다. "예"라고 대답하는 것은 해산의 고통을 참아야 하는 것을 의미했고, 헤롯의 군대로부터 아기를 보호하기 위해 멀리 애굽으로 도망쳐야 하는 것을 의미했다. 또 그녀가 완전히 이해하지 못한 아이를 키우는 것을 의미했다. (막 3:21, 주님이 사역하실 때에 한 번은 그녀가 와서 예수님을 책망했다. 그녀는 주님이 미쳤다고 생각했다.) 그리고 무엇보다도 그것은 자기 아들이 십자가에서 죽은 것을 지켜봐야 함을 의미했다.

그러나 마리아의 마지막 모습을 볼 때에 그녀는 주님이 부활하신 후에 제자들과 함께 있었으며 예수님이 약속하신 성령을 받기 위해 기도하고 있었다(행 1:14). 마리아와 예수님과의 관계는 어린 아기이신 주님을 그녀의 팔에 안음으로써 시작되었다. 마지막에 그녀는 예수님께서 자신을 안으셔야만 한다는 것을 깨달았다. 주님은 그녀의 자녀였을 뿐만 아니라 또한 그녀의 주님이셨다. 이러한 사실에 대해서도 마리아는 "예"라고 대답했다.

⁝ 하나님께서는 지금 당신에게 무엇에 대해 "예"라고 말하라고 하시는가? 거기에는 어떤 희생이 따르는가?

불가능해 보이는 선교: 선교사들이 예수님의 능력을 맛보다

> 칠십 인이 기뻐하며 돌아와 이르되 주여 주의 이름이면 귀신들도 우리에게 항복하더이다 눅 10:17

지진과 같은 지각 변동의 굉음이 누가복음 10장을 관통하고 있다. 70명의 제자들을 파송하시면서 예수님께서는 그분의 경각심을 감추지 않으셨다. 주님은 "갈지어다 내가 너희를 보냄이 어린 양을 이리 가운데로 보냄과 같도다"라고 말씀하신다. 마지막으로 이목을 집중시키는 음성으로 주님은 다음과 같은 신비로운 명령을 하신다. "너희 말을 듣는 자는 곧 내 말을 듣는 것이요 너희를 저버리는 자는 곧 나를 저버리는 것이라." 그런 뒤에 제자들은 그들의 위험하지만 중요한 선교를 떠난다.

누가가 다음에 보여주는 예수님의 모습은 거의 전례가 없던 모습이다. 다른 복음서 어디에서도 예수님이 이렇게 기쁨에 들떠 계신 모습을 찾아보지 못할 것이다. 그분의 얼굴에 있던 긴장감은 빛나는 밝은 얼굴로 바뀌었다. 구릉지로 향한 이 위험한 선교는 정말 성공적이었고 예수님은 이 엄청난 승리를 70명의 제자들과 함께 축하하셨다.

예수님을 흥분시킨 것

예수님이 이처럼 열정적인 반응을 보이신 것은 그분께서 이 땅에 오신 목적이 교회를 세우시기 위한 것임을 드러낸다. 교회는 신자들의 모임으로서 주님이 떠나신 후에도 계속해서 그분의 뜻을 수행할 것이다. 70명의 제자들이 유대의 오솔길을 걷고, 집집마다 문을 두드리며, 메시야의 복음을 설명하고, 병자를 고칠 때에 예수님은 배후에서 일어나고 있는 충돌을 지켜보셨다. 그것은 사탄이 번개처럼 하늘에서 떨어지는 모습이었다. 예수님 자신의 선교가 지금 이 평범한 70명의 사람들은 예수님 자신의 선교를 몸으로 살아내고 있다. 그리고 그들의 행동은 우주적 승리를 쟁취했다.

이전에 한 번도 능력을 경험해 본 적이 없다 할지라도 당신의 머리 위에 능력이 임할 수 있다. 주로 농부와 어부였던 제자들은 자신의 영적 권세를 발견하고 압도되었다. 예수님은 그들에게 관점을 가지고 이것을 보라고 권하셨다. 주님은 그들의 구원—그들의 이름이 하늘에 기록된 것—이 그들의 능력보다 더 중요하다고 말씀하신다. (단 12:1, 성경은 하늘에 있는 책에 이름이 기록된 하나님의 사람들에 대해 자주 말한다.)

⁑ 당신은 자신을 통해 예수님의 삶을 살아내고 있다고 느끼는가? 그렇다면 어떻게 느끼는가?

성경인물

베다니의 마르다와 마리아: 행동주의자와 구도자

마르다와 마리아 두 사람은 예수님과 친밀한 관계를 가지고 있었고 예수님은 이들을 깊이 사랑하셨다. 우리가 아는 것만 해도 주님은 이 자매들의 집을 세 번이나 방문하셨고, 어쩌면 그 이상 방문하셨을 지도 모른다. 이들은 오빠인 나사로와 함께 예루살렘 성문 밖에 있는 마을인 베다니에서 살았다. 많은 자매들이 그런 것처럼 이 두 사람도 서로 성격이 사뭇 달랐던 것 같다. 우리는 이들이 예수님과의 관계를 어떻게 맺었는지 분명히 그 차이를 볼 수 있다.

마리아는 모든 것을 내려놓고 예수님의 말씀을 들었다. 주님이 부르시면 그녀는 언제든지 즉시 대답했다. 그녀는 예수님의 발에 아주 비싼 향유를 쏟아 부으면서 주님에 대한 자기의 사랑을 아주 화려하게 표현했다(요 12:3). 마리아는 예수님이 나타나시면 모든 것을 중단했다.

마리아의 이런 태도는 그녀의 자매인 마르다를 가끔씩 괴롭혔다. 마르다는 일을 처리하는 데 강박적인 태도를 보였다. 마르다의 모토는 "먼저 의무를 행하라"는 것이었다. 그녀는 음식을 준비하고 손님을 맞는 일을 함으로써 예수님을 섬겼다.

어느 것이 더 나은가? 마르다는 열심히 일하는 스타일을 좋아했기 때문에 예수님께 마리아의 태도를 고쳐줄 것을 요청했다. 그러나 예수님은 부드럽게 그녀의 청을 거절하셨다. 주님은 자기 발 앞에 앉아서 말씀을 들은 마리아가 인생에서 정말 필요한 일을 했다고 말씀하시면서 마리아를 책망하지 않으셨다(눅 10:41).

⁝ 당신은 마리아와 같은가 아니면 마르다와 같은가? 당신은 왜 예수님께서 마리아의 태도를 더 좋아하셨다고 생각하는가?

돈에 대한 예수님의 생각: 위험한 힘을 지니고 있는 신비한 능력

너희 보물 있는 곳에는 너희 마음도 있으리라 눅 12:34

예수님은 다른 어떤 주제보다 돈에 대해 더 하실 말씀이 많으시다. 그러나 2,000년이 지난 후에도 그리스도인들은 그분의 말씀이 정확히 무슨 의미인지에 대해 서로 다른 생각을 한다. 그렇게 된 이유 중 하나는 예수님께서 보기 드물게 '실용적인' 조언을 하셨기 때문이다. 주님은 구체적인 경제 시스템에 대해서는 언급을 피하신다. 그리고 누가복음 12장에서처럼 주님은 재정에 대해 개인적인 다툼에 관여하길 거절하신다. 예수님은 무엇보다도 돈을 영적인 힘으로 보신다.

어떤 목사님은 돈과 관련된 문제를 다음의 세 가지 질문으로 축약한다.

1. 어떻게 돈을 얻었는가? (거기에 불의, 속임 혹은 가난한 자를 억압한 것이 들어 있는가?)
2. 돈을 가지고 무엇을 하고 있는가? (돈을 긁어모으고 있는가? 다른 사람들을 착취하고 있는가? 아니면 불필요한 사치스러운 생활에 낭비하고 있는가?)
3. 돈이 당신에게 어떤 일을 하고 있는가?

예수님은 이 세 가지 문제에 대해 모두 말씀하고 계시지만 특별히 마지막 질문에 집중하신다. 주님이 설명하시는 대로 돈은 마치 우상처럼 역사한다. 돈은 한 사람의 인생을 장악하여 하나님에게서 관심이 멀어지게 만들 수 있다. 그렇게 하려면 돈을 모두 버려야만 하는 급진적인 방법을 취해야 하지만 예수님은 사람들에게 돈의 힘에서 자유롭게 되라고 도전하신다.

얼마나 돈이 많아야 충분한가?

누가복음 12장은 돈에 대한 예수님의 태도를 잘 요약해 준다. 예수님은 모든 소유물을 정죄하지 않으신다. "네 아버지께서는 네가 필요한 것(먹을 것, 마실 것, 입을 것)을 알고 계신다." 그러나 주님은 미래의 안전을 위해 돈을 믿는 것에 대해 강하게 경고하신다. 예수님의 이야기에 나오는 부자처럼 돈은 결국 인생의 가장 중요한 문제들을 해결하지 못한다. 이 부자의 돈은 그가 죽는 날 밤에 그에게 아무런 유익을 주지 못했다.

예수님은 청중들에게 하나님 나라의 보물을 구할 것을 촉구하신다. 왜냐하면 그런 보물은 이생에서뿐만 아니라 내생에서도 그들에게 유익을 줄 수 있기 때문이다. 주님은 "염려하지 말라"고 말씀하신다. 하나님께서 당신의 기본적인 필요들을 공급하시는 하나님을 신뢰하라.

이점을 강조하시기 위해 예수님은 구약성경에서 가장 부자였던 솔로몬 왕을 예로 드신다. 보수적인 유대인들에게 솔로몬은 영웅이다. 예수님은 솔로몬을 다른 각도에서 보신다. 오래전에 사라진 솔로몬의 영광은 평범한 들꽃 한 송이의 영광보다 못했다. 당신의 인생을 돈과 소유에 대해 걱정하는 데 소모하는 것보다 온 지구를 풍요롭게 보살피시는 하나님을 신뢰하는 데 사용하는 것이 훨씬 낫다.

⁑ 예수님의 가르침과 현대 사회가 강조하는 재정 안정을 당신은 어떻게 조화시키는가?

탁월한 이야기꾼: 매혹적인 이야기로 깊은 진리를 전하시는 예수님

> 이 네 동생은 죽었다가 살았으며 내가 잃었다가 얻었기로 우리가 즐거워하고 기뻐하는 것이 마땅하다 하니라
>
> 눅 15:32

단순하고 소박한 이미지들을 사용하여 예수님은 심오한 진리들을 피력하셨으며 이는 청중을 사로잡았다. 주님의 비유들은 심지어 비유에 담긴 영적인 메

시지를 받아들이지 않는 문학 전문가들에게 극찬을 받고 있다. 이런 비유들 중에 가장 유명한 것들이 누가복음에만 나온다.

15장에 나오는 세 가지 이야기는 잃어버린 자들과 실패자들에 대한 감정을 끓게 만든다. 한 목자가 잃어버린 양 한 마리를 찾기 위해 미친 듯이 동산을 찾아 헤맨다. 한 여인이 잃어버린 동전 하나를 찾기 위해 온 집안을 뒤집는다. 가출한 아들은 안락한 생활을 비웃지만 결국은 돼지우리에서 굶주린 신세가 되고 만다. 간략한 문장으로 된 이 예수님의 비유들은 우리의 표면 아래에 숨겨져 있는 손실과 후회의 감정을 잡아당긴다.

해피엔딩

그러나 이 세 가지 비유는 모두 동일하게 끝난다. 놀라운 기쁨의 소식이 흘러넘쳐 슬픔을 대신하고 파티가 시작된다. 이 모든 비유들은 절박한 필요에 빠진 사람들을 향한 하나님의 무한하신 사랑을 가리킨다. 하나님은 그분께 외치는 자 모두를 용서할 준비를 하고 계신다.

잃어버린 아들의 비유는 실제로 책임감이 없는 한 아들과, 열심히 일하는 두 아들에 관한 이야기다. 첫째 아들은 교만하게도 자기 동생이 집에 돌아 온 것을 축하하려 하지 않는다. 이 이야기는 한 아들은 집 안에서 가족들과 함께 즐겁게 잔치를 하지만 그의 형제는 밖에서 분한 마음을 품고 용서하려 하지 않는 것으로 끝난다. 그렇다면 실제로 어느 아들이 잃어버린 자인가?

⁑ 중요한 것을 잃어버렸다가 다시 찾은 적이 있는가? 있다면 언제인가?

두 세계에 대하여: 결국 누가 잘 되었는가? 부자인가 아니면 나사로인가?

너희는 하나님과 재물을 겸하여 섬길 수 없느니라 — 눅 16:13

랍비 요셉 쉬니어슨Joshep Schneerson에 대한 이야기가 있다. 그는 러시아 공산정권 초기에 하시디즘 유대교 지도자였다. 이 랍비는 자신의 믿음 때문에 핍박을 받아 많은 시간을 감옥에서 보냈다. 1927년 어느 날 아침, 그가 레닌그라드 회당에서 기도하고 있을 때 비밀경찰이 들어와 그를 체포했다. 경찰은 그를 경찰서로 끌고가 취조하면서 그의 종교적 활동을 포기할 것을 요구했다. 그러나 그는 이를 거절했다. 수사관은 그의 얼굴에 권총을 들이대고 말했다.

"이 작은 장난감 때문에 많은 사람들이 마음을 바꿨지." 랍비 쉬니어슨이 대답했다.

"이 작은 장난감으로는 이 세상이 전부인 사람들이나 위협할 수 있겠지요."

'두 세계' 즉 두 나라라는 주제는 예수님의 가르침에서 자주 등장한다. 누가복음 16장에서도 두 가지의 이야기가 두 세계에 대해 극명한 대조를 보여준다. 예수님은 자신이 하신 첫 번째 이야기를 해설하시면서 "사람 중에 높임을 받는 그것은 하나님 앞에 미움을 받는 것이니라"고 말씀하신다.

참된 영웅들

두 번째 이야기인 부자와 나사로라 불리는 거지의 이야기는 두 세계 사이에 존재하는 가치관의 차이를 잘 보여준다. 부자는 이 세계에서 성공했지만 영생을 위한 준비를 소홀히 한 결과 고통을 받는다. 반대로 대부분의 기준으로 볼 때에 이 세상에서 실패자로 판단을 받는 배고픈 거지는 영원한 보상을 받는다.

예수님은 믿음이 부자였던 조상들과 강력한 왕들과 승리의 영웅들을 전통적으로 소중하게 여기는 청중에게 이런 이야기를 말씀하셨다. 주님은 하나님 나라의 가치관이 얼마나 놀라울 정도로 다른지를 계속해서 강조하셨다. 이 세상에서 별로 가치가 없는 자들(나사로처럼 가난하고 핍박을 받는 자들)이 실제로는 하나님 앞에서 위대한 위치를 가질 수 있다. 예수님은 계속해서 미래를 위해 투자할 곳은 보이지 않는 세계라고 말씀하신다. 그곳은 다가올 내세를 위해 보물을 쌓아두는 장소이다.

이 두 세계를 극명하게 비교하는 질문을 하시면서 예수님은 다음과 같이 물으신다. "사람이 만일 온 천하를 얻고도 제 목숨을 잃으면 무엇이 유익하리요?" (마 16:26).

⁝ 이 세상의 성공과 실패의 기준들을 사용해서 평가한다면 당신은 얼마나 성공했는가? 만일 예수님의 기준들을 사용한다면 어떠한가?

약자들: 분투하지 않고 성공하는 법

세리는 멀리 서서 감히 눈을 들어 하늘을 우러러 보지도 못하고 다만 가슴을 치며 가로되 하나님이여 불쌍히 여기옵소서 나는 죄인이로소이다 하였느니라 눅 18:13

예수님은 누가복음 18장에서 약자들에 관한 이야기를 하신다. 학대받는 과부, 무시당하는 세리, 어린 아이들, 소경인 거지가 그들이다. 예수님 주변의 대부분의 부자들이 그러한 것처럼 부자는 부정적인 예로 등장한다.

심지어 예수님과 가장 가까운 제자들도 돈은 무섭도록 위험한 것이라는 그분의 가르침을 소화하는 데 어려움을 가진다.

예수님은 그 위험성을 자세히 설명하시면서 부wealth는 사람들로 하여금 하나님을 의지하기 보다는 자신을 의지하도록 유혹하기 때문에 그들이 천국에 들어가지 못한다고 경고하신다.

바리새인과 세리의 이야기에서도 이 메시지를 힘주어 말한다. 부뿐만 아니라 어떤 형태의 교만이나 자기 의존도 우리를 하나님께로부터 멀어지게 만든다.

인간의 에고Ego를 극복하라

만일 '거룩해' 지려고 시도할지라도 그것이 영적 교만이나 우월감을 자아낸다면 역효과를 낼 수 있다. 인간에게는 자기 자신의 에고를 배불리고 공로를 자기에게 돌리며, 경쟁하려는 불치의 성향이 있다. 예수님은 하나님의 방법은 이와 정반대라고 말씀하셨다. 그것은 어린 아이처럼 하나님을 신뢰하고 잘못을 시인하는 것이다.

예수님은 '항상 기도하고 낙망하지 말아야 할 것' 에 대해 비유로 말씀하신 누가복음 18장의 이 첫 비유에서 참된 성공의 열쇠의 비밀을 알려주신다. 재판관이 마침내 과부의 요청을 수락할 때까지 과부는 지치지 않고 많은 좌절과 불공평을 참아냈다. 마찬가지로 하나님께서 우리의 간절한 요청들을 무시하는 것처럼 보일 때, 우리는 우리가 마치 사막을 지나가는 것 같이 생각할 수 있다는 것을 예수님은 암시하신다. 그러나 결국 하나님께서는 친히 문제를 해결해 주실 것이다. 그리고 믿음을 굳건히 지킨 모든 자들은 어려운 시기에도 공의가 이뤄지는 것을 목도할 것이다.

⁂ 삶의 영역의 어떤 부분에서 당신은 당신의 에고를 배불리며 경쟁하고픈 유혹을 가장 많이 받는가? 이런 경향이 당신으로 하여금 하나님으로부터 어떻게 멀어지게 하였는가?

마지막 연결: 소식을 듣지 못한 낯선 자

그들이 서로 이야기하며 문의할 때에 예수께서 가까이 이르러 그들과 동행하시나 그들의 눈이 가리어져서 그인 줄 알아보지 못하거늘 눅 24:15-16

예수님의 두 제자가 실망과 당혹스러움 가운데 예루살렘을 벗어나 걷고 있다. '이스라엘을 구속하실 자' 를 꿈꿨던 제자들의 꿈은 그들의 지도자가 십자가에서 죽으심과 함께 장사되었다. 그러나 그들은 빈 무덤에 대해 말도 안 되는 소문을 들었다. 이게 도대체 무슨 의미란 말인가?

한 낯선 자가 이 쓸쓸히 걷고 있는 두 제자 곁에 나타난다. 처음에 이 낯선 자는 예루살렘에서 일어난 믿을 수 없던 한 주간의 사건을 들어보지 못한 유일한 사람처럼 보인다. 그러나 이야기를 거듭하자 그가 어느 누구보다도 이 사건에 대해 더 많은 것을 알고 있다는 것이 분명해진다. 그는 모세와 선지자들로부터 시작해서 모든 이야기를 공들여 하기 시작한다. 그의 말에 따르면 선지자들은 메시야가 고난을 받고 죽으실 것을 성경 전체에서 예언했다.

이 낯선 자는 그들에게 너무나 많은 도움을 주었기 때문에 그들은 그에게 함께 더 머물기를 간청한다. 그런데 식사 중에 그는 매우 친숙한 몸짓을 한다. 그러자 마지막 연결이 이뤄진다. 그들의 식탁에 앉으신 분은 다름 아닌 예수님이셨다! 의심의 여지없이 그분은 살아나셨다.

불타는 마음들

이 두 사람은 예수님의 최초의 12제자 가운데도 끼지 못한 평범한 자들이었다. 그러나 부활하신 그리스도를 만난 후에 그들은 영원히 달라졌다. "길에서 우리에게 말씀하시고 우리에게 성경을 풀어 주실 때에 우리 속에서 마음이 뜨겁지 아니하더냐?"라고 그들은 회상한다(눅 24:32). 그들은 12제자를 만나러 달려갔다(이때는 유다가 예수님을 배신했기 때문에 열한 제자였다). 그리고 베드로 역시 예수님을 만났다는 사실을 알게 되었다.

갑자기 이 혼란스러운 현장 한 가운데에 예수님이 나타나신다. 주님은 자신의 죽으심과 부활이 하나님의 계획 가운데 이미 있었다는 것을 처음이자 마지막으로 설명하신다. 예수님은 마지막 약속을 남기셨다. 주님은 이 세상을 떠나실 것이며, 대신에 자신의 임무를 수행할 일단의 신자들을 남겨놓겠다고 하셨다. 이들은 겁이 많은 평범한 사람들이었지만 예수님을 따르고 그분의 말씀을 듣고 그분이 돌아가시는 것을 지켜보았다(비록 자신들을 안전하게 지키기 위해 멀리서 바라

보았지만). 그러나 예수님이 다시 살아나신 것을 보자 모든 것이 바뀌었다. 그들은 큰 기쁨으로 예루살렘으로 돌아가 세상 사람들에게 복음을 전했다.

⁑ 예수님에 대한 진리가 당신 마음에 어떻게 떠올랐는가?

파송: 제자들을 위한 예수님의 마지막 기도

성경인물

안드레: 주목받지 못한 자

안드레는 대부분 배후에서 일했다. 베드로의 형제이며 예수님을 처음 따른 제자 중 한 사람인 그는 중요한 많은 사건과 관련이 있다. 그러나 복음서에서 안드레가 등장할 때마다 그는 관심을 자신이 아닌 다른 사람에게 돌렸다.

성경에 기록된 말씀 중에 그가 이룬 가장 위대한 업적은 사람을 소개한 일이었다. 침(세)례 요한이 예수님을 '하나님의 어린 양'으로 칭찬했을 때에 그 말을 듣고 그는 모든 것을 버리고 예수님을 쫓았다. (그는 예수님을 '메시야'로 인식한 첫 번째 사람들 중 한 사람이었다.) 예수님과 하루를 보낸 후에 그는 자기 형제인 베드로와 다른 어부를 데리려갔다. 안드레는 두 사람을 소개했으며 나머지는 역사가 되었다(요 1:35-42).

복음서는 안드레가 촉매자의 역할을 한 두 가지 경우를 보여준다. 그는 예수님의 관심을 점심 도시락을 가져온 소년에게 돌렸으며, 헬라인 방문객들을 예수님에게 소개했다(요 12:20). 이 두 사건은 인상적인 기적으로 이어졌다.

⁝ 오늘날 다른 사람들을 예수님께 소개할 때에 배후에서 일하는 사람이 어떤 역할을 할 수 있는가?

늦은 밤의 해후: 니고데모가 모험을 감행하다

> 하나님이 세상을 이처럼 사랑하사 독생자를 주셨으니 이는 그를 믿는 자마다 멸망하지 않고 영생을 얻게 하려 하심이라 요 3:16

요한복음은 카메라의 앵글을 가까이 하여 몇 사람의 얼굴—우물가의 여인, 소경, 유대 공회원—을 자세히 비추는데, 이는 예수님이 다른 사람들에게 미치신 영향력을 친밀하게 그리고 심도 있게 묘사하기 위함이다.

이제 니고데모와의 대화를 생각해 보자. 그는 추적을 피하기 위해 가능한 한 밤에 예수님을 찾아온다. 그는 예수님을 만남으로써 자기의 명성과 안전이 위협받는 모험을 감행한다. 그의 동료 바리새인들은 그분을 죽이기로 맹세까지 했다. 그러나 니고데모의 마음속에는 불타는 질문들이 있었다. 그것은 누구나 물을 수 있는 가장 중요한 질문들이다. "예수님, 당신은 누구십니까? 당신은 정말 하나님께로부터 오셨습니까?" 이에 예수님은 거듭나야한다는 말씀으로 대답하셨으며, 예수님이 사용하신 이 말씀은 성경에서 가장 잘 알려진 말씀이 되었다.

예수님이 하신 말씀 중에서 이 말씀은 성경에서 다른 어떤 것보다 많이 암송되어졌을 것 같다. 몇 단어가 안 되는 이 말씀은 구원의 역사를 말해준다. 그것은 하나님이 이 세상을 사랑하셔서 하나님이 자기 아들을 선물로 주셨으며 누구든지 믿는 자는 구원을 받는 기회를 얻게 된다는 말씀이다(16절).

생명의 열쇠

분명 예수님께서 니고데모에게 하신 말씀은 그의 심령에 들어갔다. 나중에 보여준 그의 행동이 이를 증명한다.

요한은 이 대화를 기록한 후에 침(세)례 요한의 이야기를 한다. 사람들은 강 건너편에 나타난 새로운 교사에 대해 이 급진적인 선지자에게 질문을 한다. 그 교사는 모든 군중을 다 자기에게로 끌어들이고 있었다. 요한은 예수님이 하신 말씀을 그대로 하면서 예수님이 영생의 열쇠를 쥐고 계시다고 확증한다. 참으로 예수님은 요한이 알리려 했던 바로 그분이셨다. 아직 전성기를 누리고 있던 선지자 요한은 그럼에도 불구하고 예수님에게 절한다. "그는 흥해야 하겠고 나는 쇠하여야 하리라."

⁝ 거듭난다' 는 말을 전혀 들어본 적이 없는 사람에게 당신은 이를 어떻게 설명하겠는가?

성경인물

니고데모: 위태로운 명성

대다수의 예수님 제자들은 지위가 없는 평범한 사람들이어서 잃어버릴 것에 대한 염려가 없었다. 어부나 세리는 비정통적인 선생을 좇아도 박탈당할 명성이 없기 때문이다. 그러나 니고데모의 명성은 상당히 위태로웠다. 유대인의 산헤드린 공회원인 그는 중요한 관직을 가지고 있었다. 바리새인인 그는 특정한 신조들을 지키기로 헌신한 사람이었다. 그리고 저명한 종교 교사인 그는 하나님의 법을 해석하는 자였다.

니고데모가 처음에 예수님 만나기를 요청할 때 밤에 만나자고 요청한 것은 너무 당연했다(요 3:1-2). 그러나 시간이 지나면서 니고데모는 점점 담대해졌다. 산헤드린이 예수님에 대해 논했을 때에 그는 직접 이야기도 들어보지 않고 주님을 정죄하는 그들에게 반대 의견을 던졌다. 이로 인해 니고데모는 뜨거운 비난을 받았다(요 7:50-52).

그리고 예수님이 돌아가신 후에 니고데모는 자신의 속마음을 더 많이 공개했다. 아리마대 요셉과 함께 그는 예수님의 시신을 갈보리 언덕에서 가지고 와서 장례를 치르기도 했다.

성경은 니고데모에 대해 더이상 말하지 않기 때문에 그가 공개적으로 예수님에 대한 믿음을 고백했는지 확실히 알 수 없다. 그러나 요한이 이런 사건들을 언급한 것은 니고데모가 자신이 보고, 듣고, 믿은 것을 기꺼이 말하려 했기 때문인 것처럼 보인다. 그렇지 않으면 요한이 어떻게 니고데모의 행동을 이처럼 자세히 알 수 있었단 말인가? 니고데모는 결국 자신의 명성을 희생하고 거듭나려는 소망을 가졌다.

⁑ 대중 앞에서 질문할 수 없는 하나님에 관한 질문이 있는가? 그 질문은 무엇인가? 그리고 은밀하게 이 질문을 누구에게 할 수 있는가?

영원한 효과가 있는 음식: 예수님이 군중에게 먹을 것을 주시다

> 그 때부터 그의 제자 중에서 많은 사람이 떠나가고 다시 그와 함께 다니지 아니하더라
>
> 요 6:66

부활을 제외하고 사복음서가 기록하고 있는 유일한 기적은 예수님께서 5천 명을 먹이신 사건이다. 이는 예수님께서 빵 중에 가장 싼 빵인 보리빵을 사용하셔서 인간의 가장 기본적인 필요를 채우시는 모습을 보여준다.

요한은 이를 목격한 평범한 사람들에게 이 기적이 어떤 영향을 미쳤는지를 묘사한다. 예수님의 능력에 놀란 그들은 억지로 주님을 왕으로 삼으려고 한다. 주님이 몰래 도망치자 극성맞은 팬들은 배를 타고 호수를 건너 주님을 추격한다.

다음날 무리들이 주님을 따라잡자 예수님은 그들을 만나 직설적으로 경고하신다. "내가 진실로 진실로 너희에게 이르노니 너희가 나를 찾는 것은 표적을 본 까닭이 아니요 떡을 먹고 배부른 까닭이로다. 썩는 양식을 위하여 일하지 말고 영생하도록 있는 양식을 위하여 하라 이 양식은 인자가 너희에게 주리라."

삼키기가 힘듦

이 말을 들은 많은 유대인들은 모세 시대에 조상들이 먹은 기적의 만나를 기억한다. 예수님은 더 나은, 삶을 변화시키는, 식물을 가리키신다. '생명의 떡' 이 되신 주님은 어떤 기적의 음식이 줄 수 있는 것보다 훨씬 더 좋은 것을 자기 백성들에게 공급하실 것이다.

그러나 특별한 것을 찾던 무리들은 영적인 진리보다 물리적인 스펙터클에 더 관심이 많았다. 다음에 일어난 사건이 이를 잘 입증해 준다. 예수님께서 이 기적의 영적 의미를 해석해 주자 그들의 모든 열정이 사라졌다. 무리들은 들썩거리더니 마침내 적대적이 되었다. 그들은 주님이 "나는 하늘로서 내려왔다"고 하신 고상한 주장을 받아들일 수가 없었다. 왜냐하면 그들은 주님의 아버지와 어머니를 알고 있었고 또한 주님이 그 동네 사람이라는 것을 알고 있었기 때문이었다.

⁝ 당신은 예수님 때문에 기분이 나쁜 적이 있었는가?

성경인물

유다: 마귀의 사람

블레즈 파스칼은 인간은 '우주의 쓰레기이면서 동시에 영광' 이라고 말했다. 성경도 사람을 선과 악이 섞인 존재로 분명하게 그리고 있다. 예수님을 제외하고 어느 인생도 흠이 없을 만큼 선하진 않다. 하지만 그렇다고 해서 완전히 악한 존재로 그려진 사람도 거의 없다.

그러나 가룟 유다는 아주 예외이다. 그에게 좋은 점이 있다는 사실에 의심이 없다. 만일 그랬다면 예수님께서 왜 그를 제자로 택하셨겠는가? 그러나 이런 선한 성품들이 성경에서 분명히 말하고 있는 사탄적인 성품에 삼켜졌다. 실제로 예수님은 그를 마귀로 묘사하셨다(요 6:70).

어떻게 인간이 그렇게 타락할 수 있는가? 신약성경의 증언에 따르면 유다는 탐욕이 자신을 이기도록 내버려둔 것 같다. 제자들의 재무담당으로서 돈궤를 맡은 그는 공금에 손을 대기 시작했다(요 12:6).

아마 유다는 예수님이 왕으로 등극하여 로마에 대항하려는 의지가 없음을 보고 좌절했을지 모른다. 다른 제자들도 같은 문제를 가지고 씨름했지만 오직 유다만이 악에 자신을 너무 열어줘서 사탄이 그를 장악해버렸다. 요한과 누가는 사탄이 유다에게 들어갔다고 말한다(눅 22:3; 요 13:27). 마지막으로 그는 자기 주인을 배신하는 무서운 행동을 했고, 어둔 밤에 군중 가운데 주님께 입맞춤으로써 주님의 정체를 드러냈다.

나중에 유다는 수치와 양심의 가책을 느꼈다. 그러나 예수님을 버리고 부인한 다른 제자들도 그랬다. 유다는 예수님께 가서 용서를 구했어야만 했다. 예수님은 베드로의 무정한 부인을 자비로운 마음으로 용서하셨다. 대신에 유다는 잘못된 사람들을 찾아갔다. 그는 자기에게 돈을 준 바로 그 사람들을 만나 자신의 배신을 만회하려 했다.

그의 공모자들이 이를 거절하자 유다는 자살했다(마 27:5). 그는 역사상 예수님의 제자 가운데 가장 유명한 자로 전락했다. 그는 예수님의 제자라 할지라도 악을 허락하면 어떤 일이 일어날 수 있는지에 대한 객관적 교훈을 준 자로서 이름을 떨치게 되었다.

⁑ 유다의 삶에서 나타난 한 가지 죄는 또 다른 죄로 이어졌고, 그 죄는 이전보다 더 큰 죄가 되

었다. 당신은 일련의 행동이 이렇게 진행되는 것을 본 적이 있는가? 어디서 보았으며 어떻게 진행되었는가? 이를 멈추기 위해서 당신이 취할 수 있는 조치는 무엇인가?

비밀은 없다: 예수님은 사명을 띠고 오신 분이시다

유대인들이 에워싸고 이르되 당신이 언제까지나 우리 마음을 의혹하게 하려 하나이까 그리스도이면 밝히 말씀하소서 하니 요 10:24

몇 년을 주기로 작가나 학자, 심지어 영화 제작자가 예수님의 정체성에 대해 새로운—아니면 과거에도 했던 오래된—질문들을 한다. 그들은 이 땅에서 어리벙벙하여 이리저리 방황하는 예수님의 모습을 보여줌으로써 그분이 왜 왔고 무엇을 하기로 되어 있는지를 그리려고 노력한다.

예수님의 가장 친한 친구였던 요한이 우리에게 해주는 설명보다 더 확실한 것은 없을 것이다. 요한에 따르면 예수님은 사명을 띠고 오셨고 그분은 자신이 이 땅에 와서 이루실 일이 무엇인지 정확히 알고 계셨다. 요한은 자신이 복음서를 쓴 목적을 매우 분명하게 말한다. 그것은 사람들로 하여금 예수님이 메시야임을 믿도록 하기 위함이었다(요 20:31). 그의 책은 예수님이 누구신지를 보여주기 위해 그분의 생애에 일어난 사건들을 선택적으로 보여준다.

이스라엘의 목자

"나는 문이라"고 예수님은 말씀하신다. "나는 선한 목자라." 이 말씀을 들은 유대인들은 의심의 여지없이 구약 시대의 다윗 왕을 떠올린다. 사람들은 다윗을 이스라엘의 목자로 좋게 생각했다. 개를 사용하여 양떼를 모는 오늘날의 목자와 달리 예수님 당시의 목자는 양 앞에 걸어가면서 그들을 불러 따르도록 했다. 양들은 오직 자신들이 잘 아는 목소리에만 반응했다.

구약성경에서 하나님은 또한 '이스라엘의 목자'로 불리신다(시 80:1). 자신을 선한 목자라고 주장하시면서 예수님은 자신이 기꺼이 죽으려고 하는 양들에 대한 자신의 리더십을 주장하신다. 어떤 이들이 주님께 직설적으로 "네가 만일 그리스도이거든 우리에게 밝히 말하라"고 도전했을 때에 예수님은 동일하게 직설적으로 "나와 아버지는 하나이다"라고 대답하셨다(요 10:30).

예수님의 말씀을 너무나 잘 이해한 경건한 유대인들은 돌을 들어 신성모독을 했다고 해서 주님을 죽이려했다. 하지만 이러한 적대적 반응에 대해 예수님은 놀라지 않으셨다. 그분은 반대를 예견하셨으며, 심지어 자신의 처형까지 예견하셨다. 요한이 여기서 설명한대로 참된 선한 목자는 삯군 목자와 달리 "양들을 위해 자기 목숨을 버리신다." 요한복음 10장은 왜 주님께서 그런 선택을 하셨는지를 설명해 준다.

⁂ 예수님이 단지 사람이 아니라 하나님이시라는 사실이 당신에게 어떤 차이를 가져오는가?

성경인물

안나스와 가야바: 공모자

고대 로마인들은 유대인들이 자신의 신앙을 얼마나 소중히 여기는지를 잘 알았다. 그래서 그들은 계속해서 이스라엘의 대제사장을 임명해야 한다고 주장했다. 20세기의 소련 공산당이나 독일의 나치당처럼 1세기의 로마인들은 삶의 종교적 차원을 자신의 통제권아래 두려했다.

안나스와 가야바는 이런 로마의 계획과 잘 맞아 떨어졌다. 가야바는 예수님의 사역 기간 동안 대제사장직을 맡았다. 그의 장인이었던 안나스는 전직 대제사장 출신이었지만 너무나 많은 영향력을 행사했기 때문에 때로 대제사장으로 불렸다. 두 사람은 사두개인이었으며, 이들은 관료 그룹으로서 유대교를 매우 세속적인 관점에서 이해했다. 사두개인들은 정치권력을 가진 그룹이 누구이든 그들과 협조했으며, 이로 인해 그들은 번성했다.

예수님이 이스라엘에서 변화의 물결을 일으키자 안나스와 가야바는 주님을 정치적으로 위협적인 존재로 보았다. 요한의 설명대로 그들은 너무나 많은 추종자들이 예수님을 따랐기 때문에 로마가 놀라서 개입할까봐 두려워했다. "평지풍파를 일으키지 말라"는 사고방식에 따라 가야바는 이스라엘의 미래를 위협하는 것보다 예수님을 없애는 것이 더 낫다는 결론을 내렸다. 예수님의 기적과 그분의 가르침, 그리고 그분의 성품은 가야바에게 아무런 소용이 없었다. 오직 정치적 생존만이 그 무엇보다 중요했다(요 11:45-53).

이런 생각을 품은 종교 지도자들은 비밀리에 예수님을 납치하여 재판을 받게 하고 주님을 처형하기 위해 로마인에게 넘겨주었다. 그들은 나중에 예수님이 부활하신 후에 탄생한 교회를 핍박했다.

이스라엘 국가는 살아남았지만 얼마 가지 못했다. 주후 70년에 로마군대가 이스라엘을 없앴으며 이 과정에서 대제사장이 맡았던 성전을 파괴했다. 20세기가 되기 전까지 유대인들은 다시 예루살렘을 차지할 수 없었다.

⁝ 평화를 유지하는 것이 너무나 중요해서 하나님이 하시고 있는 일을 결국 반대하는 것이 가능한가? 오늘날 이런 예로 어떤 것을 들 수 있는가?

마지막으로 함께 한 식사: 예수님의 생애에서 가장 긴 밤

너희는 마음에 근심하지도 말고 두려워하지도 말라 — 요 14:27

요한은 자신의 책 3분의 1을 예수님께서 죽으시기 직전, 24시간 동안의 사건에 관해 쓴다. 13장부터 17장까지는 가장 긴 낮과 밤의 장면을 묘사하고 있다. 성경의 다른 어떤 곳에서도 이와 같은 장들은 없다. 이 장들은 실제 상황을 슬로우 모션으로 그리고 세세하게 예수님의 가장 고통스러운 밤을 아주 가까이서 기록하고 있다.

레오나르도 다빈치는 그의 유명한 〈최후의 만찬〉The Last Supper에서 이 상황을 불멸의 작품으로 만들었다. 최후의 만찬 참석자들은 마치 화가를 위해 자세를 취한 것처럼 식탁의 한쪽에 배열되어 있다. 요한도 몇 가지 주변 상황을 자세히 설명한다. 하지만 그는 격정적인 감정의 흐름에 더 초점을 맞춘다.

요한은 제자들의 얼굴을 비춰준다. 그리고 당신은 그들의 눈동자에 반짝거리는 의식을 거의 보는 듯하다. 예수님께서 그들에게 하신 모든 말씀이 이제 서서히 이루어진다. 예수님은 "세상에 있는 자기 사람들을 사랑하시되 끝까지 사랑하신다"(요 13:1).

예수님이 떠날 준비를 하시다

이전에 예수님은 이처럼 직설적으로 말씀하신 적이 없었다. 식탁에서 주님은 비유를 피하시고 제자들의 망설이는 질문에 상세하게 대답하신다. 세상은 트라우마의 발작을 겪을 찰나에 있다. 그리고 주님과 함께 두려움에 떠는 열한 명의 남자들은 그런 세상의 소망이다.

예수님은 인내심을 가지고 설명하시며, 마침내 제자들은 이해했다는 표시를 한다. 이 세상에 오셔서 몸을 가지고 거하셨던 하나님의 아들이 이제 곧 이 땅을 떠나 아버지께로 가실 것이다. 그러나 다른 분—보혜사이신 진리의 영—이 오셔서 그들 안에 사실 것이다.

그렇다. 예수님은 죽으실 계획이다. 그분은 그들을 떠나신다. 그러나 신비하게도 그분은 떠나지 않으신다. 그분은 죽은 상태로 머물지 않으실 것이다. 유월절의 흥분에 사로잡힌 제자들에게 예수님이 찬물을 끼얹으시자 제자들은 이해를 못 한다. 이날 밤 예수님은 그들이 이전에 한 번도 알지 못했던 그런 친밀감으로 아버지 하나님과의 친밀감을 그들에게 보여주신다. 그리고 주님은 더 큰 친밀감이 올 것이라고 약속하신다. 주님은 제자들이 지금 고개를 끄덕이지만 나중이 돼서야 이해하게 될 것을 아시는 것처럼 보인다.

⁝ 다가오는 죽음에 대해 예수님이 보이신 반응을 당신은 어떻게 설명하겠는가? 공황상태? 자신감? 포기? 아니면 다른 이들에 대한 관심인가?

중요한 연결: 예수님이 떠나신 후에도 계속해서 그분과 연결되다

가지가 포도나무에 붙어 있지 아니하면 스스로 열매를 맺을 수 없음 같이 요 15:4

사람들로 꽉 찬 후덥지근한 방 안에 긴박감이 고조되고 있다. 예수님은 다가올 혼란에 대해 제자들을 준비시킬 시간이 단지 몇 시간 밖에 남지 않았다. 이들은 이 세상에서 주님의 가장 가까운 친구들이다. 그리고 이제 주님은 그들을 떠나려 하신다.

예수님이 떠나신 후에 그분의 작은 무리에게 어떤 일이 일어날 것인가? 주님은 맹렬한 반대와 증오, 구타, 처형을 미리 보신다. 제자들은 주님을 위해 이 모든 시련에 직면할 것이며 주님은 그들을 보호하기 위해 물리적으로 함께 하지 않으실 것이다.

이전에 자주 그러셨던 것처럼 예수님은 자연에서 한 가지 비유를 드시면서 그분의 핵심을 전하신다. 예루살렘 성 밖에는 언덕에 포도나무가 줄지어 서 있다. 아마도 주님과 그의 제자들은 성으로 돌아오는 길에 그곳을 걸어갔을지 모른다. 그리고 예수님은 이 포도나무에서 두 가지 이미지를 불러 오신다.

잘 익은 포도와 마른 가지

먼저 주님은 토실토실하고 잘 익은 포도의 이미지를 사용하신다. 잠시 후에 제자들은 언약의 피에 대한 예수님의 심오한 상징적 말씀을 들으면서 이 포도로 만든 제품을 마실 것이다. 열매를 맺으려면 한 가지 중요한 것이 있다고 예수님은 말씀하신다. 즉 그들은 계속해서 포도나무와 친밀하게 연결되어 있어야만 한다. 또한 예수님은 12제자에게 특별한 사명을 위해 그들을 택하셨다는 사실을 상기시키신다. 그것은 "가서 영원히 지속되는 열매를 맺으라"는 것이었다.

그런 다음에 예수님은 한 가지 더 이미지를 언급하신다. 그것은 포도원 끝자락에 쌓여 있는 죽은 포도나무 가지 더미이다. 어찌된 일인지 이 가지들은 유일한 영양 공급원인 포도나무와의 연결을 잃어버렸다. 농부는 이것들을 잘라서 태워 버릴 목적으로 쌓아 두었다. 이것들은 더이상 유용한 기능을 상실했다.

아마도 예수님의 제자들은 그 밤에 이 모든 것을 다 이해하지 못했을 것이다. 그러나 잘 익은 포도열매와 마른 나뭇가지의 극명한 대조를 통한 이 상징은 그들에게 계속해서 남아 있을 것이다. 초대교회의 장엄한 역사—그것은 예수님의 사역의 열매였다—는 이 비유를 분명하게 증명한다.

⁝ 당신은 예수님 안에 '계속해서 머물기 위해' 어떤 방법들을 사용하고 있는가?

슬픔이 기쁨으로: 예수님이 떠나시는데 어떻게 유익할 수 있는가?

지금은 너희가 근심하나 내가 다시 너희를 보리니 너희 마음이 기쁠 것이요 너희 기쁨을 빼앗을 자가 없으리라 요 16:22

작별은 언제나 슬프다. 그리고 제자들의 경우에 이 고별 설교는 특별히 그렇다. 그들은 그들의 목숨을 예수님께 걸었다. 그분이 안 계시면 그들의 미래는 보이지 않는다.

예수님은 비유로 말씀하시는 대신에 제자들에게 무슨 일이 일어날지 직설적으로 말씀하신다. 그들은 어떤 것은 이해했지만 어떤 것은 이해가 가지 않는다. 요한은 제자들이 서로에게 속삭이며 예수님이 하신 말씀의 의미를 이해하려고 애쓰는 모습을 보여준다.

아마도 가장 이상한 말씀은 "내가 떠나가는 것이 너희에게 유익이라"고 하신 말씀일 것이다. 유익이라니? 예수님께서 그들을 버리심으로 하나님 나라 회복에 대한 그들의 소망이 꺾이는 것이 어떻게 유익이 될 수 있단 말인가?

출산의 비유

출산의 비유로 든 예수님의 말씀이 단서가 된다. 출산에는 큰 고통이 따르지만 그 고통이 끝은 아니다. 출산의 수고를 통해 뭔가를 얻고—그것은 새로운 생명이다!—그 결과 기쁨이 생긴다. 마찬가지로 주님과 제자들이 겪게 될 큰 슬픔은 끝이 아닐 것이다. 주님의 고통으로 세상이 구원을 받게 될 것이다. 그들의 슬픔은 기쁨으로 바뀔 것이다.

예수님은 "담대하라 내가 세상을 이기었노라"는 강력한 선언으로 결론을 맺으신다. 다음 날 저녁 주님의 창백하고 찢겨진 몸이 처형대인 십자가에 걸려 있고 제자들은 어둠 속으로 슬금슬금 도망칠 때 이 말은 얼마나 공허하게 들리겠는가!

사도행전에서 보듯이 예수님이 떠나신 후에야 이 혼란스러운 제자들은 주님의 죽으심과 부활의 의미를 완전히 이해하고 주변 모든 사람들에게 기쁨으로 선포하기 시작한다.

⁑ 처음에는 커다란 고통이었지만 나중에는 기쁨을 가져다준 일을 경험한 적이 있는가?

내가 비옵는 것은 세상을 위함이 아니요 내게 주신 자들을 위함이니이다 그들은 아버지의 것이로소이다 요 17:9

제자들이 주님의 말씀에 반응하는 것을 들으시고 예수님의 마음에 뭔가가 안착하는 것처럼 보인다. 주님은 "이제는 너희가 믿느냐!"라고 안도하시면서 말씀하신다(요 16:31). 그런 뒤에 주님은 기록된 말씀 중에 가장 긴 주님의 기도로서 친밀한 회동을 맺으신다. 이 기도 가운데 예수님은 자기 주변에 모인 측근들에 대한 주님의 감정과 계획을 요약해 말씀하신다.

이 유명한 기도는 일종의 파송이나 졸업을 대표한다. 이 기도 가운데 예수님은 주님의 임무를 제자들에게 그리고 나아가 제자들 뒤를 이을 모든 신자들에게 넘기신다. 그들이 이전에 행했던 임무—시골에서 복음을 전하고 병자를 고치기 위해 했던 여행—는 단지 워밍업에 지나지 않았다. 이제 주님은 모든 것을 그들에게 넘기신다.

끊어지지 않은 사슬

신비로 가득한 언어를 사용하시면서 예수님은 자신이 이 세상을 떠나야만 하지만 제자들은 주님을 선포하기 위해 이 세상에 남아야만 한다는 말씀을 하신다. 이전에 주님을 향했던 증오와 적대감은 이제 제자들을 향할 것이다. 그들은 '세상에' 살지만 그들은 '세상에 속하지' 않았다. 뭔가로 인해 그들은 세상과 분리되었으며, 그 뭔가가 그들을 주님과 하나로 묶어 하나님과 연합시킨다. 그 연합은 너무나 친밀해서 그 어떤 것으로도 설명이 되지 않는다.

예수님은 또한 제자들을 따를 신자들의 연합을 위해서도 기도하신다. 그들은 전 역사를 통해 끊어지지 않은 사슬처럼 펼쳐질 것이다. "아버지여, 내가 비옵는 것은 … 아버지께서 내 안에, 내가 아버지 안에 있는 것같이 저희도 다 하나가 되어 우리 안에 있게 하사 세상으로 아버지께서 나를 보내신 것을 믿게 하옵소서." 이렇게 기도하신 후에 주님은 놀란 제자들을 데리시고 자신이 죽게 될 장소로 데려가신다.

⁂ 이 기도에 근거할 경우에 교회를 향한 예수님의 목적을 어떻게 요약하겠는가? 오늘날 기독교인들이 이러한 목적을 얼마나 잘 완수하고 있다고 생각하는가?

성경인물

본디오 빌라도: 냉소적인 총독

지역 통치자들이 식민지의 질서를 제대로 잡지 못할 때에 로마제국은 '행정장관' 이나 '총독' 이라 불리는 통치자를 임명했다. 빌라도는 유대 지방의 로마 행정장관으로 임명받아 일했다. 그는 그때까지 역사적으로 지구상에 있었던 제국 중에 가장 강력한 제국의 지역 통치자였다. 그러나 빌라도는 절대 권력을 가졌다 할지라도 평화를 보장하지 못한다는 사실을 발견했다. 유대인들은 로마의 통치를 싫어했기 때문에 자연히 종교적, 국수주의적 감정들이 계속해서 유대 땅에서 터져 나왔다.

1세기 역사가인 요세푸스에 따르면 빌라도는 로마군대를 예루살렘에 진군시켰다. 그러나 그는 로마군대의 군기를 못 들어오게 하려 했던 것을 뒤늦게 알았다(유대인들은 황제상을 신성모독으로 생각했다). 빌라도는 예루살렘을 위해 수로를 건설하려 했다. 이때에 그는 성전 헌금을 가지고 그 비용을 지불하려고 했기 때문에 유혈 폭동이 일어났다. 빌라도의 군대는 여러 번 이런 종류의 폭동을 잔인하게 진압했다.

빌라도가 예수님을 만났을 때에 그는 골칫거리가 또 하나 늘었다고 보았다. 빌라도는 책임을 헤롯에게 넘기려 했다. 그는 심지어 죄수 한 명을 석방시키려는 제안을 했다. 그러나 결국 빌라도는 질서만 유지된다면 예수님을 기꺼이 희생시키려 했다. 빌라도의 가장 유명한 말은 그의 냉소적인 질문인 "진리가 무엇이냐?"이다(요 18:38). 그 질문에 대한 답이 바로 그 앞에 서 있었지만 빌라도는 정말로 알고 싶어 하지 않았다.

빌라도는 예수님의 처형을 성공으로 생각했음에 틀림없을 것이다(처형에도 불구하고 폭동이 일어나지 않았다). 하지만 그의 균형 잡힌 행동도 몇 년이 못 가서 뒤집혔다. 유대인들이 무시하는 혼혈족 사마리아인 중 일부는 모세가 보물을 그리심 산에 묻었다는 허황된 소문을 들었다. 그러자 군중이 그 산을 오르려고 몰려들었다. 이 순례자들을 위험한 존재로 생각한 빌라도는 군대를 보내 사람들을 학살했다. 이 과잉진압으로 인해 그는 직책에서 해임되어 로마로 보내져 재판을 받아야만 했다.

⁂ 어떤 대가를 치르더라도 평화를 사야만 하는 상황들이 당신 인생 가운데 있는가? 그렇게 할 때에 진리에는 어떤 일이 벌어지는가?

성경인물

막달라 마리아: 최초의 목격자

막달라 마리아는 유명해졌다. 〈지저스 크라이스트 슈퍼스타〉Jeus Christ Superstar와 다른 연극, 그리고 영화들은 그녀를 관능적인 여인으로, 때로는 개혁적인 창기로 묘사했다. 그러나 실제로 성경은 그녀에 대해 지저분한 것을 조금도 말하지 않는다. 우리가 알고 있는 것은 단지 그녀가 갈릴리 호수에 있는 도시 막달라 출신이라는 사실과 예수님이 그녀에게서 일곱 귀신을 쫓아내 주셨다는 것뿐이다. 예수님께 고침을 받은 그녀는 주님께 자기 인생을 드렸다.

예수님의 12제자에 초점을 맞추고 있는 복음서는 또한 상당한 수의 여인들이 집과 가족을 떠나 예수님을 좇았다고 말한다(마 27:55-56). 주님의 사역을 재정적으로 도왔던 여인들의 명단에 막달라 마리아가 제일 먼저 등장한다.

예수님이 자기 고향인 갈릴리에서 멀리 떨어진 예루살렘에서 십자가에 못 박히셨을 때에 막달라 마리아는 주님 가까이에 머물렀다. 그녀는 예수님이 묻히신 곳을 자세히 살핀 후에 주님의 시신을 돌보기 위해 신실하게도 가장 먼저 그곳에 갔다. 그 결과 그녀는 예수님께서 죽은 자 가운데 부활하신 후에 최초로 예수님을 보았고 이 소식을 전한 최초의 인물이 되었다(요 20:18).

당시에 여인들은 일반적으로 2순위였다. 유대 법정은 심지어 여인들의 증언을 받아들이지 않았다. 그러나 예수님의 부활이라는 위대한 기적을 보고 막달라 마리아는 현장에서 이를 목격한 최초의 증인이 되는 명예를 얻었다.

⁂ 당신은 하나님의 역사를 증언할 수 있었던 적이 있는가? 그렇다면 어디서 어떻게 증언했는가?

소문이 퍼지다: 예수님의 친구들 조차 믿기 어려워하다

막달라 마리아가 가서 제자들에게 내가 주를 보았다 하고　　요 20:18

예수님의 부활의 가치를 깎아내리려는 자들은 제자들을 묘사할 때에 예수님을 보고 유령이라고 하는 연약한 모습을 근거로 그들을 잘 속아 넘어가는 무식쟁이나 아니면 자신들의 운동movement을 위해 대중의 지지를 끌어내려고 부활했다는 음모를 꾸미는 자로 묘사하는 경향이 있다. 그러나 성경은 이와 완전히 다른 모습을 제시한다. 성경은 부활하신 예수님에 대한 소문에 대해 가장 많은 회의를 품은 자들로서의 제자들의 모습을 보여준다.

막달라 마리아가 무덤 근처에서 예수님을 만났을 때에 그녀는 주님이 그녀의 이름을 말씀하기 전에는 그분을 알아차리지 못했다. 무덤이 비었다고 말하는 여인들의 소식은 베드로와 또 다른 제자가 직접 확인하려고 무덤으로 달려가기 전에는 제자들을 확신시키지 못했다. 그날 밤 모든 제자들은 문을 잠그고 한 방에 모였지만 여전히 두렵고 혼란스러웠다.

예수님은 제자들의 두려움과 의심을 가라앉히기 위해 나타나신다. 대낮에 주님은 제자들을 방문하셔서 고기를 잡으신다(요 21장). 한 번은 의심 많은 도마에게 그분의 상처 난 손과 옆구리를 만져보라고 하신다(요 20:26-27). 또 한 번은 제자들 가운데 나타나셔서 구운 고기 한 조각을 드시면서 자신이 유령이 아님을 입증하신다(눅 24장). 그분은 신기루도 헛것도 아니셨다. 그분은 그들의 주님이신 예수님이셨다.

은밀한 방문

성경에서 부활하신 그리스도께서 나타나신 것을 기록한 것은 12번이 채 안 된다. 한 경우만 제외하고(고전 15:6) 주님은 아주 외딴 곳이나 폐쇄된 실내에서 소수의 사람들을 방문하셨다. 주님은 동산 무덤가에서, 문이 잠긴 방에서, 엠마오로 가는 도상에서, 갈릴리 호숫가에서, 감람산 꼭대기에서 사람들을 만나셨으며 이런 만남으로 인해 이미 예수님을 믿었던 이들의 믿음은 강해졌다. 우리가 아는 한 예수님이 돌아가신 후에 예수님을 만난 불신자는 한 명도 없었다.

만일 예수님이 빌라도의 집 현관이나 산헤드린 공회 앞에 나타나셔서 이번에는 주님께 사형을 언도한 사람들을 말라 죽게 하셨다면 어떠했을까? 분명히 이처럼 공개적으로 나타나시면 센세이션을 일으켰을 것이다. 그들의 믿음에도 불이 붙었을까?

예수님은 이미 이 문제에 대해 나사로와 부자의 이야기에서 말씀하셨다. 이 말씀은 누가복음 16장에 기록되어 있다. "모세와 선지자들에게 듣지 아니하면 비록 죽은 자 가운데서 살아나는 자가 있을지라도 권함을 받지 아니하리라"(눅 16:31). 예수님은 다른 방법을 택하셨다. 주님은 제자들을 변화시켜서 그들을 증인으로 삼으시고 그들을 통해 세상에 복음을 전하게 하셨다.

⁝ 당신은 예수님의 부활 소식을 마리아처럼 받아들였는가? 베드로처럼 받아들였는가? 아니면 도마처럼 받아들였는가?

성경인물

도마: 정직한 질문

고집스러운 회의론skepticism과 정직한 의문questioning 사이에는 커다란 갭gap이 있다. 그리고 도마라 불리는 제자는 이 차이점을 잘 보여준다. '의심 많은 도마'로 잘 알려진 이 제자는 그의 의심 때문이 아니라 실용적인 정직함 때문에 도드라진다.

예수님이 친구인 나사로가 죽었을 때에 도마는 솔직하게 예수님께 대한 그의 강렬한 충성심과 함께 그의 낙담을 드러낸다. "우리도 [나사로의 무덤]에 가서 주와 함께 죽자."(우리말 성경에는 "우리도 주와 함께 죽으러 가자"로 되어 있음-역주). 예수님과 최후의 만찬을 할 때에도 도마는 분명 모든 제자들의 마음에 있는 혼란스러움을 표한다(요 14:5). 도마는 한 번도 자신을 가장하지 않는다. 만일 뭔가 이해를 못하면 그렇다고 그는 말한다. 그리고 만일 낙담이 되면 또 그렇게 행동한다.

도마가 의심 많은 자로 명성을 얻게 된 것은 예수님의 부활 소식을 들었을 때에 보인 그의 반응 때문이다. 그는 단지 "내가 직접 봐야겠어"라고 주장했을 뿐이다. 예수님이 부활했다고 하는 말의 의미는 너무나 컸기 때문에 그는 다른 사람의 말만 가지고는 믿을 수 없다고 생각한 것이다. 예수님은 이와 같은 정직한 의심을 존중하셨다. 그래서 주님이 도마를 개인적으로 방문하셔서 증거를 제시하셨을 때에 도마는 "나의 주님이시요 나의 하나님이시니이다"라는 최고의 믿음의 말로 반응했다(요 20:28). 실제로 그는 직접적으로 예수님을 하나님이라고 말한 유일한 제자이다.

도마의 의문은 믿음으로 이어졌다. 왜냐하면 그는 그런 마음을 진지하게 표했고 그 답을 구했기 때문이었다. 성경은 제일 마지막으로 그를 언급할 때에 그는 의문을 갖는 것이 아니라 기도하면서 다른 제자들과 함께 성령이 임하시길 기다리고 있었다(행 1:12-14).

⁝ 당신은 하나님 앞에 어떤 정직한 질문을 드려야만 하는가?

성경인물

요한: 우뢰에서 사랑으로

요한은 '우뢰의 아들'이라는 재미있는 별명을 가지고 있다(막 3:17). 그리고 복음서의 몇 가지 사건들을 보면 이 이름에 그의 폭풍과 같은 성품이 나타나 있음을 암시한다. 요한은 경쟁 관계에 있는 자들이 기적을 행할 때에 이에 대해 시기심을 드러내고(막 9:38), 천국에서 자신을 위해 최고의 자리를 달라고 주장한다. 한때 그는 적대적인 마을을 파괴하기 위해 하늘에서 불을 내리길 원했다(눅 9:54).

그런데 그의 인생 가운데 언젠가 뇌운thundercloud이 거두어졌다. 결국 그는 '사랑의 사도'라는 새로운 별명을 얻었다. 요한복음과 나중에 쓴 서신서는 사랑을 반복해서 강조하기로 유명하다.

자연스럽게 요한의 영적 여정은 예수님의 생애를 기록하는데도 영향을 미쳤다. 그가 몇 가지 가슴에 사무치는 에피소드를 통해 독특한 방식으로 예수님의 이야기를 하게 된 것은 그의 변화된 성품 때문일지 모른다. 아마도 이런 몇몇 장면은 결국 예수님이 참으로 하나님의 아들이심을 요한에게 확신시켜 준 그분에 대한 기억일 것이다.

⁝ 예수님을 알면 사람이 변한다. 당신은 어떻게 변화되었는가?

떠나심: 반복되는 질문에 대한 충격적인 답변

이 말씀을 마치시고 그들이 보는데 올려져 가시니 구름이 그를 가리어 보이지 않게 하더라 행 1:9

부활하신 후 40일 동안 예수님은 자유자재로 나타나시기도 하고 사라지시기도한 것처럼 보인다. 주님이 나타나시면 제자들은 일어난 모든 일에 대해 그분이 하시는 설명을 열심히 듣는다. 주님이 떠나시면 그들은 주님이 반드시 가져오실 새로운 나라의 구조를 그리곤 한다. 로마의 통치로부터 마침내 자유롭게 될 예루살렘을 생각해 보라.

구약성경에 나타난 이스라엘 국가의 모습을 따라 한 나라를 기대한 제자들은 사람들이 언제나 보이는 나라에서 구하는 것들을 원한다. 풍성한 음식, 100퍼센트 고용, 침략자들을 물리칠 강한 군대. 예수님께서 보이지 않는 나라와 십자가의 도를 그렇게 많이 설명했어도 제자들의 머릿속에는 그런 개념이 들어갈 곳이 없는 것처럼 보인다.

승천

그러나 예수님은 약간 신비로운 명령을 하신다. 주님은 제자들에게 예루살렘으로 돌아와 단지 기다리라고 말씀하신다. "성령이 오실 때까지 성을 떠나지 말라"고 주님은 말씀하신다. 마침내 제자 중 한 사람이 예수님께 그들 모두가 함께 의논해왔던 질문을 한다. "주님, 이스라엘 나라를 회복하심이 이 때니이까?"

어느 누구도 다음에 일어날 일에 대해 준비가 되어 있지 않았다. 예수님은 이 질문을 무시하시고 이스라엘에서 이웃 나라들과 세상 끝으로 관심을 돌리시는 것 같다. 주님은 다시 성령을 언급하시고, 그런 다음에 정말 놀랍게도 그의 몸이 지상에서 부양하여 잠시 그곳에 머무시더니 구름 속으로 사라지신다. 그리고 그들은 주님을 결코 다시 보지 못한다.

새로운 현실

그리스도인들은 모든 역사는 예수 그리스도를 중심으로 움직인다고 믿는다. 그러나 분명한 사실은 예수님이 33년 후에 지구를 떠나셨다는 것이다. 나아가 주님은 이것이 유익하다고 선언하신다. "너희 마음에 근심이 가득하였도다 그러나 내가 너희에게 실상을 말하노니 내가 떠나가는 것이 너희에게 유익이라 내가 떠나가지 아니하면 보혜사가 너희에게로 오시지 아니할 것이요"(요 16:6-7).

누가복음의 저자가 쓴 사도행전은 예수님의 충격적인 떠나심 이후에 무슨 일이 일어났는지를 설명한다.

⁑ 당신을 향하신 예수님의 계획이 당신이 기대한 것과 다르다는 것을 언제 깨달았는가?

폭발: 제자들을 변화시킬 일이 일어나다

그들이 이 말을 듣고 마음에 찔려 베드로와 다른 사도들에게 물어 이르되 형제들아 우리가 어찌할꼬 하거늘 행 2:37

수많은 순례자들이 유대 명절에 예루살렘으로 몰려들고 있다. 이 사이에 예수님의 제자들은 그분의 분부를 지키기 위해 소그룹으로 집 안에 모였다. 이곳에서 그들은 인내심을 가지고 약속하신 것을 기다린다. 급한 바람과 같은 소리가 나면서 불의 혀 같은 것이 나타났다. 하나님의 임재인 성령께서 평범한 사람들의 몸, 그들의 몸 안에 거처를 삼으신다.

곧 이어 예루살렘의 모든 자들이 예수님의 제자들에 대해 말하고 있다. 전 세계에서 온 순례자들은 갈릴리 사람들의 메시지를 자기들의 모국어로 듣고 놀란다. 분명히 뭔 일이 진행되고 있었다.

더이상 겁쟁이가 아니다

한때 자기의 목숨을 부지하기 위해 예수님을 세 번이나 부인했던 겁쟁이 사도 베드로는 유대 당국자와 로마 권력자들에게 조금도 굴하지 않는다. 다윗 왕과 선지자 요엘의 말씀을 인용하면서 그는 그의 말을 듣는 청중들이 모든 역사의 사건 중에서 가장 중요한 사건을 경험하고 있다고 선포한다. 베드로는 "하나님께서 이 예수님을 살리셨습니다. 우리 모두는 이 사실의 증인입니다"라고 말한다. 그는 계속해서 예수님을 메시야, 즉 유대인들이 오랫동안 기다리던 꿈의 실현자로 선포한다.

3천 명의 사람들이 그날 베드로의 강력한 메시지에 반응한다. 그리고 교회가 탄생한다.

새로운 신자들은 처음에는 로마와 유대 당국자들에게 단순한 골칫거리였지만 그들은 성장을 멈추지 않는다. 예수님께서 예언하신 대로 그 메시지는 그 지역에 퍼졌으며, 한 세대가 가기 전에 문명의 중심인 로마를 관통한다.

새로운 종교들이 값싸고 실제로 하루아침에 사라지던 시대에 기독교 믿음은 세계적인 현상이 된다. 그것은 오순절에 바로 이 현장에서 모두 시작된다.

⁂ 그리스도를 만남으로써 하루 만에 변한 사람을 본 적이 있는가?

충격파: 과거의 공모자들이 새로운 운동에 연합하여 반대하다

그들이 날마다 성전에 있든지 집에 있든지 예수는 그리스도라고 가르치기와 전도하기를 그치지 아니하니라 행 5:42

성령을 통해 새롭게 능력을 받은 제자들은 예수님처럼 행동하기 시작한다. 그들은 성전으로 가서 설교를 한다. 그들은 병자를 고치고 가난한 자들의 필요를 채워준다. 그러는 동안 새로운 교회는 일취월장 성장한다.

사도행전은 이와 같은 성공과 더불어 발생하는 문제들을 정직하게 말한다. 교회가 유명해지면서 점쟁이들과 마법사들이 신유와 다른 기적에 대한 소식을 듣고 이에 이끌리어 교회 안으로 들어온다. 아나니아와 삽비라 같은 부자들도 자신들이 자선을 베풀면 박수를 받을 수 있는 곳으로 여긴다. 그러나 하나님은 말할 것도 없고 사도들은 이제 막 피어나는 교회 안에 이런 부패를 용납하지 않는다.

무력한 적들

관심의 초점은 곧 내적인 문제들에서 외적인 반대로 이동한다. 예수님에게 음모를 꾸몄던 그 세력들이 이제 교회의 새로운 폭발적 현상에 대해 반대하기 위해 연합전선을 편다. 그들은 교회 지도자들을 체포하여 끌고 갔지만 병자를 고쳤다는 것 이외에 그 어떤 것으로 그들을 고소할 수 있단 말인가? 그저 사람들로 하여금 하나님을 찬양하게 할 뿐이었다. 그리스도인들은 위험한 모함꾼들을 닮은 구석이 없었다. 그들은 보통 성전 행각에서 공개적으로 만났다.

그렇지만 종교 지도자들은 날조된 죄목을 가지고 사도들을 구타하고 투옥한다. 다음에 벌어지는 일들은 기득권자들에게 그들이 누구를 대항하고 있는지를 보여준다. 사도들은 매를 맞으면서도 주님의 이름으로 고난 받는 것을 특권으로 여기고 하나님을 찬양한다. 그리고 주님의 천사가 나타나 그들을 감옥에서 풀어준다.

지혜로운 바리새파 노인인 가말리엘은 아마도 가장 훌륭한 조언자일 것이다. "이 사람들을 상관하지 말고 버려 두라 이 사상과 이 소행이 사람으로부터 났으면 무너질 것이요 만일 하나님께로부터 났으면 너희가 그들을 무너뜨릴 수 없겠고 도리어 하나님을 대적하는 자가 될까 하노라"(행 38-39). 그의 말은 이보다 더 예언적일 수 없었다.

⁑ 오늘날 어떤 문제들이 교회를 가장 괴롭히는가? 그 문제들은 내적인 것인가 아니면 외적인 것인가?

성경인물

스데반: 죽음으로써 살다

수 세기 동안 수많은 그리스도인들이 믿음을 위해 목숨을 잃었다. 오늘날에도 알제리, 이란, 수단, 중국과 같은 나라에 살고 있는 그리스도인들은 아직도 핍박을 받고 있다. 스데반은 최초의 순교자로서 자신의 믿음으로 인해 불같은 시련을 당하는 모든 그리스도인들에게 모범이 된다.

재판을 받으면서도 스데반은 너무나 용감하게 그리고 분명하게 말하자 지적 수준이 높았던 산헤드린 공회원들은 당황해 했다. 그들은 이를 갈고 귀를 막았으며 큰소리로 고함을 지르면서 분을 이기지 못하고 스데반에게 달려들었다. 그런 뒤에 그들은 군중을 선동하여 스데반에게 돌을 던져 죽였다(행 7:54-60).

스데반은 사도들이 그를 다른 6명과 함께 선정했을 때에 그리스도를 위해 공적으로 봉사의 일을 시작했다. 그것은 헬라어를 말하는 과부들에게 공정한 분량의 식량을 지급하는 일이었다. 그는 구제의 일 그 이상의 것을 훌륭히 해냈다. 하나님은 그에게 기적을 행하는 능력과 헬라어를 말하는 유대인들을 설득하는 언변의 능력을 주셨다.

스데반은 예수님과 같은 이유로 기존의 종교 집단을 격노케 했다. 종교 당국자들은 그가 자신들이 경외하는 성전과 구약 율법을 모독한다고 주장했다. 그들의 고소에도 일말의 진리가 들어 있었다. 그러나 스데반의 경우에 하나님의 은혜는 그 어떤 건물이나 그 어떤 규정집보다 더 컸다.

재판을 받으면서 스데반은 자신의 입장을 큰소리로 분명하게 제시했다. 그는 이스라엘의 역사를 이스라엘 백성의 고집스런 반항에도 불구하고 하나님이 그들을 구원하시는 역사로 재조명했다. 그동안 뭔가 변화가 있었는가? 성전과 율법을 가장 존경했던 바로 그 사람들이 예수님을 '배신하고 살해했던' 바로 그 사람들이지 않았던가?

예수님처럼 스데반도 기득권 세력을 노하게 만들었기 때문에 재판을 받고 처형되었다. 예수님처럼 그도 정죄 대신에 용서를 말하면서 숨을 거두었다. 그는 죽어가면서도 자기에게 돌을 던지는 자들을 위해 기도했다. 스데반의 마지막 기도는 장엄하게 응답되었다. 사울이라는 사람이 고소자들 가운데 서 있었다. 어거스틴이 말한 대로 "만일 스데반이 기도하지 않았다면 교회는 바울을 갖지 못했을 것이다."

⁝ 만일 당신이 재판을 받게 되어 그리스도를 믿는 당신 믿음을 설명해달라고 하면 어떻게 반응하겠는가?

성경인물

빌립: 돌파구를 여는 사나이

종교는 보통 인종과 연관성이 있다. 아랍인들은 전형적으로 회교도이며, 인도인은 힌두교도이고 일본인은 신도Shinto나 불교를 믿는다. 처음에 초대교인들도 이런 패턴을 유지했다. 최초의 제자들은 모두가 유대인이었다. 비록 예수님께서 그들에게 복음을 모든 민족들에게 전하라고 말씀하셨지만 그들은 이런 생각을 하기가 어려웠다.

빌립(예수님의 12제자 가운데 한 사람인 사도 빌립과 혼돈하지 말 것)은 주님의 지상명령을 최초로 실행한 사람 중 한 사람이다. 그는 종족의 경계를 넘어 예수님의 사랑을 전한 선구자였다.

빌립은 맨 처음에 초대교회가 가난한 과부들을 돌보도록 하기 위해 선정한 7명의 남자 가운데 한 사람이었다. 헬라어를 말하는 유대인들은 자신들이 간과되는 것에 불만이 있었다. 그래서 사도들은 누군가가 식물을 제공하여 이들을 돌보는 문제를 맡아줄 사람을 원했다. 빌립과 다른 여섯 명의 동료들을 선정함으로써(이들의 이름을 볼 때에 이들은 모두가 헬라어를 말하는 자였다) 사도들은 전통적인 히브리인이 아닌 그리스도인들에 대한 관심을 보였다.

그때까지 그 누구도 사마리아인들을 교제 가운데 초대할 생각을 하지 못했다. 이들은 유대인의 피가 섞여 있지만 유대인들은 이들을 이단으로 그리고 혼혈아로 여기며 싫어했다. 그때에 핍박으로 인해 어쩔 수 없이 예루살렘을 떠나야 했던 빌립은 사마리아인들에게 복음을 전하기 시작했고 그 결과는 놀라웠다. 처음으로 유대인이 아닌 자들이 예수님을 따르는 데 합류했다.

이제 빌립에게 이것은 시작에 불과했다. 다음에 그는 예수님의 복음을 여행 중인 에티오피아 관료에게 전했다. 그래서 빌립은 최초의 아프리카 그리스도인을 회심시키는 당사자가 되었다(행 8:26-40).

세월이 지난 후에 사도 바울은 예루살렘으로 가는 도중에 빌립을 방문하여 그와 함께 머물렀다(행 21:7-16). 사도행전은 '전도자' 빌립에게 예언하는 네 딸이 있었다고 말한다. 당시에 여성은 공적인 역할을 거의 하지 않았기 때문에 이 말씀은 빌립이 또 하나의 돌파구를 열었다는 것을 가리킨다. 이번에 그는 자기 가족들을 사역에 관여시켰다.

⁝ 복음의 '돌파'가 일어나는 데 방해가 되는 것들을 생각해 보라. 이런 일이 이뤄지려면 어떤 종류의 남녀가 필요하겠는가? 당신은 그런 사람 중에 하나인가?

뒤로 돌아!: 사울이 새 이름과 새 정체성을 얻다

> 듣는 사람이 다 놀라 말하되 이 사람이 예루살렘에서 이 이름을 부르는 사람을 멸하려던 자가 아니냐 여기 온 것도 그들을 결박하여 대제사장들에게 끌어 가고자 함이 아니냐 하더라
>
> 행 9:21

사도행전 9장은 초대교회가 이름을 갖기 전에 어떤 모습인지를 보여준다. 교회의 구성원들은 계속해서 체포와 핍박의 두려운 가운데 산다. 로마가 위협하지 않으면 그럴 때에는 유대 당국자들이 위협했다. 이미 스데반이라 불리는 지도자가 공개적으로 돌에 맞아 죽었다. 그리고 사울이라 하는 사람보다 더 큰 공포감을 초대교인들에게 준 사람은 없다. 그는 스데반 처형에 참여했던 자이다.

스데반의 처형 사건 후 다메섹으로 가는 도상에서 기적적인 반전이 일어난다. (다메섹은 오늘날 시리아의 수도인 다마스쿠스이다. 세계에서 가장 오래된 도시로 전해진다.) 사울은 새로운 종파에 너무 격렬하게 반대했기 때문에 예루살렘에서 240킬로미터이나 되는 곳까지 가서 그곳의 그리스도인들을 핍박했다. 그의 '다메섹 도상의 해후'로 인해 그의 임무가 갑자기 바뀌었다. 하나님은 초자연적인 방법으로 하나님의 어린 교회의 주적인 그를 파괴하는 대신에 초자연적으로 개입하셔서 회심시키신다.

사도행전은 9장의 사건을 여러 군데에서 언급한다. 왜냐하면 사울의 회심이 그 시대의 세계를 흔들었기 때문이다. 그러나 다른 그리스도인들은 바울이 사람을 죽이기로 이름이 나 있었기 때문에 그를 불신하다가 점진적으로 그를 환영했다.

편이 바뀌다

불가능을 넘어서서 하나님은 이전의 박해자였던 사울을 이용하셔서 어린 교회를 이끌어 가신다. 곧 그는 바울이라는 새로운 이름을 가지고 박해자의 핍박의 채찍을 맞는 자리에 선다. 그가 다른 이들을 그리스도에게 효과적으로 데려가자 그의 옛날 동료들은 이제 그를 죽이려고 한다. 결국 그는 자신이 애초에 도우려고 했던 유대 열심 당원들에게서 오히려 도망해야만 했다.

누가는 언급하고 있지 않지만 이 기간 동안에 바울은 아라비아로 물러간다. 그는 그곳에서 상당 기간 동안 자신의 새로운 믿음과 사명에 대해 숙고한다(갈 1:17). 그리고 네 번의 선교여행을 통해 바울은 지중해 연안을 다니며 복음의 기쁜 소식을 전했고 또한 그는 시간을 내어 새로이 회심한 자들에게 보낼 편지를 많이 쓴다.

⁑ 당신의 삶에서 갑작스러운 반전을 경험한 적이 있는가?

성경인물

바나바: 권위자

그의 실제 이름은 요셉이었지만 그는 '바나바'란 이름으로 유명하다. 이는 '권위의 아들'이란 뜻으로서 그에게 적절한 별명이었다. 바나바는 다른 사람의 가능성을 인식하고 이를 격려하는 재주가 있었다. 그에게 가장 큰 은혜를 입은 사람은 바로 다름 아닌 바울이었다.

바울의 극적인 회심 이후에도 유대인 그리스도인들은 여전히 바울을 두려워했다. 그들은 너무 두려운 나머지 그가 예루살렘에 도착했을 때 그와 거리를 두었다. 어쨌든 이 사람은 너무나 많은 신자들을 다치게 했던 위협적인 존재가 아니었던가? 그러나 바나바는 생명의 위협을 무릅쓰고 바울을 만나러 갔다. 바울의 회심이 진짜임을 확신했던 바나바는 바울을 사도들에게 소개했다(행 9:26-27).

나중에 최초의 이방인 교회가 안디옥에 생겼을 때에 바나바는 새로운 그리스도인들을 격려하고 바울이 할 역할을 생각해냈다(행 11:25-26). 바나바는 바울이 그의 진정한 부르심을 발견할 수 있도록 도왔다(바울은 결국 '이방의 사도'로 알려지게 되었다). 곧 하나님은 이 두 사람을 선택하셔서 안디옥을 떠나 첫 번째 선교여행을 보내실 참이셨다(행 13:1-3).

그러나 아이러니하게도 그들은 격려를 잘 하는 바나바로 인해 다투었다. 첫 번째 선교여행에서 그들은 바나바의 젊은 사촌인 마가 요한을 데리고 갔지만 그는 여행 도중에 하차했다. 그들이 두 번째 선교여행을 계획했을 때에 바나바는 마가에게 다시 한 번 기회를 주고 싶어 했지만 바울은 거절했다. 그 결과 그들은 헤어졌고 서로 다른 길을 갔다(행 15:36-40). 이 일에 있어서 결국 바나바가 옳다는 것이 입증되었다. 왜냐하면 마가는 신실한 자로 입증이 되었으며 바울도 결국에는 그를 의지하게 되었기 때문이다(딤후 4:11).

⁂ 당신은 누구를 어떻게 격려하고 있는가? 그리고 누가 당신을 격려하는가?

성경인물

마가(마가 요한): 대기만성형

75년 이상 영국은 15세 미만의 전영全英, All-England 축구 선수들을 선발했다. 매년 선발된 선수들은 최고의 젊은 선수들로서 영국의 미래를 대표한다. 그러나 이 선수들을 장기간 연구한 결과 심란한 사실이 발견되었다. 1200명 이상의 젊은 선수들 가운데 단지 29명만이 계속해서 전영 성인 팀에서 뛰었다. 다른 말로 하면, 단지 최고의 선수들 가운데 오직 2퍼센트만이 어른이 되어서도 최고의 선수로 남아 있었다는 것이다.

너무 일찍부터 누군가의 가능성을 정하는 것은 위험하다. 왜 그런가? 왜냐하면 사람은 변하기 때문이다. 마가 요한의 경우도 그렇다. 예루살렘에 사는 젊은이였던 그는 그리스도께서 오셨을 때에 가장 가까이 있었고 초대교회에서의 그의 위치도 그러했다. 분명 과부처럼 보이는 그의 어머니 마리아는 초대 교인들에게 자기 집을 개방했다. 그의 사촌인 바나바는 초대 집사 중 한 사람으로 섬겼다. 분명 마가는 탁월한 기독교 지도자가 될 예정이었다.

바울과 바나바도 분명 그렇게 생각했음이 틀림없다. 그래서 그들은 첫 번째 선교여행을 떠날 때에 마가를 데리고 갔다. 그러나 이 젊은이는 실패했고, 여행 도중에 그들을 버렸다. 너무나 실망한 바울은 다음 선교여행에서 마가를 데려가는 것을 반대했다. 이렇게 거절하자 바나바와의 관계에 금이 갔다(행 15:39).

바울은 이 젊은이가 소망이 없다고 생각했지만 나중에 그는 생각을 바꿨다. 결국 마가는 바울의 소중한 조력자가 되었고 사도 바울은 세 편의 편지에서 마가에게 감사를 표하고 있다.

또 다른 사도인 베드로는 마가를 '내 아들'이라고 다정하게 부른다(벧전 5:13). 전통에 따르면 마가는 로마까지 베드로와 동행했고 그곳에서 베드로는 마가가 복음서를 쓰는 것을 도왔다고 한다. 그리고 그 복음서는 마가의 이름을 지니고 있다.

⁝ 지금 누군가가 당신을 5년 전의 당신 모습과 비교하여 평가한다면 당신은 진보된 모습을 보여줄 수 있는가?

우회: 계획하지 않은 방문과 대화를 통해 새로운 교회가 탄생하다

밤에 환상이 바울에게 보이니 마게도냐 사람 하나가 서서 그에게 청하여 이르되 마게도냐로 건너와서 우리를 도우라 하거늘 행 16:9

여행을 할 때에 바울은 로마제국의 여러 주州의 수도와 주요 상업 도시들에 집중한다. 여러 문화가 녹아져 있는 이 도시에서 복음의 메시지는 온 세상을 향해 빛을 발할 수 있다. 어린 교회의 전도가 유망하면 바울은 영적 성장을 지도하기 위해 그곳에 머물렀으며, 때로는 3년까지 머물기도 했다. 그의 편지 속에는 이런 식으로 얻는 친구들을 향한 애정이 빛난다.

사도행전 16장은 성경에서 하나님의 인도하심에 대한 가장 유명한 이야기를 담고 있다. 바울은 마케도니아 사람을 환상 중에 본다. 그러나 이 이야기는 이 계시가 얼마나 비범한 것인가를 실제로 보여준다. 분명 바울도 이에 놀랐으며, 그는 갑자기 자기의 여행 계획을 바꾼다. 평상시에 그는 전략적으로 선교여행을 계획하고 주요 도시들과 마을들을 순차적으로 연결했다. 그러나 이번에 그는 장애물을 만났고 그의 여행 일정을 조정해야 했다.

한 여인과 간수

이런 변화의 결과로 바울이 가장 사랑하는 교회 중 하나가 탄생한다. 바울이 환상 가운데 인도받은 빌립보는 마케도니아 지역에서 중요한 도시이다. 강가에서 한 여인과 우연히 대화를 하다가 바울에게 복음의 문이 열린다(초대교회에서 여인들은 중요한 역할을 했다). 빌립보에서 일어난 사건은 바울의 변화무쌍한 선교여행의 모델이 된다. 즉 처음에는 사람들이 복음을 받아들이면 강력한 반대가 일어나고 하나님은 그 위험에서 그를 건지신다.

위험에 처할 때에 바울은 자신의 로마 시민권의 특권과 신분을 주저함 없이 사용한다. 그는 합당한 대우를 받으면서 빌립보에서 이송되지만 그의 뒤에는 변화된 두 사람이 남아 있다. 한 사람은 옷 장사를 하는 여인이고, 다른 한 사람은 그 도시의 간수이다. 잘 어울릴 것 같지 않은 이 두 사람을 통해 빌립보 교회는 생동하며 성장한다. 그리고 바울은 나중에 빌립보서를 이들에게 보낸다.

⁑ 하나님은 어떤 방법으로, 어떤 중요한 사람이나 무언가를 당신의 삶 가운데 가져오시는가?

성경인물

실라: 감옥에서 찬양하다

새로 탄생한 교회는 외적으로 폭발적으로는 성장했지만 내적으로는 핍박을 받았다. 그리고 어디가든지 변화의 기운이 팽배했다. 초대교인들에게 지루함이란 있을 수 없었다. 특별히 사도 바울과 함께 복음을 외진 곳까지 전한 선교 팀은 더욱더 그랬다.

실라는 용감한 엘리트 그룹원 중 한 사람이었다. 예루살렘 교회의 지도자였던 그는 교회의 공식 메시지를 들고 안디옥 교회를 방문했다. 그러나 그가 자원해서 사도 바울을 따라 장기간의 선교여행을 따라 나선 것을 보면 다문화 도시에 있는 이 교회의 뭔가가 분명 그를 괴롭혔던 것 같다. 두려움이 없는 바울과 여행을 한다는 것은 흥분되는 것이었다.

오늘날에도 어떤 지역에서의 선교 사역은 위험하다. 초대교회 시절에 바울과 실라는 가는 곳마다 언제나 위험이 도사리고 있다는 것을 알았다. 빌립보에서 당국자들은 이 두 선교사에게 매질을 하고 그들을 투옥했다. 그들이 감옥 안에서 한 밤중에 찬양을 하자 지진이 나면서 그들이 자유로워졌다. 하지만 두 사람은 감옥에 계속 머물면서 간수를 그리스도에게 인도했다(행 16:25-34). 그리고 다음 지역인 데살로니가에서 두 사람은 우연히 폭동의 원인이 된다. 부상을 가까스로 면한 이들은 계속해서 베뢰아로 가지만 더 많은 고난이 뒤따랐다.

이러한 흥분은 사역과 함께 왔다. 예수님에 대한 메시지는 도전적이었으며 때로는 듣는 자의 감정을 상하게도 했다. 실라는 복음을 전하는 데 자신의 삶을 드렸다. 복음 전파 이외에도 그는 데살로니가전후서와 베드로전서를 집필하는 데 도움을 주었음이 분명하다(살전 1:1; 살후 1:1; 벧전 5:12).

⁑ 당신은 하나님을 섬기는 일에 대해 흥분한 적이 있는가? 무엇이 당신을 그렇게 만들었는가?

엇갈린 반응: 바울이 박수와 조소와 폭동을 일으키다

어떤 사람은 이르되 이 말쟁이가 무슨 말을 하고자 하느냐 하고 행 17:18

예수님은 씨 뿌리는 농부의 비유를 말씀하셨다(마 13장). 어떤 씨앗은 돌밭에 떨어졌고, 어떤 씨앗은 가시덤불에, 어떤 씨앗은 옥토에 떨어졌다. 사도 바울의 2차 선교여행의 사건을 묘사한 사도행전 17장은 최초의 외국 선교사인 그가 씨 뿌리는 비유에 나오는 반응들을 빠른 시일에 모두 경험했음을 보여준다.

데살로니가에서 바울의 방문으로 인해 폭동이 발발했다. 다음 도시인 베뢰아는 바울에 대해 더 호의적으로 반응했다. 성경을 상고하면서 바울의 메시지를 연구한 베뢰아의 유대인과 비유대인들 중에 많은 사람들이 믿었다. 그러나 데살로니가에서 온 폭도들이 이곳에서도 곧 문제를 일으킨다. 왜냐하면 바울의 사역을 방해하려는 적대 세력들이 계속해서 바울의 뒤를 쫓은 경우가 많았기 때문이었다.

아덴에서의 대결

고상한 대학 도시인 아덴에서 바울은 기죽을 수 있는 도전에 직면한 것처럼 보인다. 철학의 도시로 유명한 이곳의 사람들은 그들의 지성으로 새로운 사상에 대해 혹독하게 테스트를 했다. 바울의 가르침을 조롱하던 이 지역의 철학자들은 그를 아레오바고로 끌고 간다. 아레오바고는 종교와 도덕을 관장하던 철학 회의체였다.

새로운 믿음이 사상의 시장터에서 경쟁할 수 있다고 자신했던 바울은 회의적인 청중 앞에 서서 웅변조로 철학자들과 사상가들을 향해 탁월한 연설을 한다. 분명 그는 거의 성공을 거두지 못했고 그 결과로 괴로워했을 것이다.

바울은 결국 아덴의 엘리트 중 몇 명의 회심자 밖에는 얻지 못한다. 하지만 그는 다음에 다양한 민족이 모여 사는 고린도에서 주목할 만한 교회를 세운다.

어떤 학자들은 고린도전서 1장부터 4장은 바울이 아덴에서 경험한 내용의 여파를 설명한 것이라고 믿는다.

⁂ 복음에 대해 친구들과 친지들과 이야기할 때에 어떤 종류의 접근법이 가장 효과가 있는가?

성경인물

브리스길라와 아굴라: 능력의 부부

신약성경에 나오는 대다수의 지도자들은 결혼을 했다. 하지만 브리스길라와 아굴라는 부부로서 함께 영향을 미친 점에서 두드러진다. 성경은 이 두 사람을 항상 같이 언급하고 있다. 이들은 함께 천막 만드는 일을 했으며(행 18:3), 부부로서 자기 집에 있는 교회를 후원했다(롬 16:3-5; 고전 16:19). 그리고 두 사람은 강력한 전도자의 가르침을 아볼로에게 조용히 가르쳐주기도 했다(행 18:26). 그리고 브리스길라의 이름이 먼저 나올 때가 많은 것으로 보아 이는 그들의 친구들의 눈에 그녀가 최소한 남편과 동급의 인물로 비쳐졌다는 인상을 남긴다.

브리스길라와 아굴라는 바울의 측근에 들어간다. 그들은 지성의 도시이지만 부도덕한 고린도에 바울이 홀로 도착해서 지쳐있을 때에 그를 처음 만난다. 브리스길라와 아굴라도 최근에 이곳에 도착했다. 실제로 그들은 난민이었다. 로마 황제 클라우디우스가 로마에서 유대인들을 쫓아냈기 때문에 그들도 다른 모든 유대인들과 마찬가지로 로마를 떠났던 것이다. 바울은 이들과 함께 머물렀고—왜냐하면 바울도 그들처럼 장막을 만드는 사람이었기 때문이었다—그들과 함께 일했다. 이들 세 사람은 장막을 만들면서 오랫동안 깊이 있게 교제했음이 틀림없다.

나중에 브리스길라와 아굴라는 바울과 함께 항구도시인 에베소까지 동행했다. 그리고 그곳에서 그들은 새로이 탄생한 역동적인 교회의 지도자가 되었다.

오늘날 중국의 가정교회와 같이 당시에도 교회는 집에서 자주 모였다. 이런 상황에서 브리스길라와 아굴라와 같은 사람들의 손대접은 신자들의 교제에 있어서 중요했다.

바울은 계속해서 이동했기 때문에 그는 브리스길라와 아굴라와의 우정을 유지하기 위해서 편지를 보내야만 했고 가끔씩 방문해야만 했다. 어느 시점엔가 이 두 사람은 바울을 위해 목숨을 걸었다(롬 16:4). 그가 공적인 편지에서 인사말을 쓸 때에 이 부부는 그 명단 중에 가장 앞선다(롬 16:3; 딤후 4:19).

⁑ 함께 사역하는 부부를 생각해 보라. 그들은 서로에 대해 어떤 태도를 보이는가?

예기치 못한 여행: 폭도와 자객 그리고 로마의 재판정

하나님의 도우심을 받아 내가 오늘까지 서서 높고 낮은 사람 앞에서 증언하는 것은

행 26:22

사도행전의 마지막 몇 장은 바울의 가장 용감한 모습을 보여준다. 그는 폭도들을 너무나 담대하게 대항해서 로마 군사들은 그를 보호하기 위해 군영으로 그를 데려와야만 했다. 다음 날 그는 유대의 통치기관인 산헤드린 앞에 선다. 하지만 너무나 큰 소동이 일어나 로마 사령관은 그들이 바울을 발기발기 찢을까 두려워한다. 그런 뒤에 40명의 광신자들이 바울을 죽이겠다는 맹세를 한다.

이 모든 소동 속에서 바울은 주님에게서 위로의 환상을 받는다. 주님께서는 "담대하라 네가 예루살렘에서 나의 일을 증언한 것 같이 로마에서도 증언하여야 하리라"고 말씀하신다(행 23:11).

죄수가 말하다

중무장한 군사들의 호위와 어둠을 이용해 바울은 도시를 몰래 빠져나온 후에 마침내 로마 총독의 궁에 도착한다. 그의 고난은 끝날 기미가 전혀 보이지 않는다. 바울의 변호를 들은 후에 벨릭스는 종교 당국자들에게 정치적인 호의를 베풀기 위해 바울을 2년 동안 감옥에 보낸다. 그러나 이것으로는 저들의 광기를 가라앉히지 못한다. 새로운 총독 베스도가 오자마자 유대 지도자들은 바울에 대해 또 다른 살해 음모를 꾸민다.

사도행전에는 18개의 설교가 기록되어 있다. 그중 마지막 세 개는 매우 선택적인 청중에게 전해졌다. 로마제국에서 가장 많이 회자되고 있는 이 죄수에 매료된 로마 관리들은 훈련된 곰을 데려오듯이 바울을 데리고 온다. 사도행전 26장은 바울이 가장 높은 재판관인 헤롯 아그립바 왕 앞에서 벌인 바울의 매력적인 공연을 기록하고 있다.

그 결과는, 바울은 마침내 로마를 방문하는 자신의 꿈을 실현한다. 그러나 그것은 선교여행이 아니라 로마의 배를 타고 가는 로마제국의 죄수의 신분이었다.

⁂ 당신의 믿음 때문에 반대에 직면한 적이 있는가? 당신은 바울의 반응에서 무엇을 배울 수 있는가?

성경인물

아그립바: 로마의 심장의 가진 자

헤롯가의 사람들은 태생이 팔레스타인이었지만 그들의 충성심은 다른 곳에 있었다. 그곳은 그들에게 빵과 좋은 것을 제공하는 로마였다. 헤롯가는 신약성경에서 중요한 역할을 하지만 대부분이 부정적인 것들이다.

역사가들에게 헤롯 아그립바 2세로 알려진 아그립바는 로마를 위해 팔레스타인을 통치했던 헤롯가의 마지막 사람이었다. 그의 종조부는 침(세)례 요한의 목을 베었고 예수님의 재판을 주재하기도 했다. 이 사람의 아버지는 예수님이 탄생하신 후에 어린 소년들을 학살하라는 명령을 내린 사람이다. 이제 아그립바는 새로운 도를 열심히 전하는 선교사인 사도 바울의 재판을 해야 했다.

로마에서 교육을 받은 아그립바는 아버지가 죽자 17세의 나이에 권좌에 올랐다. 분명 아그립바는 로마에서 부도덕한 것들을 습득했을 것이다. 바울의 재판을 듣기 위해 아그립바와 동행했던 그의 여동생 베니게 또한 그의 정부情婦였다. 그녀는 여러 번 결혼을 했고 유력한 남자들의 정부였지만 언제나 자기 오빠에게로 돌아왔다. 이들의 근친상간은 로마의 가십gossip거리가 되었다.

그럼에도 불구하고 바울은 아그립바가 복음에 대한 지식이 있다고 생각했다. 유대 성전의 감독자인 그는 예수님의 제자들이 늘어나고 있다는 것을 알고 있었고 메시야에 대한 선지자들의 예언이 성취되었다는 그들의 주장도 알고 있었다. 그러나 아그립바는 바울의 호소를 무시했다. 그는 로마 총독인 베스도 앞에서 성경 토론을 하려 하지 않았다(행 26:26-29).

우리가 아는 한 아그립바는 끝까지 로마에 충성했다. 주후 66년에 예루살렘이 네로 황제에게 반역을 일으켰을 때에 아그립바는 로마를 전폭적으로 지지했다. 그는 주후 70년에 로마가 예루살렘과 성전을 완전히 파괴할 때에도 이 일에 관여했다. 그가 죽음으로 헤롯가도 종말을 맞이했다.

⁝ 아그립바는 하나님의 요구보다 로마에 충성하는 것을 더 중요시했다. 당신은 충성해야 할 여러 대상들 사이에서 갈등을 느끼고 있는가?

퍼펙트 스톰: 로마에 도착하기 전의 마지막 한 가지 장애

내가 너희를 권하노니 이제는 안심하라 너희 중 아무도 생명에는 아무런 손상이 없겠고 오직 배뿐이리라 행 27:22

사도행전 27장은 대양의 폭풍에 대해 상세한 보고를 한다. 그 폭풍은 10년에 한 번 있을까말까 한 그런 종류의 폭풍이었으며 생존자는 결코 이를 잊을 수 없었다. 짙은 구름이 많은 날 동안 태양과 별을 가렸다. 276명의 탑승자와 선원들은 2주 동안 음식을 먹지 못했으며 어느 누구도 승객들이 살아남아서 내일을 볼 수 있을지 몰랐다. 그러나 한 사람은 알았다. 그는 사도 바울이었다.

죄수가 주인이 되다

누가는 배 위의 미친 모습을 생생하게 그린다. 선원들은 신음하는 배를 밧줄로 묶고 귀중한 식량과 심지어 배의 장비들을 배 밖으로 버린다. 로마 병사들은 칼을 뽑아들고 자기만 살기 위해 탈출하려는 선원들을 멈춰 세웠고, 죄수들의 목을 칠 준비를 한다. 이처럼 혼란스런 상황 중에도 사도 바울은 다음에 무슨 일이 일어날지 조용히 서서 예언한다. 하나님은 바울에게 그가 로마를 방문하게 될 것이라고 약속하셨다. 그리고 그가 본 환상이 이를 확증해 주었기에 바울은 배가 산산조각이 나도 동요하지 않는다.

이제 바울은 자신이 난공불락의 용기의 소유자라는 것을 다시 한 번 더 드러낸다. 이에 로마의 백부장은 바울에게 특권을 준다. 폭풍이 끝날 무렵에 배에 있던 모든 사람들은 다소 출신의 흔들리지 않는 죄수의 의견을 따른다.

⁂ 위기의 때에 당신은 보통 어떻게 반응하는가?

성경인물

바울: 미치광이이자 열성분자

바울은 미치광이와 같은 기독교 반대자로 시작했지만 나중에는 기독교의 가장 위대한 지도자가 되었다. 예수님 다음으로 그는 신약성경에서 가장 중요한 인물임에 의심의 여지가 없다. 그는 단순히 어떤 명분에 헌신한 운동가가 아니었으며, 하나님에 대해 깊은 사고를 하는 단순한 신학자만도 아니었다. 그는 이 모두였으며, 그의 열정적이고 헌신된 삶은 아직까지도 우리의 모델이 되고 있다.

예수님의 12제자와 달리 바울은 애초부터 사회적 신분이 있고 교육을 많이 받은 사람이었다. 그는 로마 시민권을 가지고 태어났으며 이는 유대인에게는 매우 희귀하고 드문 특권이었다. 바울의 편지에 나타나는 유창한 헬라어는 그가 세상 물정에 밝은 사람이며, 세속 문학에 능한 사람임을 보여준다.

하지만 바울은 근본적으로 자신을 경건한 유대인으로 보았다. 그는 예루살렘에서 가말리엘 문하에서 신학 공부를 했다. 그는 기독교인들을 체포하고 투옥하고 심지어 처형하는 운동에 동참했다. 왜냐하면 그는 이들이 사람을 경배함으로써 하나님께 신성모독의 죄를 범하고 있다고 믿었고 이들을 이단으로 정죄하기로 결심했기 때문이었다.

다메섹 도상에서 불꽃처럼 나타나신 예수님을 만남으로써 바울의 삶은 완전히 바뀌었다(행 9:1-19). 가장 극적인 회심을 통해 바울은 자신이 그렇게 미워하던 바로 그리스도인이 되었다. 나중에 바울은 빌립보 교인들에게 "이는 내게 사는 것이 그리스도니"라고 썼다(빌 1:21). 어느 누구도 이를 의심할 수 없었다. 예수님에 대한 열정적인 초점은 그가 쓴 모든 편지 전체에서 빛났고 그가 여행을 하는 이유의 전부였다. 그는 그리스도란 '그리스도 중심의 사람'이라는 개념을 확실하게 보여 준다.

그러나 몇 년의 세월이 지난 후에 그가 할 일이 생겼다. 그는 현대의 터키에 있는 로마의 중요 도시인 안디옥에서 그 일을 발견했다. 이곳에서 처음으로 상당한 크기의 비유대인 그리스도인 회중이 탄생했다. 그때로부터 바울은 언제나 선교사로서 예수님에 관한 복음을 온 세상에 전했다. 그는 거의 쉬지 않고 여행했으며, 지중해 각 도시를 돌아다니며 유대인과 비유대인 모두에게 복음을 전했다.

바울의 인생은 흥미진진함으로 얼룩졌다. 파선, 뱀에게 물리는 사건, 매 맞음, 겨우 도망쳐 나온 사건들. 그는 많은 교회들을 개척했고 신약성경에서 13편의 편지를 썼다. 이 편지는 그가 세운 최초의 교회들 안에 발생한 문제를 해결하기 위한 것이었다.

바울은 한 번도 자신을 경건한 유대인으로 생각하지 않은 적이 없지만 그는 유대인과 이방인 모두가 하나님의 사랑받는 존재라는 것을 설명하는 데 그의 인생의 많은 부분을 보냈다. 오늘날 많은 사람들이 인종 화합에 대해 말한다. 바울은 이를 위해 싸웠던 최초의 인물 가운데 하나였다. 그는 이방인도 유대인의 율법에 복종해야 한다고 생각하는 자들과 열심히 싸웠다. 그는 비유대인 기독교인들도 하나님 나라에서 일등 시민으로 여겨져야만 한다고 생각했다.

⁑ 하나님께서는 지금 당신을 부르셔서 어떤 역할을 맡기려고 하시는가? 그 목표를 추구하는 당신의 방식과 사도 바울의 방식을 비교하면 어떠한가?

Story 7

From 바울

치료책: 보편적 질병에 대한 치료약

곧 예수 그리스도를 믿음으로 말미암아 모든 믿는 자에게 미치는 하나님의 의니 차별이 없느니라 롬3:22

힘들고 모험적인 삶을 사는 동안 내내 사도 바울은 자기 앞에 놓인 목표를 계속해서 간직했다. 그것은 로마를 방문하는 것이었다. 바울 시대에 강력한 로마제국의 수도인 로마는 독보적인 존재였으며, 지중해 지역 전체를 다스렸다. 로마에서 탄생한 작은 새 교회는 다른 그리스도인들에게 커다란 흥분을 가져다주었다. 그들은 여러 가지 점에서 교회의 미래는 로마에서 일어나는 일에 달려 있다는 것을 알았다. 그들이 세상에 영향을 미치길 기대한다면 그들은 이 위대한 도시를 뚫고 들어가야만 할 것이다.

바울은 계속해서 이 로마 교회를 위해 기도했고 여러 차례 이곳을 방문할 계획을 세웠다. 아직 이 계획이 실현되지 않자 바울은 로마서 3장의 편지를 썼다. 이 편지는 기독교의 믿음을 간략하게 요약한 것이었다.

누가 아픈 사람인가?

바울은 인간의 문제의 치료책은 하나님의 은혜—이 은혜는 모든 사람이 가질 수 있는 완전한 치료약이다—라고 선언한다. 그러나 사람들은 자신이 아프다는 것을 알기 전에는 치료약을 찾지 않을 것이다. 만일 한 의사가 갑자기 텔레비전 뉴스에 출연하여 파라과이 독감에 대한 치료약을 광고한다면 누가 관심을 보이겠는가? 그의 발견이 우리에게 깊은 인상을 주어 우리가 백신을 찾게 하려면 먼저 그는 바이러스가 주는 끔찍한 위험성을 입증해야만 할 것이다.

따라서 로마서는 성경에서 가장 어두운 말씀 중 하나로 시작된다. "의인은 없나니 하나도 없으며"라고 바울은 결론을 내린다. 만일 치료약을 찾지 못하면 온 세상은 영적 죽음을 맛보게 될 운명이다. 그러나 이 슬픈 애가 가운데 분명하고 밝은 놀라운 소식이 들려온다(롬 21-31). 그것은 복음의 메시지의 핵심을 짧고 옹골지게 표현한 것이었다.

⁑ 당신의 삶 가운데 로마서의 메시지를 이해해야만 하는 사람은 누구인가?

율법의 한계: 지금까지 훌륭한 목적을 섬긴 율법

원함은 내게 있으나 선을 행하는 것은 없노라 롬 7:18

바울의 서신서에서 거의 모두 등장하는 이슈가 있다. 그것은 율법에 어떤 유익이 있는가 하는 것이다. 바울의 청중에게 율법이란 단어는 구약성경에 자세히 소개된 규칙과 의식의 집대성을 의미한다. 바울이 '새 언약'이나 '그리스도 안에서의 자유'에 대해 이야기할 때마다 그의 유대인 청중은 그가 모세의 율법에 대해 어떻게 생각하는지를 알고 싶어 했다. 하나님은 아직도 율법에 순종하길 요구하시는가?

감사하게도 오랫동안 바리새인이었던 바울은 모세의 율법을 잘 안다. 로마서에서 바울의 개인적 자서전적인 요소를 가장 많이 지닌 로마서 7장은 바울이 이 문제에 대해 어떻게 생각하는지를 정확히 보여준다.

율법이 도움이 될 때. 바울은 한 번도 율법을 버리라고 권하지 않는다. 그는 율법이 하나님을 기쁘시게 하는 행동이 무엇인지에 대한 근본적인 도덕률을 보여준다는 것을 알았다. 율법은 한 가지 점에서 유익하다. 그것은 죄를 드러낸다는 것이다. "율법으로 말미암지 않고는 내가 죄를 알지 못하였으니." 바울에게 십계명과 같은 규정은 유익하고 건전한 것이었다.

율법이 도움이 안 될 때. 율법에는 한 가지 중요한 문제가 있다. 즉 율법은 우리가 얼마나 나쁜 사람인지를 증명한 후에 우리를 고쳐주지 못한다는 것이다. 율법주의의 잔재가 남아 있던 바울은 매우 예민한 양심을 가지고 있었다. 그러나 그가 통렬하게 설명하는 것처럼 율법은 그에게 죄책감이 들게 했다. 그의 연약함을 드러낸 율법은 이를 극복할 수 있는 능력을 제공해 주지 못한다. 율법이나 어떤 종류의 규정도 결국에는 막다른 골목에 다다를 수밖에 없다.

외부의 도움

바울처럼 엄격한 사람은 십계명의 대부분을 지키는 데 어려움이 거의 없다. 살인, 간음, 도둑질, 거짓말과 같은 외적인 행동들은 측정과 통제가 가능하다. 그러나 보이지 않는 내적인 죄, 예를 들면 탐심과 같은 죄는 훨씬 더 괴롭다. 예수님이 산상수훈에서 분명히 말씀하신 것처럼 탐심이나 음욕, 분노와 같은 보이지 않는 죄들은 도둑질, 간음, 살인처럼 외적으로 더 잘 보이는 죄와 동일한 독성을 지닐 수 있다.

로마서 7장은 불완전한 인간이 완전하신 하나님의 말씀을 지키려할 때에 따르는 갈등을 잘 보여준다. 어떻게 하면 계속되는 이 죄를 없앨 수 있단 말인가? 라고 고민한 그리스도인이라면 바울의 솔직한 고백을 통해 위로를 얻을 것이다. 하나님의 기준에 직면한 우리 모두는 무기력함을 느낀다. 그리고 이것이 바로 바울이 말하는 바이다. 어떤 규율도 죄책감과 실패의 악순환의 무서운 고리를 끊을 수 없다. '과거의 의문으로 하지 않고 영의 새로운 것으로 섬기려면' 외부의 도움이 필요하다.

⁂ 개인적으로 어떤 갈등이 당신으로 하여금 가장 무기력감을 느끼게 만드는가? 당신은 어디서 돌아서야 하는가?

성령의 생명: 생명을 얻은 인간과 우주의 드라마

만일 하나님이 우리를 위하시면 누가 우리를 대적하리요 행 8:31

바울은 로마서 8장에서 성령께서 개인의 삶에서 어떻게 차이를 가져올 수 있는지에 대해 파노라마와 같은 조망을 보여준다. 먼저 바울은 앞서 강력하게 제기했던 계속되는 죄의 문제에 종지부를 찍는다. 그는 "그리스도 예수 안에 있는자에게는 결코 정죄함이 없다"고 선언한다. 죽으시고 부활하심으로써 예수 그리스도께서는 죄의 문제를 영원히 해결하셨다. (롬 4:3-5, 4장에서 바울은 이 과정을 설명하기 위해 은행 용어를 빌려온다. 하나님은 예수님의 완전하심을 우리 구좌에 '입금' credit하셨다. 그래서 우리는 우리의 행동이 아니라 주님의 행동으로 심판을 받는다.-역주)

다시 한 번 바울은 모든 소식 중에 가장 좋은 소식을 우리에게 상기시킨다. 즉 예수 그리스도께서는 죽지 않았다는 사실이다. 바울은 그리스도를 죽은 자 가운데서 살리신 그 능력이 또한 우리를 살릴 수 있다는 사실에 놀란다. 생명을 주시는 성령께서는 로마서 7장에 기록된 암울하고 죽음과도 같은 패턴을 깨실 수 있다.

분투할 가치가 있다

분명히 성령께서는 모든 문제를 제거하지 않으신다. 성경이 성령께 붙인 호칭들—중보자, 돕는 자, 조언자, 위로자—속에는 문제들이 계속해서 있을 거라는 암시를 준다. 그러나 '우리 안에 계신 하나님' 은 우리가 우리 힘으로 할 수 없는 것을 할 수 있도록 해 주신다.

바울은 한 번도 고난을 축소해 본 적이 없다. 결국 그 자신의 삶도 매 맞음과 투옥과 파선과 암살 음모와 만성 질병으로 얼룩져 있다. 그러나 그는 미래의 상급이 이 모든 현재의 고난보다 더 중하다는 사실을 절대적으로 확신한다. 올림픽 선수가 금메달을 획득한다는 목표를 달성하기 위해 오랜 세월 동안 훈련하고 고통을 참아내듯이 이 땅에서 그리스도인도 많은 고난을 겪을 수 있다(롬 8:22-23). 그러나 마지막 날에 영광스러운 결과를 얻기 때문에 이 모든 고난은 가치가 있어 보인다.

바울이 말한 대로 신자들에게 일어날 일은 역사의 중심 드라마이다. 즉 "모든 피조물들은 하나님의 아들들이 나타나길 간절히 기다리고 있다." 우리 안에 있는 영적 승리들은 타락한 피조물에게 해방과 치유를 가져다 줄 것이다. 사도는 이런 진리들을 생각할 때에 거의 절제하지 못하는 것 같다.

로마서 8장은 그 어떤 것도 우리를 하나님의 사랑에서 끊을 수 없다는 귀전을 울리는 선언으로 끝난다. 바울에게 이 진리는 소리쳐 증거할만한 사실이다.

⁂ 이 말씀에 따를 경우 성령께서는 당신 삶 가운데서 어떻게 차이를 만들어 내시는가?

성경인물

아볼로: 자신감으로 충만한 사람

아볼로는 혜성처럼 에베소에 등장했다(행 18:24-26). 그는 성경에 능했고 유대인의 회당으로 가서 예수님을 오랫동안 기다리던 메시야라고 제시했다. 아볼로에게 추가로 알아야 할 것들이 몇 가지 더 있었지만(브리스길라와 아굴라가 개인적으로 그의 정보를 업데이트해야 할 필요성을 발견했다.) 그는 자신이 알고 있는 것에 대해서는 담대하게 말했다.

자신감으로 충만했던 아볼로는 세계에서 가장 크고 가장 문화가 발달했던 도시에서 칭찬을 받았다. 이집트의 알렉산드리아에는 백년이나 된 자랑스러운 대학과 도서관이 있었고, 유대인 학자들이 많이 사는 번성하는 구역도 있었다. 구약성경이 헬라어로 번역된 곳이 바로 알렉산드리아였다.

아볼로는 나중에 고린도로 갔다. 그곳에서 그는 아주 탁월한 교회 지도자가 되었다. 참으로 그의 영향력은 너무나 커서 '아볼로를 지지하는' 당파가 그의 주변에 몰려들었고, 교회는 두 동강이 날 참이었다. 사도 바울은 고린도 교인들에게 당을 짓기 보다는 하나가 될 것을 경고해야만 했다.

바울이 이 편지를 썼을 때에 아볼로는 분명히 바울 편이었다(고전 16:12). 바울은 아볼로에게 고린도로 돌아올 것을 강권했지만 그는 거절했다. 말할 것도 없이 교회의 분열은 바울에게처럼 아볼로에게도 고통스러웠다.

⁂ 어떻게 하면 카리스마적인 지도자들이 그들의 메시지보다 자신들에게 관심을 집중시키는 것을 피할 수 있는가?

사랑: 바울이 모든 은사 중에 최고의 것을 설명하다

또 산을 옮길 만한 모든 믿음이 있을지라도 사랑이 없으면 내가 아무것도 아니요

고전 13:2

인생에서 가장 스트레스가 많은 시절에 바울은 처음으로 헬라 도시인 고린도를 방문한다(행 17–18장). 폭도들은 데살로니가와 베뢰아에서 바울을 뒤쫓았다. 다음 방문 도시인 아덴에서 그는 지적인 조소자들로부터 다른 종류의 도전에 직면했다. 바울은 감정적으로 거의 탈진된 상태에서 고린도에 도착한다.

곧 이어 고린도에서도 반대 세력이 발생한다. 유대 지도자들은 욕을 하고 바울을 법정으로 끌고 간다. 괴롭힘을 당하는 바울에게 하나님은 특별한 위로의 말씀을 주신다. "두려워하지 말며 침묵하지 말고 말하라 내가 너와 함께 있으매 어떤 사람도 너를 대적하여 해롭게 할 자가 없을 것이니 이는 이 성중에 내 백성이 많음이라"(행 18:9–10).

다른 종류의 사랑

이러한 주의 말씀에 바울은 화들짝 놀랐을 것이다. 왜냐하면 고린도는 음탕함과 취중 난투극으로 유명했기 때문이다. 고린도인들은 사랑의 여신을 경배했고, 그들의 '경배' 관행은 진탕 마시고 난잡하게 노는 파티와 같다. 고린도는

마치 교회가 뿌리를 내리기에 지상에서 가장 힘든 장소처럼 보인다.

그러나 주의 말씀대로 정확하게 이 일이 벌어진다. 한 유대인 부부가 그들의 집을 바울에게 개방한 후에 18개월 동안 그는 그곳에 머물면서 열심인 회심자 무리들을 양육한다.

바울은 고린도 교회에 편지를 보내어 이처럼 다양한 무리로 구성된 회중 가운데서 발생하는 많은 문제들을 처리해야만 했다. 이들을 향한 친밀한 관심으로 인해 가장 기억되는 글이 탄생한다. 고린도전서 13장, '사랑장' 은 그의 가장 유명한 말 중 하나로 남아 있다. 결혼식과 장례식에서 자주 인용되는 이 말씀은 다이애나 왕세자비의 장례식에서 영국 수상이 그녀를 추모하며 읽기도 했다. 바울이 묘사하고 있는 사랑에 대한 비전은 대다수의 고린도인들에게 친숙한 사랑과는 극명한 대조를 이룬다.

⁝ 고린도전서 13장은 이상적인 사랑을 묘사한다. 이러한 사랑의 특성 가운데 당신은 어떤 면을 더 개발해야만 하는가?

흙으로 빚다: 질그릇에 담긴 보화

> 우리가 이 보배를 질그릇에 가졌으니 이는 심히 큰 능력은 하나님께 있고 우리에게 있지 아니함을 알게 하려 함이라 고전 4:7

바울은 내세에 대해 흔들리지 않는 믿음을 가지고 있지만(고전 15장) 그는 하루 종일 앉아서 그날이 도래하기만을 기다리지 않는다. 그는 여느 사람처럼 열심히 일하지만 늘 새로운 목적을 가지고 한다. "그런즉 우리는 몸으로 있든지 떠나든지 주를 기쁘시게 하는 자가 되기를 힘쓰노라"(고후 5:9). 그는 하나님의 뜻이 하늘에서 이룬 것같이 땅에서도 이뤄지길 구한다.

그러나 미래를 향한 바울의 소망은 그가 삶의 무게로 낙망하려 할 때에도 계속해서 그에게 동기를 부여한다. 고린도 교회와의 심한 갈등이 정점에 이르렀을 때에 그는 이 편지를 쓴다. 그래서 그 결과 이 편지에는 그가 가장 비천하고 연약한 순간에 처했던 바울을 드러낸다. 그는 "힘에 겹도록 심한 고생을 당하여" 겨우 살아남았다(고후 1:8).

종이 상자와 같은 것

전형적으로 바울은 자신의 내적인 생각들을 표현하기 위해 '질그릇에 담긴 보배'와 같은 언어 그림을 사용한다. 사도 바울 시대의 질그릇은 오늘날의 종이 상자처럼 흔한 일회용품과 거의 같다. 당신이라면 귀중품을 흙으로 구워 만든 그런 용기에 보관하지 않을 것이다.

그러나 바울은 하나님께서 복음의 '보배'를 자신과 같은 평범한 사람들에게 맡기시기로 하신 사실을 깨닫는다. 이들은 어떤 면에서 깨지기 쉬운 질그릇을 닮았다. 여러 가지 난관에 봉착한 바울은 이 시점에서 자신이 이런 질그릇처럼 연약하게 느낀다.

놀랍게도 불멸의 하나님은 계속해서 그저 미미한 인간을 자신의 개인적인 대표자로 선택하신다. "누가 이 일을 감당하리요"라고 바울은 놀란다(고후 2:16). 그는 관심을 자신이 아닌 자신 안에 있는 이 보화로 끌기로 작정한다.

⁑ '보이는 것이 아니라 보이지 않는 것에' 주목할 수 있는가?

약한 것을 자랑함: 바울의 이상한 변호

이는 내가 약한 그 때에 강함이라 고후 12:10

사도 바울은 가는 곳마다 논쟁의 대상이었다. 유대와 로마의 기득권자들은 바울을 매우 위협적인 존재로 보았지만 바울은 이들의 반대를 미리 예견했다. 그러나 동료 그리스도인들의 적대감은 훨씬 더 괴로웠다. 시기하는 경쟁자들은 고린도 교회에 몰래 들어와서 바울의 명성을 폄하하는 소문들을 퍼뜨렸다. 예를 들어 순수 유대인이 아니라고 비난했고, 예수님이 이 땅에 계실 때에 그분을 따르지 않았기 때문에 '사도'라는 직함을 받을만한 자격이 없다고 했다. 그리고 다른 거짓 교사들처럼 그는 돈을 위해 일한다고 했다.

고린도 교회에 보내는 편지에서 바울은 마지못해 자신을 변호하기 위해 고백한다. "정신없는 말을 하거니와"(고후 11:23). 하지만 그들의 비난은 도를 넘었다. 유대인이 아니라고? 바울은 유명한 랍비인 가말리엘에게서 공부한 엄격한 바리새인이다. 사도가 아니라고? 실제로 바울은 12제자로서 섬기지는 않았다. 그러나 그는 다메섹으로 가는 도상에서 부활하신 예수님을 만났고 나중에 "말로 표현할 수 없는 말을 들었고 사람이 가히 이르지 못할 말"의 특별 계시를 받았다. 착취자라고? 바울은 교회에서 돈 받는 것을 피하기 위해 재정적으로 자비량으로 일했다.

자신의 변호의 힘에 흡족해 하는 대신에 바울은 기발한 방법을 취한다. 그는 자신의 약함을 '자랑하기' 시작한다. 그는 자신의 삶을 장식한 매 맞음과 투옥과 모욕과 고난의 목록들을 열거한다. 그리고 그는 그가 본 특별한 환상과 더불어 응답 받지 못한 긴박한 기도를 솔직히 설명한다.

괴로운 가시

세 번이나 바울은 비밀스러운 '육체의 가시'를 제거해 달라고 하나님께 간구했다. 성경학자들은 이 '가시'의 성격에 대해 정확히 동의하지 않고 있다. 어떤 이들은 안질, 말라리아나 간질과 같은 신체의 질병이라고 주장하고 다른 이들은 그의 사역에 있어서 일련의 실패들이나 영적 유혹으로 이를 해석한다. 그러나 성경은 양쪽 모두에 대해 명확한 증거를 제시하고 있지 않다.

그 고통이 무엇이든 간에 바울은 자신이 고통 완화를 위해 간절히 기도했지만 하나님께서 그 가시를 제거하시기를 거절하셨다는 것을 강조한다. 그리고 이는 그에게 겸손과 은혜, 의존에 대해 중요한 교훈을 가르쳐 주시려 함이었다.

바울은 이전에 하나님의 원수였던 자신을 하나님께서 복음 전파자로 택하신 놀라운 사실에 계속해서 감동하는 것처럼 보인다. 그는 자신의 연약함이 하나님 나라의 진보를 위해 쓰임 받을 수 있다는 사실에 겸손함과 더불어 이를 영광으로 생각한다.

⁂ 하나님은 당신의 연약함을 통해 어떻게 당신에게 말씀하셨는가?

율법주의: 하나님으로 하여금 우리를 더욱 사랑하게 하려고 우리는 아무 짓이나 다 할 수 있는가?

너희가 이같이 어리석으냐 성령으로 시작하였다가 이제는 육체로 마치겠느냐

갈 4:9

그리스도교로 개종 전 바울은 당대 최고의 율법주의자였다. 가문 좋은 유대인으로서 그는 유대의 전통을 벗어나 예수를 따르는 그리스도인들을 괴롭혔다. 만약 사람이 율법을 지킴으로써 하나님께 닿을 수 있다면, 완고한 바리새인이었던 그가 가장 가망성이 있었을 것이다.

그러나 그는 갈라디아서에서 우리가 얼마나 많은 율법을 지키는가에 따라 하나님의 사랑이 결정된다는 생각을 비난했다. 율법주의는 새장과 같다. 그것은 사람을 꾸짖고, 철장 속에 사람을 가둔다. 바울이 지적했듯이, 아무도 하나님의 법을 완전하게 지킬 수 없으며, 노력하는 사람도 궁극적으로는 실패하기 마련이다 (갈 3:10-11).

부대조건이 없다

갈라디아서 3장과 4장은 종과 자유자, 보호받는 아이와 성인과 같은 뚜렷한 비유를 사용한다. 바울은 종이나 아이처럼 굴지 말라고 이야기한다. 유업을 이을 장자처럼 행동하라!

갈라디아서는 '그리스도인의 자유의 대헌장'으로 불리어왔다. 그리스도께서 우리를 자유케 하려고 자유를 주셨다고, 바울은 선언한다(갈 5:1). 갈라디아서는 하나님이 우리를 더, 혹은 덜 사랑하게 하는 방법은 없다고 가르친다.

마틴 루터는 갈라디아서를 가리켜 "내 자신의 작은 사도, 나는 그것과 약혼했다. 그것은 나의 카티 폰 보라(루터의 아내)이다"라고 이야기 한 바 있다. 이 얇은 서신은 하나님이 값없이 그의 사랑을 주셨다고 주장한다. 갈라디아서는 우리가 그 진리의 두려운 의미를 부정해서는 안 된다고 말한다. 바울은 그 진리를 잘 알고 있었다.

⁝ 초대 그리스도인들은 두 방향으로 나아갔다. 갈라디아 지방의 사람처럼 일부는 율법주의에 사로잡혀 있었고 다른 사람들은 그리스도인의 자유를 확대 해석하여, 어떤 원칙도 따르기를 거부했다. 당신의 모임은 어떤 위험성이 더 크다고 생각하는가?

옥중 서신: 이제 가장 장엄한 질문에 답할 시간이 되다

너희도 성령 안에서 하나님이 거하실 처소가 되기 위하여 예수 안에서 함께 지어져 가느니라 엡 2:22

세계에서 가장 유명한 문학 작품 중에서 어떤 것들은 다름 아닌 감옥에서 탄생했다. 존 번연은 자신의 작품 천로역정을 감옥에서 썼고, 알렉산더 솔제니친의 대작의 개념도 도스토예프스키의 작품처럼 철조망 뒤에서 잉태되었다. 성경도 어떤 것들은 감옥에서 쓰였다. 에베소서, 빌립보서, 골로새서, 빌레몬서가 그것이다.

놀라운 사실은 이런 책들이 성경에서 가장 밝고 소망 찬 책들을 대표한다는 점이다. 거기에는 그럴만한 충분한 이유가 있다. 그것은 바울이 감옥에서 시간이라는 소중한 자산을 얻었기 때문이다. 그는 더이상 이 도시에서 저 도시로 여행하지 않았고, 그의 적들이 지펴놓은 불을 끌 필요도 없었다. 그는 인생의 의미에 대해 고상한 생각을 하는 데 온전히 시간을 보낼 수 있었다.

위를 보다

14년 동안 쿠바의 감옥에서 생존했던 한 죄수는 자신이 어떻게 생기를 유지할 수 있었는지 그 방법을 말해준다. "제일 힘든 부분은 단조로움이었습니다. 저의 감옥에는 창문이 없었습니다. 그래서 저는 마음으로 옥문에 창을 만들었습니다. 저는 제 마음으로 산의 아름다운 풍경과 계곡에서 바위 위로 힘차게 흘러내리는 물을 '보았습니다.' 그 이미지는 너무 생생해서 제가 옥문을 바라볼 때마다 힘 들이지 않고 이를 시각화하곤 했습니다."

에베소서도 바울이 감옥의 단조로움을 넘어 그의 마음의 눈으로 '본' 것이 무엇인지를 보여준다. 먼저 그는 그의 뒤에 남겨둔 교회들이 영적으로 성장하는 모습을 그린다. 대부분의 그의 옥중 서신은 그가 편지를 쓰고 있는 교회의 생명력에 대한 폭발적인 감사로 시작된다. 그런 다음에 바울은 에베소의 경우처럼 그들의 마음의 눈이 열려 보다 더 높은 것들을 보길 구한다(엡 1:18).

우주적인 질문들

에베소서는 놀라운 복음으로 가득하다. 바울의 다른 서신들과 달리 에베소서는 현재 당면한 문제들을 다루지 않는다. 안도의 숨을 쉬면서 사도는 모든 질문 중에 가장 장엄한 질문들을 다룬다. 그것은 이 세상을 향하신 하나님의 목적은 무엇인가라는 것이다. 바울은 이 질문에 이렇게 답한다. "하늘에 있는 것이나 땅에 있는 것이 다 그리스도 안에서 통일되게 하려 하심이라"(엡 1:10). 그는 자신의 눈을 들어 자신이 처한 상황을 넘어 보다 더 큰 이슈들, 즉 우주적인 이슈들을 꺼낸다.

역설적인 말이지만 이처럼 행복한 작업을 위해 바울은 감옥에서의 휴식이 필요했다. 에베소는 새로운 생각을 도입할 때마다 거의 폭발적인 찬송시나 기도가 매번 나온다. 후에 시인인 사무엘 테일러 콜러릿지Coleridge가 이 책을 가리켜 '사람이 쓴 가장 거룩한 책'이라 부른 것은 하나도 이상하지 않다.

⁑ 바울이 쓴 기쁨의 메시지 중에서 가장 힘이 되는 것은 무엇이라고 생각하는가?

성공 이야기: 그 차이가 엄청난 공동체

> 믿음으로 말미암아 그리스도께서 너희 마음에 계시게 하시옵고 너희가 사랑 가운데서 뿌리가 박히고 터가 굳어져서 능히 모든 성도와 함께 지식에 넘치는 그리스도의 사랑을 알고
> 엡 3:17-18

바울 당시의 에베소는 그 도시의 종교로 유명했지만 사도가 전한 그런 종류의 종교가 아니었다. 로마의 여신인 다이애나의 경배의 중심지는 에베소였고 그곳 사람들은 그녀에게 봉헌된 성전에 대해 커다란 자부심을 가지고 있었다. 그 건물은 고대 7대 불가사의 중 하나로 등록되어 있으며 그 안에는 수백 명의 전문 창기들이 '경배자들'을 도왔다.

이처럼 가능성이 없어 보이는 도시에서 바울은 이미 작은 무리의 그리스도인 공동체가 존재하고 있다는 것을 발견한다. 그들은 침(세)례 요한에 대해서는 뭔가를 알고 있었지만 예수님에 대해서는 아는 바가 별로 없었고, 성령에 대해서는 들어본 적 조차도 없었다. 그다음 2년 동안 바울은 복음을 전한다. 교회는

뿌리를 내리고 곧 말씀이 아시아 전 지역으로 퍼져간다.

기적과 표적이 에베소에서 바울의 사역을 통해 나타나자 이에 감동을 받은 그 지역의 요술사와 마법사들이 자발적으로 자신들의 비싼 책들을 대중 앞에서 태워버렸다. 그동안 우상을 팔아서 이득을 보았던 에베소의 상인들은 이와 같은 열정을 보고 바울을 도시에서 쫓아낸다(행 19장).

긍정적인 접근

대부분의 초대교회들처럼 에베소 교회도 인종적, 종교적 차이 때문에 갈등했다. 유대교 배경을 지닌 신자들이 이전에 우상숭배자였던 자들을 그들의 교회에서 받아들이는 데는 극복해야 할 커다란 장애들이 많았다. 에베소서 3장은 연합의 이슈들을 정면으로 다룬다.

바울에게 있어서 유대인과 이방인으로 구성된 새로운 공동체는 모든 시대 가운데 위대한 비밀 중 하나였으며, 그것은 오랜 세월 동안 감춰져 있다가 이제 알려진 하나님의 본래 계획의 극치였다. 하나님의 계획이 바로 그 순간에 성취되고 있는 것에 놀란 그의 언어는 하늘을 향해 올라간다. 그는 이 세상에서 그리스도를 대표하는 것이 무엇을 의미하는지 독자들에게 깊이 숙고할 것을 독려한다. 사람들이 그리스도인들을 볼 때에 그들은 그리스도의 성품을 드러내고 있는가?

⁝ 바울 시대에 유대인과 이방인은 양쪽으로 당을 지어서 분열과 다툼을 일으켰다. 당신의 관점에서 오늘날 그리스도인들을 분열시키는 그룹들은 무엇인가?

떨어지는 기동성: 무엇이 바울을 계속해서 움직이게 만드는가?

너희 안에 이 마음을 품으라 곧 그리스도 예수의 마음이니 빌 2:5

바울은 빌립보 교회를 세운 뒤에 10년 동안 많은 고난을 받았다. 그는 매를 맞고, 투옥되고, 난파되고, 시기심 많은 경쟁자들로부터 적대감을 견뎌야만 했다. 분명 그는 때때로 이 모든 고통이 가치가 있는 것일까? 하는 의문을 가졌을 것이다. 그는 이 서신서를 쓸 때에 이미 체포된 상태였다. "이러므로 나의 매임이 그리스도 안에서 … 나타났으니"(빌 1:13). 그러나 바울의 생각이 빌립보 교회를 향할 때마다 나이 많은 바울은 힘이 났다.

누군가가 그에게 "바울, 계속해서 당신으로 하여금 고난을 통과하도록 만들어주는 것이 뭔가요?"라고 단도직입적으로 묻는다면 그는 빌립보서 2장에 기록된 말씀을 가지고 바로 이야기할 것 같다. 빌립보서 2장에서 바울은 자신의 억누를 수 없는 힘의 근원을 드러낸다. 첫째, 그는 예수님의 예를 든다. 위엄 있는 찬송시와 같은 구절로 그는 예수님께서 사람의 모양을 입기 위해 하늘 영광을 모두 포기하신 것에 대한 놀라움을 표한다. 그것도 그냥 사람이 아니라 다른 이들을 위해 자기 생명을 쏟아 붓는 종의 모습으로 말이다. 바울은 자신도 그런 모습을 본받기 원한다.

팀워크

그런 다음에 겉으로 보기에 역설적인 말로 바울은 일종의 하나님과의 동역을 설명한다. 즉 하나님이 우리 안에서 역사하시지만 우리는 우리의 구원을 두렵고 떨림으로 "이뤄야만 한다." 후대의 영적 거성인 아빌라의 성 테레사는 이 역설을 다음과 같이 표현하곤 했다. "나는 모든 것이 하나님께 달린 것처럼 기도한다. 그리고 나는 모든 것이 내게 달린 것처럼 일한다." 그녀의 공식은 바울의 영적 스타일을 잘 요약해 준다.

빌립보서에 사도 바울의 피곤함이 가끔씩 비치긴 하지만 이 편지는 또한 무엇이 그로 하여금 탈진하지 않도록 해주는지를 보여준다. 그에게 있어서 빌립보의 회심자들은 '우주의 별처럼' 빛난다. 바울이 계속해서 전진할 수 있었던 것은 그가 전도한 회심자들에 대한 기쁨 때문이었다.

⁝ 어떻게 하면 자신에 대해 낮은 자존감을 갖지 않으면서 자기보다 남을 낫게 여길 수 있는가?(빌 2:3)

틈을 잇다: 우리가 믿는 바는 차이를 만들어야만 한다

아버지께서는 모든 충만으로 예수 안에 거하게 하시고 그의 십자가의 피로 화평을 이루사 만물 곧 땅에 있는 것들이나 하늘에 있는 것들이 그로 말미암아 자기와 화목하게 되기를 기뻐하심이라 골 1:19-20

골로새서를 어디선가 본 것 같다 할지라도 놀라지 말라. 골로새서의 절반 이상이 에베소서와 거의 같다. 바울 당시에 에베소와 골로새는 이웃이었다. 그래서 에베소의 신자 한 사람이 복음의 메시지를 골로새로 가져갔다. 골로새를 방문한 적이 없는 바울은 자기를 명성으로만 알고 있는 자들에게 이 편지를 썼다.

이 편지는 긍정적인 말로 시작하며, 바울은 골로새 교회가 영적으로 성장하는 것에 대해 하나님께 감사를 드린다. 그런 뒤에 그는 이 교회에 몰래 들어온 교리적 오류를 언급한다.

실제적이 되라

바울의 서신서는 다음의 패턴을 따르는 경향이 있다. 먼저 인사말이 나오고, 기도를 한 후에 교리를 가르치고 그런 뒤에는 그리스도인들이 어떻게 살아야만 하는지에 대한 실제적 적용이 나온다. 바울은 신학적으로 깊은 물로 들어가는 경우가 많지만 언제나 그의 독자들을 실제적인 문제들로 다시 인도한다. 그것은 이 신학이 일상생활에서 어떤 차이를 만드는가 하는 것이다.

위엄있는 한 문단(골 1:15-20)에서 그는 그리스도의 절대적인 탁월하심을 압축

해서 요약해 놓았다. 그런 뒤에 바울은 이를 실제적으로 적용한다. 즉 그리스도의 절대 능력은 우리를 하나님에게서 멀어지게 하는 것이 아니라 우리를 그분께 더 가까이 데려간다는 것이다. 그리스도만이 하나님과 인간 사이의 커다란 틈을 이으실 수 있는 능력이 있다.

⁑ 당신은 하나님과 '화해했다'고 느끼는가?(골 1:22) 만일 그렇지 않다면 화해가 가져다주는 평안을 경험하지 못하도록 막는 것은 무엇인가?

종말에 대한 준비: 미래가 현재를 가로막지 못하게 하라

그리하여 우리가 항상 주와 함께 있으리라 그러므로 이러한 말로 서로 위로하라

살전 4:17-18

하나의 질문이 데살로니가인들을 괴롭혔다. 바로 언제 그리스도께서 자신의 약속대로 이 땅에 재림하실 것인가? 이다. 오늘날에도 여전히 그리스도인들을 통해 던져지고 있는 이 질문은 예수님이 떠나신 이후부터 줄곧 교회 안에 문제를 일으켜 왔다. 데살로니가인들도 마찬가지였다. 그들 역시 이와 연관된 몇몇 다른 질문들을 가지고 있었다. 예수님이 재림하시기 전에 죽은 사람들은 어떻게 되는가? 그들은 부활을 놓치고 마는 건가? 바울은 직접적이면서도 격려가 담긴 말로 질문에 답했다.

두려움과 희망의 혼합

데살로니가 사람들은 믿는 자들의 미래에 관심을 두며 살았다. 왜냐하면 그들은 당국의 끊임없는 박해에 위험을 감수하면서 살아야 했기 때문이다. 어느 날 밤 누군가 문을 두드리거나 밖에서 발자국 소리가 난다면 그것은 누군가가 투옥이나 처형을 당할 위험에 놓였다는 것을 의미했다. 그런 상황에서 어린 교

회가 인내와 희망을 가지고 예수님의 재림을 기다렸다는 것은 충분히 이해할 만하다.

바울은 그들에게 살아서 예수님의 재림을 보건 보지 못하건 간에 구원은 예수님을 믿는 자들에게 확실하게 있다는 것을 확신시키고 있다. 그러나 그는 미래에 일어날 일에 대한 시기를 부당하게 고정화시키는 것에 대해서는 경고한다. 그리고 데살로니가 사람들에게 각자 자신의 일에 힘쓰라고 종용함으로써, 일부 열광주의자들이 일을 그만두고 예수님의 재림을 기다리는 것에 대해 경고하고 있다. 바울은 "자기 일을 하고 너희 손으로 일하기를 힘쓰라"(살전 4:11)고 권면한다.

예수님의 재림을 기다림

데살로니가 사람들은 장래의 일에 얽매여 있는 그리스도인들의 긴 행렬의 선두주자라 할 수 있다. 그 뒤에 나타난 모든 세대는 재림의 정확한 시기와 장소에 대해 열광적으로 추측하려고 해왔다. 그러나 그들의 예견은 모두 실패로 끝났다. 바울은 그러한 것을 무시하며(살전 5:1-2), 예수님의 재림을 준비하는 바른 방법을 소개한다.

바울은 이들에게 강한 경고를 하지는 않는다. 그의 비난이 부드러운 어조를 띠는 것으로 보아, 우리는 바울이 데살로니가 사람들을 신뢰하고 있었음을 알 수 있다. 그는 그들이 이미 하고 있듯이 하나님을 '더욱더' 신뢰하라고 권한다(살전 4:1, 10; 5:11).

역사는 이 서신의 첫 번째 독자들이 현명하게 반응했음을 기록하고 있다. 잠복해 있는 문제점에도 불구하고(살전 4:3-12), 데살로니가 교회는 오랫동안 활력과 건강을 유지했다. 그곳의 그리스도인들이 박해에도 신실한 믿음을 유지한 덕분에 그들의 도시는 '정통파의 도시'로 알려지게 되었다.

⁑ 예수님의 재림은 우리에게 어떤 영향을 미치며, 우리는 그것을 어떻게 준비해야 하는가? 바

울은 어떤 극단주의자들을 경계하고 있는가?

소문을 통제하다: 일을 만드는 자들이 주님의 재림을 기다리다

내가 너희와 함께 있을 때에 이 일을 너희에게 말한 것을 기억하지 못하느냐

살후 2:5

데살로니가에 나오는 쟁점의 근원은 실제로 죽음 이후의 삶에 대해 질문한 그의 독자들에게 답한 바울의 첫 번째 편지 때문이다. 그 질문은 이미 죽은 자들은 죽은 자 가운데 부활할 기회를 놓칠 것인가 하는 것이었다. 이것은 데살로니가 교인들에게는 한가한 질문이 아니었다. 왜냐하면 그들은 계속적으로 핍박과 순교의 위험 가운데 살고 있었기 때문이다.

그의 첫 번째 편지에서 바울은 주님이 이 땅에 재림하실 때에 그들보다 먼저 죽은 자들이 지금 살아 있는 사람들보다 먼저 주님을 만날 것이라 증언했다. 그러나 이 편지를 받은 이후로 데살로니가 사람들은 바울의 권면을 지나치게 받아 들였다.

다시 일터로 돌아가라

예수님의 재림에 대한 기대로 인해 어떤 이들은 자신의 직업을 그만두고 그 날을 기다리면서 아무것도 하지 않았다. 바울의 말대로 그들은 '일을 만들기만 하는 자들' 이 되었다(살 3:11, 미국의 이단들도 때로는 그리스도의 재림을 기다리면서 외딴 곳에 모여 있기도 했다).

바울은 주로 이러한 불균형을 개선하기 위해 이 편지를 썼다. 2장에서 그는 예수님이 재림하시기 전에 반드시 먼저 있어야 할 난해한 사건들을 말한다. 또한 그는 게으름에 대해 강력한 경고를 한다. 어떤 구절들은 매우 혼란스럽다.

실제로 어느 누구도 바울이 의미하는 바를 정확히 확신할 수 없다. 왜냐하면 그는 앞서 데살로니가 교인들에게 개인적으로 가르친 내용에 근거해 말하고 있기 때문이다.

⁑ 우리는 예수님의 재림을 어떻게 준비해야만 하는가?

성장통: 10년 후에 에베소 교회가 도움을 필요로 하다

선한 싸움을 싸우며 믿음과 착한 양심을 가지라 딤전 1:18-19

교회 안에서의 여성의 역할, 사회 정의, 헌금 마련 방법과 같은 이런 문제들은 오늘날의 교단 총회의 안건들이 될 수 있다. 그러나 사도 바울은 이미 1세기에 동일한 문제들을 다룬다. 때는 예수님이 이 땅을 떠나신 지 몇 십 년이 되지 않았지만 에베소 교회는 이런 문제들로 고통을 받는다.

에베소서는 바울이 쓴 편지 중에 가장 큰 기쁨의 편지 중 하나이다. 그러나 에베소를 방문한지 거의 10년이 되어가는 마당에 바울은 중요한 문제들이 그곳에서 들끓고 있음을 알았다. 교회를 조직하고 예배와 전도 프로그램에 어떤 질서가 있어야 했다. 그렇지 않으면 성도들은 끝없는 분열과 논쟁에 방황할 것이다.

바울이 신뢰하는 동역자

이 힘들기만 한 이 일을 위해 바울은 그의 사랑하는 동역자인 디모데를 찾는다. 디모데전후서에서 바울은 이 사역을 위해 동역자 디모데가 특별히 부름을 받았다는 사실을 언급한다. 디모데전서 1장 18절에서 바울은 디모데에게 한 예언들을 암시한다. 나중에 디모데전서 4장 14절에서 바울은 교회 장로들이 디모데에게 '안수한' 특별 의식을 말한다. 그리고 디모데후서 1장 6절에서 바울은 그 또한 디모데에게 안수했음을 구체적으로 말한다.

디모데는 기독교 가정 출신이며 이는 초대교회에서는 매우 드문 일이다. 그의 어머니와 외조모 모두 신자였으며, 그들은 그에게 신앙을 세울 수 있는 믿음의 견고한 기초를 제공해 주었다. 바울이 편지에서 썼듯이 디모데는 에베소 교회에서 목사로 섬기고 있었다. 계시록 2장은 디모데가 본 서신서에 나오는 문제들과 싸우는 데 있어서 성공과 실패를 같이 했음을 보여준다.

⁝ 당신의 교회는 어떤 문제들과 싸우고 있는가? 당신에게 주는 바울의 권면은 무엇이겠는가?

마지막 말: 바울은 디모데를 격려하기 위해 자신의 상황을 간과한다

또 네가 많은 증인 앞에서 내게 들은 바를 충성된 사람들에게 부탁하라 그들이 또 다른 사람들을 가르칠 수 있으리라 딤후 2;2

디모데후서는 A. D. 66~67년경에 쓰여진 것이 거의 확실하며, 악명 높은 황제인 네로의 통치기간이다. 이때 즈음에 기독교는 유대교의 한 자그마한 종파에서 수많은 회심자를 지닌 주요 세력으로 성장했다. 그리고 네로는 이 신흥 종교를 자신의 공격 대상으로 포착했다.

다시 한 번 로마 감옥에 갇힌 바울은 거친 대우를 받는다. 그는 차가운 지하 감옥에서 사슬에 묶여 있어서 친구들이 그를 거의 찾지 못한다. 사도는 기운이 빠지고 버림받은 느낌을 받는다.

기분 변화가 심한 책

디모데후서는 기분 변화가 심한 책이다. 때로 바울은 자신이 연약해짐을 느끼고 자신의 두려움과 고독을 드러낸다. 2장에서처럼 어떤 때에 그는 디모데—혹은 아마도 자신—를 격려하기 위한 동기부여의 말을 한다. 이제 바울의 인생이 막을 내리고 있다. 그래서 그는 마지막으로 상기해야 할 말들을 하고 있다. 순전한 삶에 대한 조언, 신학의 필수 요소, 영감 있는 비유들, 한 문장으로 된 격언들, 경고, 그리고 일반적인 말들이 그것이다.

이 책에는 특별한 순서가 없다. 왜냐하면 바울에게 그럴 시간이 없기 때문이다. 예를 들어 한 단락(딤후 2:1-7)에서 바울은 군사, 운동선수, 농부 세 가지 비유를 든다. 자신을 잘 아는 친구에게 편지를 쓰는 바울은 이 비유들을 자세히 설명할 필요가 없다. 그는 단지 이들을 언급하고 디모데에게 이들을 묵상해 보라고 말한다.

바울은 자신이 직면한 위험들을 잘 알고 있다. 그래서 그는 디모데가 자신도 직면해야 할지 모르는 고난에 대비해 자신을 훈련시키길 원한다. 전통에 따르면 로마는 바울의 믿음 때문에 그를 처형했다고 전해진다. 그러나 그가 디모데와 같은 회심자들에게 전해준 그의 삶과 유산 덕분에 그가 그렇게 사랑했던 교회들은 계속해서 이 땅에서 전진하며 나아갔다.

⁑ 만일 당신이 죽음에 직면한다면 어떤 종류의 편지를 쓰겠는가?

바울의 해결사: 목사의 일을 어렵게 만드는 것이 무엇인가?

범사에 네 자신이 선한 일의 본을 보이며 딛2:7

젊은 시절에 바울은 폭풍 같은 에너지로 복음의 메시지를 근동 지방의 구석구석까지 전했다. 나이가 들고 건강이 나빠지자 점차 그의 움직임이 둔해졌다. 그리고 그는 노년의 많은 시간을 감옥에 갇혀 지냈다. 그는 그의 사역을 계속하기 위해서 충성된 일꾼들을 찾아야만 했다.

미래를 내다보면서 바울은 새로운 현상이 된 교회는 외부 세계로부터 더 면밀한 감시를 받게 될 것을 깨달았다. 디도서에서 그는 교회내의 다양한 그룹들이 어떻게 하면 이처럼 지켜보고 있는 세상에게 가장 훌륭한 모범을 보여줄 수 있는지에 대해 조언을 준다. 그 목표는 "반대자들이 우리에 대해 아무런 비난의 말을 할 수 없기 때문에 부끄러움을 당하도록 하는 것이다."

어리석은 질문들

그레데 교회는 신화와 "어리석은 변론과 족보 이야기와 분쟁과 율법에 대한 다툼"(딛 3:9) 때문에 갈등했다. 그리고 이들 중 많은 부분은 바울이 골로새서에서 경고한 이단들을 닮았다. 디도는 교회가 계속해서 올바른 방향으로 나아갈 수 있도록 하기 위해 교리와 바른 삶의 문제들을 다룰 준비를 해야만 했다.

⁝ 바울이 여러 다양한 그룹들에게 하는 조언 중(딛 2장)에서 어느 것이 당신에게 가장 직접적으로 적용되는가?

개인적인 부탁: 한 친구를 위해 자신의 모든 역량을 사용하다

그러므로 네가 나를 동역자로 알진대 그를 영접하기를 내게 하듯 하고 빌 17절

빌레몬서는 바울의 서신서 가운데 가장 짧으면서 또한 가장 개인적이다. 바울은 한 친구에게 부탁을 하고 있다. 그것은 무척 어려운 부탁으로 한 사람의 인생이 그 결과에 달려 있었다.

당시의 대부분의 존경할만한 시민들처럼 빌레몬도 노예들을 소유하고 있었다(역사가들은 로마제국에 6천만 명의 노예들이 섬기고 있었다고 추산한다). 빌레몬의 종이었던

오네시모는 로마로 도망왔다. 이곳에서 그는 바울을 만나 크리스천이 되었다. 아마도 그와 바울은 같은 감방을 썼던 것 같다.

오네시모는 '유용하다' 란 의미이다. 그래서 바울은 헬라어 이름을 가지고 언어의 유희를 한다. 도망친 노예는 쓸데가 없지만 회심한 노예는 매우 유용한 존재라는 것을 증언할 수 있다. 빌레몬이 그를 바른 마음으로 영접할 경우에 말이다. 바울은 그를 '더이상 노예가 아닌 사랑하는 형제로' 다시 받아들여 줄 것을 강권한다. 로마 사회는 종과 주인 간에 사회적으로 큰 차이를 부여했지만 바울은 심지어 이런 차이도 그리스도 안에서 메워질 수 있다고 말한다.

⁑ 당신이 중재자가 될 수 있는 상황이 있는가?

정말 이처럼 힘들게 살 가치가 있는가?

위대한 강림: 예수님은 왜 이 땅에 오셔야만 했는가?

그가 시험을 받아 고난을 당하셨은즉 시험 받는 자들을 능히 도우실 수 있느니라

히 2:18

오늘날 우리가 하고 있는 한 종교가 다른 종교에 비해 가지고 있는 유익들이 무엇인지 묻는 질문들에 대한 토론은 실제로 수천 년 동안 진행되어 왔다. 예를 들어 히브리서는 유대교와 신흥 종교인 기독교 사이에 끼여 신음하는 사람들의 문제들을 다룬다.

히브리서 저자는 이 두 종교의 중요한 차이를 짚어 낸다. 한 마디로 그것은 예수님이시다. 히브리서는 하나님이 이 땅에 강림하셔서 사람이 되신 것이 왜 그렇게 중요한지를 설명한다. 예수님은 우리가 바라는 대로 마술처럼 인간의 모든 문제들을 제거하지 않으셨다. 오히려 주님은 우리 모두가 직면하고 있는 동일한 고난을 친히 겪으셨다. 히브리서는 예수님의 인성을 설명함에 있어서 신약의 다른 어떤 책보다 더 깊이 나아간다.

구조 임무

왜 예수님이 우리의 인성을 공유하신 것이 그렇게 중요한가? 히브리서 2장은 두 가지 강력한 이유를 제시한다.

1. 죽으심을 통해 주님은 우리를 죄의 권능에서 해방시키셨고 또한 지금 우리를 괴롭히고 있는 문제들에서 자유로운 영생을 우리를 위해 얻으셨다.
2. 평범한 인간들이 겪는 유혹을 개인적으로 경험하신 부활의 예수님은 우리가 유혹을 더 잘 극복할 수 있도록 도우실 수 있다.

먼 하늘에 있는 천사나 하나님도 이런 일들을 이루실 수가 없었다. 실제로 예수님은 인간을 노예 상태에서 해방시키는 구조 임무를 띠고 오셨다. 그리스도가 없을 때에 우리는 계속해서 죽음의 공포 가운데 살았으며 계속해서 실패하는 삶에 속박되어 살 수 밖에 없었다. 오직 예수님만이 우리를 해방시킬 수 있다. 이런 이유 때문에 주님은 우리의 감사와 믿음을 받으시기에 합당하시다.

⁂ 예수님은 어떤 두려움이나 속박에서 당신을 해방시켜 주셨는가?

마라톤 경주: 정말 이처럼 힘들게 살 가치가 있는가?

그러므로 피곤한 손과 연약한 무릎을 일으켜 세우고 히 12:12

초대교인들은 핍박에 직면했으며 그들의 믿음은 압력 때문에 휘어지고 있었다.

저자는 믿음을 스타디움의 운동 경기에 비유한다. 과거의 주자들—11장에 나오는 믿음의 영웅들—은 '구름같이 둘러싼 허다한 증인들'이 된다. 그리고 이들은 남은 우리들이 믿음의 경주를 하는 모습을 지켜본다. 분명히 히브리서를 처음 읽는 독자들은 힘든 마라톤이 아니라 단거리 경주를 기대했을 것이다. 그들은 영적인 장거리 경주에 살아남기 위해 추가의 격려와 훈련이 필요했다.

왜 계속 달려야만 하는가?

마라톤의 비유는 기독교인의 생활에 대해 상고할 때에 매우 편리한 방법을 제공해 준다. 왜 사람들은 40킬로미터 코스를 달리면서 자기 몸을 혹사하는가? 대다수의 주자들은 두 가지 이유를 든다. 첫째는 그들이 얻는 개인적인 보상과 운동이 주는 신체적 유익들이다. 영적 마라톤에도 이와 유사한 유익들이 있다. 즉 큰 상급이 인내하는 자들을 기다리고 있으며 믿음으로 사는 과정 자체가 강력한 성품을 형성해 주기 때문이다. 믿음의 경주에는 어느 누구도 패자가 없다. 골인 지점에서 우리는 상급을 받는다.

참된 경쟁자들은 앞서 달려가는 자에게 눈을 고정한다. 그리고 예견한 대로 히브리서도 예수님을 우리의 궁극적인 믿음의 표준으로 붙든다. 주님은 '자기 앞에 놓인 즐거움을 위해' 십자가의 무서운 고통을 참으셨다. 예수님 때문에 어느 누구도 '하나님은 이 땅에서의 삶이 어떤지 모르셔' 라고 불평할 수 없다. 예수님이 이 땅에 사셨기 때문에 하나님은 아신다. 피곤하고 낙담되려는 유혹을 받는 자에게 가장 좋은 치료약은 '믿음의 주요 온전케 하시는 예수님을 바라보는 것이다.'

⁑ 만일 영적 성숙이 마라톤과 같다면 당신은 지금 어디쯤 왔는가?

언행일치: 당신이 조언한 대로 당신도 행하라

행함이 없는 네 믿음을 내게 보이라 나는 행함으로 내 믿음을 네게 보이리라 하리라 약 2:18

야고보의 편지는 추상적인 신학으로 빠져나가지 않는다. 야고보는 단순한 사람이며, 흙의 사람이다. 그는 자연에서 비유를 유추하고 화려한 말로 자기 생각들을 표현한다.

예루살렘에 있는 야고보의 교회는 핍박을 당하고 있었기 때문에 그의 편지가 환란을 당하고 있는 사람들을 격려하는 것으로 시작되는 것은 이해가 간다. 그러나 편지는 재빨리 여러 다양한 주제들로 이동한다. 그리고 각 경우마다 독자들에게 그들이 믿고 전하는 바를 실천하라고 격려한다.

돈과 특권

야고보서 1장은 그리스도인들에게 믿음을 행동으로 보이라고 말한다. 야고보서 2장은 그가 말하는 위선의 종류가 정확히 어떤 것인지를 예를 든다. 그것은 교회 성도들이 돈 많고 권력 있는 사람들을 따르는 것이었다. 이처럼 직접적으로 문제의 핵심을 찌르는 모습은 그의 편지의 특성이다. 그는 모호함의 여지를 전혀 남기지 않는다.

야고보서의 대부분이 그렇듯이 특별대우에 대한 설명은 1,900년 전에 야고보가 처음 기록했을 때처럼 오늘날에도 상관성이 있어 보인다.

당신은 누구에게 특별대우를 해주는 경향이 있는가? 그 사람이 부자인가? 아니면 당신과 비슷한 사람들인가? 당신이 무시하는 경향이 있는 사람들은 누구인가?

회심한 겁쟁이: 급격히 변한 사람

천사들도 살펴 보기를 원하는 것이니라 벧전 1:12

복음서에 나오는 베드로와 베드로전서에서의 베드로의 모습은 같은 사람이라고 하기가 너무 힘들다. 복음서는 예수님에게 고통을 피하도록 강권하는 베드로와 예수님이 재판을 받고 처형되는 그날 밤에 어둠 가운데 웅크리고 있고 자신이 3년 동안 따라다니던 그분을 모른다고 맹세까지 하며 부인하는 그의 모습을 그리고 있다. 반면에 베드로전서에서 베드로는 그의 고난을 영광의 훈장으로, 그리고 어떤 대가를 치르더라도 그리스도를 따르겠다는 자신의 헌신으로써 환영한다.

베드로가 이 편지를 썼을 때는 아마도 네로 황제가 박해를 시작했을 때였을 가능성이 높다. 교회 지도자들 가운데 특히 사도 바울은 로마로 호송되어 감금을 당하고 처형되었다. 공격에 시달리는 교회 공동체는 고난에 대해 중요한 질문들을 하기 시작했다.

연단을 받는 믿음

이에 대한 베드로의 대답은 고통의 원인보다는 오히려 고통의 결과에 대해 초점을 맞추었다. 그는 고통을 통해 믿음이 연단 받을 수 있다고 대답한다. 이는 마치 용광로가 금속의 불순물을 제거하는 것과 같다. 금맥을 지닌 암석을 발견한 삶은 이를 감정사에게 보낸다. 불로 시험을 하면 대부분의 불순물들은 녹아져 없어지고 진짜 금만 정제되어 나온다.

고난도 이와 마찬가지라고 베드로는 말한다. 고난은 참된 믿음을 드러내고 연단한다. 나아가 이런 시련을 겪은 믿음은 나중에 상급을 받게 된다. 고난을 통해 우리는 우리의 관심을 이 세상에서의 상급과 명성, 권력으로부터 내세에서 얻게 될 보다 더 영원하고 '썩지 않는' 상급으로 돌리게 된다. 만일 그리스도인들이 핍박 가운데도 계속해서 믿음을 지키면 이를 지켜보는 세상 사람들은 이런 믿음의 근원을 인정해야만 할 것이다. 그 근원은 바로 하나님이시다.

베드로와 순교자들

강도 높은 핍박이 올 때마다 교회는 크게 성장했다. 베드로 자신의 순교적인 죽음도 그의 동시대 사람들에게 심오한 영향을 미쳤음이 분명하다.

숨겨진 위험들: 분열된 교회를 향한 상쾌한 권면

너희가 이것을 행한즉 언제든지 실족하지 아니하리라 이같이 하면 우리 주 곧 구주 예수 그리스도의 영원한 나라에 들어감을 넉넉히 너희에게 주시리라 벧후 1:10-11

교회의 가장 큰 위험들은 내부로부터 온다(벧후 1장). 연합의 문제를 살펴보자. 최후의 만찬에서 예수님은 주님과 아버지 하나님이 하나인 것처럼 신자들이 '하나가 되길' 기도하셨다(요 17:22). 그러나 한 세대도 못 가서 교회는 여러 그룹들로 분열되었다. 바울을 따르는 자들, 바울의 정적들을 따르는 자들, 율법주의자들, 제멋대로 사는 사람들, 유대주의자들, 종말론자들, 그리고 수많은 다른 그룹들이 생겨났다.

전형적으로 이런 그룹들은 사소한 교리적 문제를 부각시키고 무의미한 논쟁에 에너지를 낭비한다. 예를 들어 베드로후서는 종말론에 사로잡힌 사람들을 향해 쓰인 것처럼 보인다. 예수님의 재림에 대한 예언이 이뤄지지 않자 성급한 사람들은 이미 재림의 개념 전체를 조롱하기 시작했다.

동화가 아니다

베드로후서의 저자는 이런 여러 그룹들의 생각을 고쳐주는 강력한 말을 한다. 그는 사람들에게 복음이 동화가 아니라는 점을 상기시킨다. 변화 산상의 사건을 직접 목격한 증인들은 하나님께서 아들 예수님을 인정하시는 우렁찬 소리를 들었다. 만일 하나님께서 재림을 약속하셨다면 그 일이 반드시 일어날 것을 확신하고 안심하라.

베드로전후서의 저자는 곧 죽음을 맞이할 노인이다(벧후 1:14). 그렇기 때문에 이 책이 왜 강권하는 어조를 지니고 있는지 부분적으로 이해가 될 것이다. 이 땅에서 예수님을 직접 목격한 증인은 한 어린 교회가 그리스도의 분명한 가르침에서 벗어나는 것을 보고 있다. 그는 마지막 기회를 포착하여 그리스도인의 삶에서 가장 기본적인 진리들을 그의 독자들에게 상기시키고 있다. 믿음, 선, 지식, 절제, 인내, 경건, 친절, 사랑 등 이 모든 것은 분열을 일으키려는 어떤 유혹에도 대항할 수 있도록 그리스도인들을 강하게 해줄 것이다.

⁝ 7가지 성품(벧후 1:5–7) 중에서 지금 당신의 삶을 잘 설명해 주는 것은 어느 것인가? 당신은 어느 성품을 더 개발해야만 하는가?

가장 단순한 기독교: 이해하긴 쉽지만 행하긴 어렵다

> 보라 아버지께서 어떠한 사랑을 우리에게 베푸사 하나님의 자녀라 일컬음을 받게 하셨는가 요일 3:1

2차 세계대전 직후에 탁월한 기독교 사상가인 C. S. 루이스는 기독교에 관한 그의 단장들briefs을 영국 라디오 방송에서 시리즈로 방송했다. 후에 이 방송 내용은 「순전한 기독교」*Mere Christianity*라는 책으로 편집되었다. 그는 기독교 신앙의 기본들과 핵심 내용들을 다뤘다. 그러나 이 얇은 책조차도 이 서신서의 저자인 사도 요한에 비하면 너무 길고 복잡하다. 요한은 신약성경 기자 중에서 가장 단순한 언어를 사용한다. 그가 쓴 세 개의 편지를 합쳐도 사용한 헬라어 단어는 겨우 300개에 지나지 않는다. 그는 가장 정선된 형태로 복음을 기록했다.

요한의 특징은 상반된 관계를 가지고 단어들을 정의한다는 점이다. 빛과 어둠, 진리와 거짓, 생명과 죽음 등이 그렇다. 요한일서 3장 11절에서 그는 "서로 사랑하라"는 명령으로 시작한다. 그런 뒤에 계속해서 사랑을 다시 정의하기 전에 먼저 미움에 대해 설명한다. 요한일서의 주제 중에 많은 부분은 '순환논리의' 방법으로 전개된다.

복음의 핵심

요한일서는 하나님이 우리에게 부으신 것에 대한 경이와 놀람으로 시작된다. 우리는 그분의 자녀들이다! 그러나 이후에 요한은 확실한 질문을 한다. 즉 우리가 하나님의 자녀라면 왜 우리는 자녀처럼 행동하지 않는가? 하는 질문이다. 훌륭한 부모님의 자녀들은 자연스럽게 자기 부모를 흉내 내고 싶어 하지 않는가?

요한에게 믿음이란 매우 실제적인 방법으로 분명해야만 한다. "누가 이 세상의 재물을 가지고 형제의 궁핍함을 보고도 도와 줄 마음을 닫으면 하나님의 사랑이 어찌 그 속에 거하겠느냐?" 그의 말은 산상수훈의 말씀처럼 폐부를 찌르듯 직선적이다. 하나님을 사랑하는 자는 그분처럼 행동해야 한다. 그것은 이처럼 단순하다.

요한의 경우에 복음의 핵심은 예수님의 명령인 "서로 사랑하라"는 말씀으로 축약된다(요 13:34). 이 두 단어는 하나님의 마음을 잘 표현해 준다.

⁝ 만일 당신의 좌우명을 한 문장으로 압축할 수 있다면 그것은 무엇인가?

성가신 미혹자들: 노인이 마지막 조언을 하기 위해 힘을 내다

선을 행하는 자는 하나님께 속하고 요삼 11절

대다수의 초대교인들은 가정집에서 모였다. 바울이 디모데나 디도와 같은 특사를 보내어 교회를 순방하도록 했을 때에 그리스도인들은 이 순회 교사들을 악명 높은 로마제국의 여관에 숙박하게 하는 대신에 그들의 집에서 지내게 했다. 그러나 이로 인해 문제들이 생겼다.

이 요한이서와 삼서의 편지는 요한일서 1장에서 경고한 원수들이 여전히 돌아다니고 있으며, 교회들 안에서 문제를 일으키고 있다고 경고한다. 그들의 믿음을 설명하는 대목—그들은 "예수 그리스도께서 육체로 오신 것을 인정하지 않는다"(요이 7절)—은 영지주의 자들의 가르침이 생각나게 한다. 이들은 요한이 쓴 첫 번째 편지의 주요 타깃 중 하나였다.

학자들은 사도 요한이 이 편지들을 썼을 때의 나이가 80세에서 90세 사이라고 추산한다. 그는 자신을 '장로'(아마도 이는 지역 교회에서의 그의 직책을 가리키는 것일 것이다)라고 부르며 신자들을 사랑하는 마음으로 편지를 썼으며, 그들을 "내 자녀들"(요삼 4절)이라고 부른다. 이 편지들 속에는 마지막으로 자신의 권면을 전하고 자기의 영적 자손들의 진보를 자랑스러워하는 할아버지 노인의 음색이 담겨 있다.

⁝ 현대판 '미혹자' 즉 거짓 교사를 만난 적이 있는가?

경고: 강펀치를 날리다

하나님의 사랑 안에서 자신을 지키며 영생에 이르도록 우리 주 예수 그리스도의 긍휼을 기다리라 유 21절

접근법에 있어서 유다서는 가끔씩 고등학교에서 학생들에게 보여주는 마약과 음주 운전에 관한 무서운 영화를 닮았다. 이들 영화는 보는 이를 불편하게 만든다. 그리고 이것이 바로 이 영화의 목적이다. 유다는 독자들에게 비록 자신

이 보다 더 즐거운 편지를 쓰고 싶지만 어떤 문제를 일으키는 자들이 가져다주는 심각한 위협에 대해 먼저 독자들에게 알려야만 한다고 경고한다.

값싼 은혜

자신이 '주님으로부터 특별한 말씀' 을 받았다고 주장하는 방랑 교사들은 분명 초대교회를 망가뜨리고 있었다. 이 거짓 교사들은 금전적 유익을 구하면서 청중에게 그들이 듣고 싶어 하는 말을 자주 했다. 그들은 하나님의 은혜가 너무 커서 우리가 어떻게 살든 형벌을 받지 않고 살 수 있다고 말한다. 유다는 이런 개념들에 대해 그의 생각을 아주 명확하게 말한다.

이 편지는 피해야 할 성품들을 강하게 설명하면서 구약성경에 나오는 세 인물을 언급한다. 그것은 가인의 이기심과 발람의 탐심 그리고 고라의 반역이다(이들에 대한 이야기는 창세기 4장, 민수기 22장, 민수기 16장에서 각각 찾아 볼 수 있다). 그러나 이와 같은 부정적인 예들로 편지를 쓴 후에 유다는 승리에 찬 어조로 하나님이 '능히 너희를 보호하실 수' 있다고 결론짓는다(유 24절).

⁑ 성경의 중심 교리에서 벗어난 어떤 영적인 책이나 교사가 당신에게 영향을 준 적이 있는가? 당신은 이런 메시지에 어떤 위험성이 도사리고 있다는 것을 감지했는가?

Story 8

이상한 책

회복된 세상을 보다

마지막 말: 이 책이 없을 경우 성경에서 빠진 것이 있다면 그것은 무엇이겠는가?

이 예언의 말씀을 읽는 자와 듣는 자와 그 가운데에 기록한 것을 지키는 자는 복이 있나니 때가 가까움이라 계 1:3

신약성경에서 가장 이상한 책은 계시록이라는 점에 대해 모든 사람이 같은 생각이다. 나아가 이 책을 읽는 독자들도 서로 동의하는 경우가 거의 없다. 숫자와 상징들 그리고 코드화 된 메시지들의 비밀스럽게 사용하는 계시록은 성경에서 다른 어떤 책보다 많은 이상한 신학들을 생산해냈다. 그렇다면 계시록의 목적은 무엇인가?

이 질문에 답하는 가장 좋은 방법은 계시록이 없는 성경을 상상해 보는 것이다. 구약성경 다음에 사복음서가 나오고, 사복음서는 선교사들의 모험을 담은 사도행전으로 이어진다. 그리고 그다음에는 선교의 결과로 생겨난 교회들에게 보내는 편지가 뒤따른다. 이 모든 것이 다 좋지만 한 가지 사실이 빠져 있다. 그렇다면 역사는 어디로 가고 있는가? 그리고 그 역사는 어디서 끝날 것인가? 하는 것이 바로 그것이다.

낙원과 거리가 멀어지다

예수님의 제자들은 모두 유대인으로서 메시야에 대한 말을 들으면서 성장했다. 그분은 불의를 뒤엎고 평화와 사랑과 공의의 새 나라를 가져오실 분이었다. 그러나 그들이 예수님이 두 명의 강도 사이에서 죽어가는 모습을 지켜보면서 그들의 꿈도 서서히 사라졌다. 그런데 며칠 후에 예수님께서 다시 나타나셨을 때에 그들의 꿈이 다시 되살아났다. 예수님께서 승천하시기 바로 전에 그들은 "주께서 이스라엘 나라를 회복하심이 이 때니이까?"라고 물었다(행 1:6).

그리고 주님이 승천하신 후에 세월이 지났지만 약속하신 평화와 공의의 나라는 분명 도래하지 않았다. 20세기에만도 두 번의 세계대전과 수많은 작은 전쟁들이 있었으며, 두 번의 원자폭탄 공격이 있었고, 홀로코스트와 수용소 군도(the Gulag Archipelago, 솔제니친의 소설 제목. 이는 구소련의 정치범 수용소를 이르는 말이다-역주) 그리고 셀 수 없을 정도로 많은 반미치광이 독재자들의 대량학살 등이 있었다. 그리고 새로운 세기가 밝자 테러와의 전쟁이 시작되었다. 칼을 쳐서 보습을 만들며(사 2:4), 사자가 살찐 짐승과 함께 눕는다(사 11:6)는 이사야의 약속은 어떻게 된 것인가?

계시록은 두 단어의 메시지를 더한다. 잠시 기다려라. 하나님은 이 지구에 대해 아직 일을 끝내지 않으셨다. 성경은 지구를 본래의 완벽한 상태로 돌려놓으실 수 있는 하나님의 능력에 대한 명성을 걸고 말한다. 오직 그때가 되었을 때에 역사는 제대로 달리게 될 것이다.

죄수의 환상들

이 책의 시작 부분에서 사도 요한은 밧모 섬으로 유배된다. 그곳은 강제 노역을 하는 유배지였다. 그 황량한 환경에서 그는 선지자 에스겔과 다니엘이 말하는 것과 비슷한 놀라운 환상을 본다. 요한의 환상에 나오는 많은 세부 사항들에 대해 어느 누구도 자신 있게 이해한다고 주장할 수 없다. 그러나 요한계시록 1장은 이 환상을 주신 이유를 설명하고 있다. 즉 요한은 예수님에 대한 새로운 그림을 제시한다.

그렇다. 예수님은 구유의 아기이셨으며, 선한 목자셨고, 제자들의 스승이셨으며, 인간과 하나님의 아들의 모범이셨고, 십자가에서 죽으셨다. 그러나 그분은 또한 완전히 다른 분이시다. 그분은 불꽃과도 같으신 초자연적인 존재이시며, 그분의 임재 앞에서 요한은 땅에 꼬꾸라졌다. 그분은 이 세상의 창조주이시며, 언젠가 인간이 망쳐 놓은 모든 것을 재창조—새롭게 만드실—하실 분이시다.

⁝ 예수님에 대한 당신의 이미지에는 요한계시록 1장에서 보이는 이미지 중에 있는가?

끝 그리고 시작: 회복된 세상을 보다

> 그 성은 해나 달의 비침이 쓸 데 없으니 이는 하나님의 영광이 비치고 어린 양이 그 등불이 되심이라 계 21:23

성경은 시작된 바로 그곳에서 끝난다. 하나님과 인간의 깨어진 관계는 마침내 회복되고, 창세기 3장의 저주는 걷힌다. 에덴동산 이후 처음으로 세상은 마침내 하나님이 원하시는 모습과 일치한다.

요한은 천국을 유대인들이 꾼 모든 꿈들의 성취로 본다. 회복된 예루살렘, 벽옥으로 된 성벽, 빛나는 황금길. 오늘날 어떤 이의 경우—아마도 가난한 나라 출신의 난민과 같은 자—에 다시 만난 가족이나 음식과 신선한 음료가 즐비한 집이 천국일지 모른다.

천국은 모든 사람들이 참으로 갈망하던 것이 성취되는 곳을 말한다. C. S. 루이스가 말한 대로 이 땅의 모든 아름다움과 즐거움은 '단지 우리가 아직 찾지 못한 꽃의 향기이며, 우리가 아직 듣지 못한 음악의 메아리이고, 우리가 아직 한 번도 방문해 보지 못한 나라의 뉴스일' 뿐이다.

눈속임이 없는 선善

계시록은 우리의 이런 갈망들이 단지 판타지가 아니라고 약속한다. 이런 갈망들은 실현될 것이다. 우리가 새 하늘과 새 땅에서 깨어날 때 우리는 마침내 우리가 갈망하던 모든 것을 갖게 될 것이다. 어찌된 일인지 계시록에 나오는 모든 나쁜 소식들 가운데 좋은 소식이 등장한다. 그것은 너무나 좋은 소식이고, 눈속임이 없는 선한 약속이다.

성경은 천국을 생각이 나서 덧붙인 것이나 선택 사항으로 제시하지 않는다. 천국은 모든 피조물의 최후의 칭의이다. 성경은 인간의 비극과 실망을 과소평가하지만—성경보다 더 고통스럽게 정직한 책이 있는가?—성경은 중요한 한 단어를 덧붙인다. 그것은 일시적으로란 단어다. 우리가 지금 느끼는 것을 우리는 언제나 느끼지 않을 것이다. 재창조의 때가 도래할 것이다.

고통 가운데 갇힌 것처럼 느끼는 사람들에게—깨어진 가정이든 경제적 불행이나 두려움이든—그리고 모든 사람에게 천국은 미래의 시간을 약속한다. 그 시간은 우리가 이 땅에서 보내는 시간보다 훨씬 더 길고 더 실제적이다. 그 시간은 건강과 온전함과 즐거움과 평화의 때가 될 것이다. 성경은 창세기에서 이 약속으로 시작했다. 성경은 계시록에서 동일한 약속으로 끝나면서 우리의 미래의 실상을 보증한다. 끝은 단지 시작일 뿐이다.

⁝ 재창조된 지구를 생각할 때에 당신은 무엇을 가장 갈망하는가?

참혹한 비극의 순간에
하나님은 매우 멀어 보일지 모른다.
그러나 우리가 갈 곳이 어디 또 있는가?
하나님을 떠나서는 우리에게 아무런 소망이 없다.

여호와여 주는 영원히 계시오며
주의 보좌는 대대에 이르나이다
주께서 어찌하여 우리를 영원히
잊으시오며
우리를 이같이 오래 버리시나이까
여호와여 우리를 주께로 돌이키소서
그리하시면 우리가 주께로
돌아가겠아오니
우리의 날들을 다시 새롭게 하사
옛적같게 하옵소서 _애 5:19-21

요단 사역정신

"그러므로 너희는 가서 모든 민족을 제자로 삼아 아버지와 아들과 성령의 이름으로
침(세)례를 베풀고 내가 너희에게 분부한 모든 것을 가르쳐 지키게 하라
볼지어다 내가 세상 끝날까지 너희와 항상 함께 있으리라 하시니라"

1. For God and Church
   하나님의 영광과 그의 몸 된 교회의 영적 성장과 성숙을 위한 도서를 엄선하여 출판한다.

2. Prayer-focused Ministry
   기획 · 편집 · 제작 · 보급의 전 과정을 기도 가운데 진행한다.

3. Path to Church Growth
   건강한 교회를 세우는 축복의 통로로 섬긴다.

4. Good Stewardship and Professionalism
   선한 청지기와 프로정신으로 문서 사역에 임한다.

5. Creating a Culture of Christianity by Developing Contents
   각종 문화 컨텐츠를 개발함으로 기독교 문화 창달에 기여한다.